JN234695

いじめの国際比較研究

日本・イギリス・オランダ・ノルウェーの調査分析

監修 森田洋司

金子書房

まえがき

　いじめ問題について，日本は世界の中でもスカンジナビア圏とならんで早くから社会問題化した国である。しかし，国際間の研究交流や国際比較研究となると，スカンジナビア圏をはじめとするヨーロッパやアメリカと比べてきわめて少なく，国際的な視点からの研究の蓄積もほとんど行われてこなかった。

　そのため，日本では，一部の研究者や教育関係者を除いて，1990年代中頃までは，いじめが日本に固有の現象であるという一種の思い込みさえ生まれ，海外におけるいじめの実態についても知る人はきわめて少なかったのが実情である。こうした事情が反映してのことであろうか，いじめの原因についても，日本の状況の特殊性を強調する傾向がわが国の研究界には強かった。

　過熱した受験戦争がもたらすストレス，横並び意識による異質性の排除の文化などがいじめの原因としてしばしば取り上げられたり，日本では人権意識が未成熟だからこうした問題が起こるのだという指摘なども説得力のある理由であるかのように公言されてきたところがある。

　もちろん，これらの論議にも耳を傾けるべきところがある。しかし，いじめという現象が，さまざまな国で発生し，人間が関係を築き集団を形成しているところでは普遍的にと言ってよいほどに一般的に観察される現象であるにもかかわらず，日本的な特殊性を過度に誇張したり誤った事実認識や解釈を施すことは，取り組みや施策そのものの方向性さえも誤らせてしまうことにもつながりかねない。

　こうした過ちを防ぐためには，まず，それぞれの国で，いじめという現象についてしっかりとしたデータの蓄積に基づいた理解を図りつつ，それらを国際的な視点に立って検討を加え分析を重ねていくことが必要である。

　そこで，私たちは，国際比較調査の実施を前提とした上で，海外の研究者の協力も得て「国際いじめ問題研究会」を結成し調査に着手することとした。海外からはイギリス，オランダ，ノルウェー，アメリカの4か国が参加し，共通

の質問票を作成し，それぞれ自国の問題意識も併せていじめの実態調査に乗り出すこととなった。

　日本の研究チームによる調査は，平成9 (1997) 年1月に全国の公立の小学校5年生から中学校3年生の児童・生徒約6,900人およびその保護者，教師を対象として実施された。日本の子どもたちとその親や教師に関する詳細な調査結果については『日本のいじめ――予防・対応に生かすデータ集』（森田洋司・滝　充・秦政春・星野周弘・若井彌一編著，金子書房，1999年）と題して刊行されているので，本書と併せて読んでいただければ，日本のいじめの特質についての理解をさらに深めていただけるものと思う。

　いじめに関する調査研究は，ただ事実を明らかにし，発生のメカニズムを解明することだけにとどまるものではない。それぞれの国では，いじめへの対策や予防にむけてさまざまな取り組みがこれまで行われてきている。これらの中には，日本にとって参考になる取り組みも少なくない。また，日本の取り組みが海外にとって有益な示唆をもたらしたものもある。こうした海外の国々のいじめの現状と取り組みについて「国際いじめ問題研究会」がまとめたもう一つの研究成果が『世界のいじめ――各国の現状と取り組み』（森田洋司総監修・監訳：P. K. スミス，J. ユンガー=タス，D. オルヴェウス，R. F. カタラーノ，P. T. スリー，大迫俊夫，添田晴雄，原田豊編集，金子書房，1998年）である。この書は英語版でもロンドンのRoutledge社から *The Nature of School Bullying; A Cross-National Perspective* と題して1999年に日本とほぼ同時に刊行されている。

　この『世界のいじめ』は，世界の22か国と地域のいじめ問題の現状とその取り組みが集録されており，国際的な視野からいじめ問題を眺めたり，この問題について比較研究を行うにあたって欠くことのできない世界の国々のいじめ問題に関する基本的なデータや資料となるように編まれている。執筆は，それぞれの国のいじめ問題の研究者や専門家にお願いし，分析の共通の柱を，①各国におけるいじめの捉えられ方および教育事情等の社会的な背景分析，②従来の研究状況とその知見および文献や資料紹介，③各国の取り組みの現状とその評価および今後の課題など，に設定している。

　本書は，「国際いじめ問題研究会」が実施してきたこれらの一連の調査・研

究活動の成果を踏まえ，日本のいじめの状況をイギリス，オランダ，ノルウェーのそれと比較し分析することによって，いじめ現象の性質について，国際的な視点から見つめ直し，その共通性と社会や文化に固有な特質を明らかにするとともに，これらの知見に基づいて，いじめ問題への防止策をより広い視野から展開する手がかりを得んとするものである。

本書を完成させるにあたって多くの方々や機関・団体のお世話になった。わけても本研究のアンケート調査に回答していただいた日本をはじめ関係調査対象国の児童生徒やその保護者，教員の皆さん，ご協力いただいた教育委員会の方々には，この場を借りて厚くお礼を申し上げる次第である。

また，UNESCO International Bureau of Education（Geneva）およびUNESCO Institute for Education（Hamburg）には惜しみない支援をいただいた。T. Hirschi 元アリゾナ大学教授からは，企画の段階から研究組織の立ち上げに至るまでの期間にわたって，研究上のご教示を賜わっただけでなく，コーディネーターの役割を積極的に補っていただいた。当時の在ジュネーブ国際機関日本政府代表部・高橋寛一等書記官は，いじめ問題に関する国際比較研究とそれに基づく防止策の必要性について，かねてから強い思いをもっておられ，森田が企画を設計するにあたってもその推進を強く勧めて下さり，なにかと貴重なご示唆を賜わった。金子書房の真下清編集部長には，本書の刊行企画とともに繁雑な編集作業までもを快く引き受けてくださり，その労をとっていただいた。お礼を申し上げる次第である。また，かねてから「国際いじめ問題研究会」の活動に対して惜しみない支援をいただきながら本書の刊行を待たずに旅立たれた故金子誠司社長ならびに故舩田登取締役出版部長には謝意を表するとともに哀悼の意を捧げたい。

今後，本書の成果が，国内外の研究者だけでなく，すべての関係機関やいじめ問題に関心をもつ人々にとって，この問題の解決や予防に向けた取り組みを行う際の参考として幅広く活用されれば幸いである。

なお，平成 8 年の発足以来今日に至るまで調査分析の苦労をともにしてきた「国際いじめ問題研究会」のメンバーは以下のとおりである。

海外からは，イギリスの P. K. Smith（ロンドン大学心理学部教授），オランダの J. Yunger = Tus（ライデン大学法学部教授），J. V. Kestern（同大学同

学部助手），ノルウェーの D. Olweus（ベルゲン大学健康促進研究センター教授），アメリカの D. Hawkins（ワシントン大学社会福祉校教授），R. F. Catalano（同大学同校教授），T. Harachi（同大学同校研究員）が各国の代表者として参画し，それぞれの国で調査チームを編成している。また，ユネスコからはドイツのハンブルグにあるユネスコ教育研究所の大迫俊夫主席専門官に加わってもらった。

　日本チームは，小川捷之（元上智大学文学部教授），佐藤速人（板橋区教育相談所教育相談員），島和博（大阪市立大学大学院助教授），添田晴雄（大阪市立大学大学院助教授），添田久美子（神戸大学大学院非常勤講師），滝　充（国立教育政策研究所生徒指導研究センター総括研究官），竹川郁雄（愛媛大学法文学部教授），竹村一夫（大阪樟蔭女子大学人間科学部助教授），塚本伸一（立教大学文学部助教授），秦政春（大阪大学大学院教授），原田豊（科学警察研究所防犯少年部犯罪予防研究室室長），星野周弘（帝京大学文学部教授），松浦善満（和歌山大学教育学部教授），米里誠司（科学警察研究所防犯少年部補導研究室主任研究官），若井彌一（上越教育大学教授）の諸氏に参画していただいた。記して謝意を申し添えたい。

　平成 13 年 7 月

　　　　　　　　　　　　　　　　　　　　　　　　　監修者　森田　洋司

目　　次

まえがき　森田洋司　i

序章　国際比較調査研究の諸問題 ……………………森田洋司　1

1節　「いじめ」という新たな問題行動の登場　1
　1　いじめと校内暴力　1／2　いじめの独自の性格　1／3　社会への被害と人間関係への被害　2

2節　国際的視野に立ったいじめ研究の重要性　3
　1　視点の相対化，客観化　3／2　共通性の発見と特殊性の弁別　4

3節　国際比較調査研究にあたっての留意点　5
　1　調査研究の方法論の検討　5

4節　いじめの操作的定義をめぐる問題　7
　1　学問的定義の成立　7／2　各国のいじめの定義づけ　8

5節　調査方法の概要　10
　1　国際比較研究の重要性　10／2　調査方法の概要　10

第Ⅰ章　各国の教育事情といじめ
　　　　　―イギリス，オランダ，ノルウェー―……………………添田晴雄　13

　　はじめに　13

1節　イギリス　13
　1　議会制民主主義の国　13／2　地方分権とナショナル・カリキュラム　14／3　教育制度　15／4　学年の呼称と学年暦　17／5　いじめ問題と対策　17

2節　オランダ　19
　1　多様性の国オランダ　19／2　教育制度　20／3　初等教育　22／4　中等教育　22／5　学年の呼称と学年暦　24／6　いじめ問題と対策　24

3節　ノルウェー　25

1 フィヨルドと福祉の国　25／2　教育制度　26／3　学年の呼称と学年暦　28／4　いじめ問題と対策　28

第2章　いじめ被害の実態　　　　　　　　　　森田洋司　31

　　　　はじめに　31

1節　問題行動への対応の視点の変化　32

　　1　「いじめ」という現象　32／2　「全体から個へ」の時代のいじめ　33

2節　いじめによる被害の見え方　34

　　1　周りの人々と被害者との見え方のズレ　34／2　国による認知率の差　35

3節　各国のいじめの被害とその実態　37

　　1　いじめによる被害経験者の各国の状況　37／2　定義の一般的構成要素　39／3　力のアンバランスとその乱用　40

4節　進行性タイプのいじめの発生率　41

5節　進行性タイプのいじめと傍観者の存在　43

　　1　いじめの4層構造論モデル　43／2　集団の反作用力によるいじめへの抑止力　45

6節　新たな出口を求めて　47

　　1　共同性意識を基盤とした柔らかな行為責任の涵養　47／2　関係修復的正義における試み　48／3　関係修復を通じた社会修復機能　49／4　いじめへの対応モデル　51

第3章　いじめの方法・場所　　　　　　　　　　滝　　充　55

　　　　はじめに　55

1節　いじめの手口　55

　　1　被害経験者に占める各手口の割合　55／2　国別に見た手口の比率：男子　56／3　国別に見た手口の比率：女子　58／4　学年進行の影響　59

2節　いじめの起きる場所　60

　　1　どこが危険地帯か，何が有効な手だてか　60／2　国別に見たいじめの起きる場所：学校内　61／3　学校内の場所と手口との関わり　62／4　国別に見たいじめの起きる場所：学校外　64

3節　いじめとbullyingのイメージが内包するもの　65

　　1　手口のもつイメージ　65／2　文化的な要因がもたらす差異の可能性　66／

3　「直輸入」のもつ危険性　67
　　　おわりに　69

第4章　被害者と加害者との関係　……………………星野周弘　73

　　　はじめに　73

　1節　わが国の被害者－加害者関係における特徴　73

　　1　被害者と加害者のクラス・学年の異同　73／2　加害者の数と性別　75／3　被害者と加害者の日常のつきあい方　78

　2節　被害者－加害者関係の交差　79

　3節　被害者－加害者関係形成の背景　82

　　1　クラス内の友人の数　82／2　クラス内の自分の立場に関する認知　83／3　クラスの連帯感　84／4　クラスの規範意識　86

　4節　被害者－加害者関係における問題点　87

第5章　いじめられた時の行動と気持ち　………………竹村一夫　93

　　　はじめに　93

　1節　いじめられた時の行動　93

　　1　各国に共通して見られる消極的行動　93／2　いじめを訴えない，消極的な対応をとる被害者　95／3　積極的な行動をとる被害者の特徴　96／4　消極的な行動をとる心理　97

　2節　いじめられた後の気持ちの変化　98

　3節　いじめられた時の行動と気持ちの変化　100

　4節　いじめられた時の行動と気持ちの変化から見えてくるもの　102

　　1　傷ついている，いじめを訴える子ども　102／2　いじめの訴えと被害者の気持ち　103／3　不適切な対応が教師不信につながる　104／4　いじめの被害者における学校管理職の位置　107　／5　被害者の心を癒すには　108

　　　おわりに　109

第6章　被害者の人間関係　………………………………松浦善満　113

　　　はじめに　113

　1節　いじめの被害——日本の特徴　113

　2節　いじめの被害を誰にも言わない（言えない）　115

3節　いじめを止めてほしい人——オランダでは校長に　116
4節　身内にはいじめの被害を知られたくないか　117
5節　子どもの相談相手をつくる　118

第7章　いじめ対応とその効果　………………………秦　政春　123

はじめに　123

1節　いじめに対する対応　124

1　教師の対応　124／2　親の対応　125／3　クラスの子どもたちの対応　126

2節　対応による効果　128

1　教師の対応による効果　128／2　親の対応による効果　129／3　クラスの子どもたちの対応による効果　130

3節　いじめに対する教師の対応の具体的内容　131

1　クラスで起こったいじめに対する教師の対応　131／2　いじめの早期発見のための教師の取り組み　134／3　いじめを起こさせないための教師の取り組み　135

4節　いじめ問題と教師　137

1　教師－子ども関係といじめ　137／2　教師の態度・行動といじめ　140／3　教師の教育活動といじめ　141

5節　いじめ問題の解決と教師－子ども関係　143

第8章　いじめ見聞と見聞時の態度　………………米里誠司　145

はじめに　145

1節　いじめ行為の見聞　145

1　いじめ見聞に関する調査項目　145／2　回答についての判断　146

2節　いじめ見聞および見聞時の態度といじめ防止との関連　147

1　いじめ見聞の有無といじめ防止　147／2　いじめ見聞時の態度といじめ防止　148

3節　いじめ見聞と見聞時の態度の国別比較　150

1　いじめ見聞の国際比較　150／2　いじめ見聞時の態度の国際比較　152／3　イギリスと日本,「介入」と「不干渉」の相違　156

おわりに　157

第9章　いじめ加害の実態と問題点 ……………………竹川郁雄　159

　　はじめに　159
　1節　いじめ加害の実態　160
　　1　いじめ加害経験の割合について　160／2　いじめの手口について　161／3　クラスの中で自分は好かれているか　163／4　いじめた時の人数　164
　2節　攻撃性と日本のいじめ加害　165
　　1　ギルモアの攻撃性議論　165／2　いじめ加害の扱われ方　167
　3節　いじめを生む優位－劣位関係　168
　　1　優位的関係性が作られる段階　168／2　日常生活における常識的思考の見直しの必要性　170
　　おわりに　172

第10章　いじめた時の気持ち……………………………添田久美子　175

　　はじめに　175
　1節　いじめた時の気持ち　176
　　1　いじめた時の気持ち　176／2　いじめた時の気持ちと年齢　180／3　いじめた時の気持ちと手口　183
　2節　教師の指導　185
　3節　保護者による指導　187
　4節　いじめた子どもへの対応　189
　　1　後悔型加害者への対応　189／2　快楽型加害者・無感情型加害者への対応　190／3　学校としてのいじめ対応　191

終章　国際比較調査研究の意義と今後の課題…………滝　　充　193

　　はじめに　193
　　1　「共通の調査票」を用いた，初めての実証的比較研究　194／2　日本のいじめと海外の bullying　196／3　効果的ないじめ対策とは　199

　　監修者・著者一覧　204

序章　国際比較調査研究の諸問題

森田　洋司
Morita Yohji

1節　「いじめ」という新たな問題行動の登場

1　いじめと校内暴力

　日本では，いじめ問題は，校内暴力が収束しかけた1980年代の前半に，校内暴力と並ぶ大きな社会問題が現れたと受け止められてきた。いいかえれば，私たちは校内暴力と異なる新たな社会問題が日本の中に登場してきたと考えたのである。
　もちろん欧米でも，いじめが社会問題として大きな関心を集める国もある。しかし，欧米では，いじめは，ノルウェーのオルヴェウス（D. Olweus）が特徴付けたように攻撃行動の一形態であり，校内暴力に含めて考えられているところが多い。これに対して，日本では，文部省の問題行動の実態調査統計に見るように，いじめは校内暴力や暴力行為とは別個の独立した一つのカテゴリーとして扱われて調査が行われてきている。
　行為形態だけに着目してみれば，いじめという行為は校内暴力の中の生徒間暴力に含めて考えることができようし，いじめの中には刑法に触れる行為が含まれており，少年犯罪とオーバーラップするところがある。

2　いじめの独自の性格

　しかし，いじめには，この問題独自の性格がある。その一つは，いじめがあったというときに，その言葉によって描かれるイメージが，日本では，校内暴力のように暴力に含まれている「加害性」や「暴力行為」ではなく，「弱いも

のいじめ」という言葉に置き換えられて用いられるように，行為に含まれる卑劣さや陰湿さがイメージされ，そこから生じる精神的な被害が強調された概念となっていることである。そのため，いじめの手段として身体的な暴力が用いられたとしても，主たる関心の焦点は，そこに生じる「被害性」と被害者の「弱者性」に向けられ，身体的な被害よりもむしろそれに伴う「精神的な被害」が強調された概念として語られ対応が図られる傾向がある。この点については終章で滝充が詳細に論じているが，近年では，私たちの海外との共同研究による国際比較調査を通じていじめの実態が明らかになるにつれて，海外の研究者の間にもいじめをめぐる子どもたちの現実にたいする理解が深まり，むしろ日本のイメージに近い概念として理解される傾向が現れてきている。

3　社会への被害と人間関係への被害

　いじめも校内暴力も学校社会ではともに問題行動と見なされているが，いじめ問題のもう一つの相違点は，被害の及ぶ対象ないし範囲が異なるため，対応の焦点も校内暴力と異なることにある。

　校内暴力では，その暴力が教師や生徒に向けられ直接には個人に被害が生じることがあったとしても，校内暴力を引き起こす生徒たちは校内粗暴集団と呼ばれることがあるように，ときには授業妨害を伴い，多くの生徒たちや展開によっては教師をも不安と恐怖に巻き込み，学校という集団全体の秩序を乱す側面がある。そのために被害は直接暴力を受けた当事者にとどまることなく，集団への被害へと拡大され秩序の維持に向けた対応が行われていく傾向がある。

　これに対して，いじめは被害者が特定の個人に固定する傾向がある。そのため，あくまでも当事者間の問題にとどまり，被害も対人関係上の問題に限定されて理解され対応されるという特徴をもっている。いじめへの対応にあたって，さまざまな関係機関にいじめのための電話相談の窓口を開設したり，カウンセラーを学校に配置するなど被害者への配慮が大きな柱となってくるのは，こうしたいじめの特質による。

　いじめと校内暴力のもう一つの相違は，被害の局面が社会や集団ではなく人間関係の局面で発生するため，被害の防止や対応は，成員相互の私的責任に基づくインフォーマルなコントロールが基本となる点である。いじめ問題に対し

て「たかが子どもたちの世界のことなのに，大人が口出しをするなんて」という意見をもつ人も少なくない。かりに警察というフォーマルな機構が介入するとしても，それが認められるのは，刑法に触れるいじめ行為があった場合に限られる。それは教師をはじめとする大人や警察などの外部機関が介入する校内暴力とは異なり，いじめの場合は，本来的には生徒たち相互の働きかけによる対応がこの領域のコントロールのあり方となる。したがって，いじめに大人や社会のフォーマルな機関が介入する場合は，被害がきわめて甚大な場合か，あるいは子どもたちの相互の対人関係の中に埋め込まれた歯止めが有効に作用しなくなり，そのために被害が嵩じていく場合となる。

2節　国際的視野に立ったいじめ研究の重要性

1　視点の相対化，客観化

　国際比較研究の一つの大きな意義は，自分たちの視点を相対化し客観化することにある。ときには自分たちの考え方が，単なる思い込みであったり，誤った認識に立っていることもある。私たちが海外に出たときにしばしば体験することであるが，現地の人々と会い，生活を見聞し，改めて日本の状況を見直し認識を新たにすることがある。調査や研究もそうした側面をもっている。

　とくにいじめ問題については，「まえがき」で触れたように，1990年代の中頃までは，一部の研究者や教育関係者を除いて，この問題は日本に固有の現象であるかのような一種の思い込みが強く残っており，海外の状況についても知る人がきわめて少なかった。当時出版された書物の中には，ドイツではいじめが見られないとか，韓国ではいじめ問題がないといった指摘が見られるものもある。しかし，拙監修の『世界のいじめ——各国の現状と取り組み』（金子書房，1998年）にドイツが収録されているように，ドイツにもいじめという現象は存在している。また，韓国でも，近年，いじめは一つの社会問題として教育関係者の強い関心を集める問題となっている。

　しかし，いじめという現象が，さまざまな国で発生し，ある意味では，人間が関係を築き，集団を形成しているところでは，普遍的にと言ってよいほどに一般的に観察される現象であるにもかかわらず，日本的な特殊性を過度に誇張

したり，誤った事実認識や解釈を施すことは，ともすれば，対策の実効性を損ない，場合によっては取り組みや方策そのものの方向性さえも誤らせてしまうことにもつながりかねない。

　国際比較研究や調査は，こうした思い込みによる誤謬を修正するとともに，国際的な視点から改めて現実を見直すことによって，新たな事実や知見をそこから発見することにも寄与するものとなる。たとえば，各国の状況を見渡すことによって，いじめが日本に特殊な問題であるという上記のような思い込みは当然のことながら見直される。しかし，それとともに，ドイツや韓国のいじめの状況への誤った認識の中から，当該社会にいじめという現象が存在するということと，いじめが社会問題となっていることとは別のことであることが導き出され，さらには，本書の第2章に見るように，当該社会でのいじめの問題のされ方を問いかけ，この問題の社会的な存立基盤を明らかにしていく作業へと歩を進めていくことができよう。

2　共通性の発見と特殊性の弁別

　国際比較研究のもう一つの意義は，社会や文化や時代を超えた共通の特性とこれらに固有の特殊性とを弁別しつつ両者を析出できることである。いじめという現象が普遍的に見いだされる現象であるとすれば，人間が関係を形成し集団を営む過程で生じてくる固有の特性がそこから析出されてこよう。あるいは現象の中に，国を越えて共通する傾向が見いだされるとすれば，それが単なる現象面だけの類似性なのか，それとも類似性の背後に共通するより基本的な性質が横たわっているのか，その基本的な性質は，人間が集団や関係を営むにあたって派生してくるより基本的な性質に関わるものなのかなどが明らかにされてこよう。

　また，世界のさまざまな国には，政治経済の違いや社会文化的な相違が横たわっているにもかかわらず，いじめという問題を抱え，近年は，多くの国々がこの問題を一つの社会的な解決課題として受け止めつつその克服に取り組んできている。このことは，私たちが日本のいじめ問題を理解し対応する場合でも，お互いの違いと共通性とを踏まえつつ海外の人々と共通の基盤に立ち，いじめ問題への対応を協力して図っていくことができることを意味している。しかし，

他国の試みを安易に導入するのではなく，取り組みや方策が導入しようとしている国のいじめの状況や社会文化的コンテクストに適合しているのかどうかを検討する基盤を提供することができるのは，国際的な視点からの比較研究や調査研究からもたらされる知見である。欧米では，そのために，いじめ問題について研究者や教育関係者，行政担当者の間の研究交流や取り組みに関する情報交換が積極的に行われている。日本で1996年に開催された「いじめ問題に関する国際シンポジウム」(文部省・国立教育研究所共催)での成果は，とりわけ大きく，いじめが日本に特徴的な問題であるという人々の思い込みが一挙に払拭された催しであった。また，これを契機として日本でも海外の取り組みが検討され始めたことは，この事業の大きな成果であった。

3節　国際比較調査研究にあたっての留意点

1　調査研究の方法論の検討

ところで，比較するといっても，異なった国で異なった方法で得られた結果を単純に集めてきただけでは比較することにはならない。調査研究の場合，結果の比較可能性をどのように担保するかは調査研究の成否に関わる重要な問題である。この検討は，研究の目的の設定，調査の企画・設計の段階からはじまり，集計分析に至る一連の調査過程とその結果の解釈や分析の過程でつねに配慮されなければならない問題である。

ここでは，紙幅の関係でそのすべてを取り上げることはできないので，方法論的に見て重要な点についてのみ取り上げておくこととする。

(1)　調査票の統一と妥当性・信頼性の確保

異なる国で調査を実施する場合，質問票を共通のものとすることは比較可能性を保証するための最大の課題である。本研究では，日本が座長国となり，イギリス，オランダ，ノルウェー，アメリカの5か国の共同研究チームが組織された。そのため，各国の質問票の原案は，英語で作成され，その後各国語に翻訳するという手続きが採られた。

しかし，基礎となる調査票を英語で統一しただけでは不十分であり，質問の意図が各国語に翻訳されて子どもたちに的確に伝わっているかどうかを検討す

る必要がある。そのため，本研究では，欧米ですでに広く比較調査研究に用いられ，その妥当性や信頼性がある程度保証され，研究の知見も蓄積されてきている「オルヴェウス質問票」を基礎として，各国の研究者が一堂に会して会合を何回か持ち，メールを介してやり取りを交わしながら修正を加え，調査票の最終版をまとめ上げる作業を進めていった。その際，いつも議題となるのは質問文のそれぞれの国への妥当性の問題である。

(2) 社会文化的共通特性と特殊性の析出

国際比較研究では，既述のように原因や現象の共通特性とそれぞれの国における特殊性とを弁別しつつその両者を析出することが重要な課題である。そのため，本研究では，調査票を3つの部分に分けている。一つは「コア・クエッション」と称し，いずれの国もが必ず採用しなければならない部分であり，主としていじめの加害・被害経験，手口など，いじめの実態に関する項目である。

調査票の第二の部分は，それぞれの国において採用することが望ましいが，義務的なものではない質問群であり，その国の事情によっては部分的に修正することが認められるものから成っている。質問項目の中には，コア・クエッションに相当するが制度や文化の違いによって統一を図ることが困難なものがあり，これらの設問もこの第二の部分に含まれる。

第三の部分は，質問文の原案は各国に提示されるが，採用するかどうかはその国の選択に委ねられている質問群である。この部分は，それぞれの国に固有の状況や独自の問題意識や説明要因を汲み上げるための設問項目からなっている。現象の中には各国で同じような現れ方をしていたとしても，まったく異なった社会的背景の下で起こっていることもあれば，異なって見える現象でも共通の社会文化的コンテクストの枠組みの中で解釈されることもある。

この点については，調査結果を分析し，解釈する場合には特に留意しておかなければならないことである。たとえ調査結果に統計的に有意な差が見られたとしても，その背景は異なることもあろう。国際比較研究におけるデータの解釈については，つねにその結果を安易に比較して異同を論じるのではなく，当該の国々の社会的文化的背景や状況の中にきっちりと位置付けて解釈することがとりわけ重要である所以である。

(3) 対応策やプログラムを成り立たせている社会文化的背景への配慮

しばしば指摘されることであるが，海外の取り組みやプログラムを採用する場合についても，それぞれの国の社会文化的な背景を十分考慮した上で進められなければならない。いじめ問題に限ったことではないが，海外で成功を収めているプログラムだからといって安易に導入が試みられることがある。しかし，取り組みについては，その対応を成り立たせ，成功させている社会文化的な状況があることもあり，その相違を無視して，単に成功しているというだけで日本社会へ持ち込むことは避けなければならない。

また，国際比較調査を実施し，結果をそれぞれの社会文化的コンテクストの中で分析していくことは，海外で試みられているいじめ防止策や対応プログラムを日本に導入することができるかどうか，もし可能だとすればどのようなことに配慮すべきなのか，導入に伴う問題点は何かなどを明らかにするためにも必要な作業である。このことは海外の成果を日本に導入する場合だけでなく，逆に日本で行われているいじめの対応策や防止策を海外のいじめ問題へと適用する場合にも有益な視座を提供するものとなることは言うまでもないことである。

そのためには，それぞれの国で，いじめという現象についてしっかりとしたデータの蓄積に基づいた理解を図りつつ，その知見を相互に比較する調査研究が不可欠なものとなってこよう。

4節　いじめの操作的定義をめぐる問題

1　学問的定義の成立

いずれの国にもいじめという行為や現象は存在している。また，いじめという行為は，しつこくからかう，いやがらせをする，いじわる，無視，悪口あるいは暴力を使った意図的かつ長期にわたるさまざまな攻撃行動など多様な広がりをもっている。しかし，これらのいじめ行動がいずれの社会でも見られるからといって，これらを総称する「いじめ」という概念が，いずれの社会にも存在するとは限らない。

日本においても，いじめが大きな社会問題になるまでは，いじめという言葉は，「いびる」「いやがらせ」など，さまざまな文脈の中で異なった表現がなさ

れてきた。また，いじめの手口となるさまざまな行為が弱い立場にある者に向けられたときにも，「冗談」とか「喧嘩」とか「悪口」，「無視」といった個々の行為の枠組みの中で個別に認識されてきたにすぎない。

「いじめ」という言葉が，これらの行為を総称する上位概念として位置づけられ，しかも学校という場で発生し，子どもたちに深刻な被害をもたらし，人間の行為として許すことのできない行動であるといった一定の理解の枠組みを人々に一様に与えるようになったのは1980年代に入ってからのことである。

日本と同じように，国家あげてのいじめ克服キャンペーンを行ったノルウェーやイギリスにおいても，研究の分野でいじめ問題が扱われ，学問的定義が成立してきたのは比較的最近のことである。この分野の研究への着手の最も早かったスカンジナビアにおいても当初は動物行動学の用語である"mobbing"が当てられ，現在，欧米の研究で一般に用いられている"bullying"をいじめを総称する言葉として概念定義したのは1970年代の後半に入ってからのことである。

したがって，ヨーロッパ諸国の中でも"bullying"という総称概念を用いている国もあれば，依然として個々の行為のカテゴリーの中で理解している国もある。

2　各国のいじめの定義づけ

しかし，これらの欧米の研究を概観してみると，日本とは互いに独立して研究が進められてきたにもかかわらず，いじめの操作的定義の構成要素がほとんど同じであることは注目すべきことである（森田総監修，1998；森田，1998）。このことは，いじめという現象が，それぞれの国の社会文化的背景を異にしながらも，現象面では類似しており，それらが共通した要素に還元しうるものであることを示している。この点については，第2章でさらに検討することとするが，いずれにしても，いじめの定義に関してこうした共通基盤が既に形成されているため，私たちの調査では定義に関する合意形成について大きな障害はなかった。

しかし，研究者の定義づけに関して合意形成が成り立ったとしても，調査研究の場合，調査対象者がいじめをどのように定義づけているのかについてはさ

まざまである。日本においても同じようにいじめという言葉を使っていても，年齢や地域によって，あるいはその人の経験によって意味するところはずれてこよう。ましてや国が異なれば，同じような現象を意味していても，その違いは当然のことながら現れてくる。したがって，こうした違いについて研究を進めていくこともいじめに関する国際比較研究の重要なテーマとなりうる領域である。私たちの研究成果の一つである『世界のいじめ——各国の現状と取り組み』（金子書房，1998 年）では，それぞれの国でいじめ問題がどのように認識され問題として取り扱われているかを各国の研究者や専門家が分析しているが，それはこうした研究への試みの一環でもある。しかし，本研究における調査では，それぞれの国の子どもたちがいじめをどのように考え概念化しているのかについては今後の課題とし，ここでは，暫定的に，調査する側が定義を調査表の中で提示し，調査対象者はその枠組みに沿って自己の経験や考え方を整理してもらうという方法を採用した。

　以下の説明文は，私たちの調査研究の共同研究者でもあり，欧米でもその定義が引用されることの多いオルヴェウスによる調査票の操作的な定義を基にして国際比較の研究チームが作成したものである。

　　これから，「いじめられる」ことや「いじめる」ことなどについての質問をします。
　　このアンケート調査で「いじめる」とは，ほかの人（児童または生徒）に対して，
　　　＊いやな悪口を言ったり，からかったりする
　　　＊無視をしたり仲間はずれにする
　　　＊たたいたり，けったり，おどしたりする
　　　＊その人がみんなからきらわれるようなうわさをしたり，紙などにひどいことを書いてわたしたり，その人の持ち物にひどいことを書いたりする
　　　＊その他，これらに似たことをする，などのことです。

　　いじの悪いやりかたで，何度も繰り返しからかうのも，いじめです。

しかし、からかわれた人もいっしょに心のそこから楽しむようなからかいは、いじめではありません。

また、同じくらいの力の子どもどうしが、口げんかをしたり、とっくみあいのけんかをしたりするのは、いじめではありません。

5節　調査方法の概要

1　国際比較研究の重要性

　国際的な比較研究の重要性については、これまでにも十分認識されてきているところであり、また、実際に日本においても、国際的な視点から比較分析を試みた調査研究が存在している。しかし、このいじめの国際比較研究のように、調査研究の共同参加国が、共同研究会議をもち、定義と構成要素を共有し、調査対象の子どもたちに共通の定義付けを与え、共通の調査票を用いて広範な地域にわたって測定した調査はこれまでにも例がない。本研究における参加国は、イギリス、オランダ、ノルウェーおよび日本とアメリカであるが、共同調査にはアメリカは部分的な参加にとどまっている。そのため、アメリカの調査結果は、比較可能性について問題があるため、本書での比較分析の対象国から除外している。

2　調査方法の概要

　以下では、本書が依拠している国際比較調査研究の調査方法の概要を簡単に示しておくこととする。なお、詳細な点については、日本調査は『児童生徒のいじめの生成メカニズムとその対応に関する総合的調査研究』[平成8〜9年度科学研究費補助金（基盤研究(A)(1)）研究成果報告書、平成10年3月刊]を参照していただきたい。また、海外の各国の調査方法については『いじめ／校内暴力に関する国際比較調査』[平成8〜10年度科学研究費補助金（国際学術研究）研究成果報告書、平成11年3月刊]を参照されたい。

(1)　調査実施時期

　本研究では、調査の主要な対象者が児童生徒であり、いじめについての過去の記憶を遡って回答してもらうことを要請する調査であることを考慮して、遡

及期間が短く，かつ児童生徒にとって期間の区切りが明瞭に意識できる「学期」という期間の間の経験を尋ねることとした。具体的には，日本の場合，調査票への記入の依頼は平成9年1月とし，子どもたちの被害経験を調べる調査対象期間は平成8年度の第2学期とした。海外の3か国もそれぞれの国の学年暦に合わせ後半期とし，平成8年のクリスマス休暇開けから平成9年の5月もしくは7月としている。

(2) 調査対象と標本

調査対象者については，各国の学校教育制度に違いはあるものの，日本の小学校5年生から中学3年生に対応する学年を対象としている。

また，標本抽出単位は，いずれの国においても学校に設定し，国によっては後述するように全学級に依頼したり，日本のようにさらにそこから学級を抽出するという手続きを踏んだところもある。

母集団は，国際比較調査である以上，その国全体の児童生徒とし，標本抽出はこれを代表するように設計することが望ましいことはいうまでもない。

日本調査については，全国の国公立の小・中学校から小学校5年生から中学校3年生までの各学年50学級，計250学級を無作為抽出法によって抽出することによって代表性のある標本設計をおこなうことができた。これらの学級のうち最終的に有効に回収された学級数は222学級であり，有効回収率は88.8％であった。なお，そこに含まれる生徒は6,906人であり，日本調査の分析は，この6,906人について行われている。

しかし，海外の調査では，全国的なデータを収集することが困難なため，地域的な限定を設けて調査を実施することとなった。その際，それぞれの国の事情を配慮しつつも，選定された地域に関しては可能な限り代表性を考慮して標本抽出を行うこととなり，各国において工夫が重ねられた。

イギリスは，イングランド地方を母集団とし，教育省のマスターサンプルに基づいて標本設計がおこなわれた。抽出された標本は国際比較調査への参加を希望し結果の還元を望んだ学校からなっている。したがって，イギリスの調査結果はイングランドのいろいろな地域にある都市と農村地区を幅広く代表しているため，いじめ問題に関心をもつイングランドの学校を代表しているサンプルといえる。調査対象となった学校はイングランド全体の15分の1に当たる

30校であり，これらの学校の中から所定期間の間に調査ができなかった学校などを除外した結果，最終的に19校（最終回収率63.3％），2,308人の児童生徒の回答を得ることができた。

オランダは，オランダ西部地域の学校を母集団とし，この地域の学校を都市規模によって層化し，そこから標本抽出した小学校34校，中学校31校に対して調査を依頼し，最終的に27校から承諾（承諾率41.5％）を得た。分析は，そこに含まれる児童生徒1,993人について行ったものである。

ノルウェーはベルゲン市の学校を対象としている。共同研究者のオルヴェウスは，1983年にノルウェー政府によるいじめの全国調査を実施している。彼によれば，その時の結果では，ベルゲンはいじめの状況について，ノルウェーの中で平均的な位置にある都市である。そこで今回の調査研究では，ベルゲン市内の学校を対象とし，各学年最低2クラス以上のクラス数のある学校を抽出し，これらの学校の259学級の全児童生徒5,825人を調査対象として調査を実施し，5,171人の回答（回収率88.8％）を得ている。本書の分析は，これらの最終標本の児童生徒にたいして質問紙調査を実施した結果である。

引用文献

森田洋司（研究代表者） 1998 『児童生徒のいじめの生成メカニズムとその対応に関する総合的調査研究』平成8～9年度科学研究費補助金（基盤研究(A)(1)）研究成果報告書．

森田洋司（研究代表者） 1999 『いじめ／校内暴力に関する国際比較調査』平成8～10年度科学研究費補助金（国際学術研究）研究成果報告書．

森田洋司・清永賢二 1986 『いじめ――教室の病い』金子書房．

森田洋司（総監修・監訳），P. K. スミス，J. ユンガー=タス，D. オルヴェウス，R. F. カタラーノ，P. T. スリー，大迫俊夫，添田晴雄，原田豊（編） 1998 『世界のいじめ――各国の現状と取り組み』金子書房．

森田洋司・滝 充・秦政春・星野周弘・若井彌一（編著） 1999 『日本のいじめ――予防・対応に生かすデータ集』金子書房．

第I章 各国の教育事情といじめ
―イギリス，オランダ，ノルウェー―

添田　晴雄
Soeda　Haruo

はじめに

本書では，イギリス，オランダ，ノルウェーと日本におけるいじめの実態を比較考察するが，数値データを比べるためには，それぞれの国における教育制度や教育文化といった背景を知っておく必要がある。また，「序章」で説明したとおり，日本での調査は小学校の5年生から中学校3年生を対象にして1～2月に実施されており，その調査票では，「2学期」に起こったいじめについて設問がなされている。周知のとおり，学年の呼称や学年暦は国によってさまざまであり，比較考察のためには，混乱しないようにこれらを整理しておく必要がある。

そこで，本章では，イギリス，オランダ，ノルウェーの3国について，国勢の概要，教育制度，学年の呼称と学年暦，いじめ問題と対策について概観することにする。

1節　イギリス

1　議会制民主主義の国

イギリスは，イングランド，ウェールズ，スコットランド，および北アイルランドの4地域からなる。そして，これらの地域によってそれぞれ異なる教育制度が導入されている。しかし，前2者はほぼ同様の教育制度であること，および，イギリスの全人口の約90％をこの2地域で占めることから，本書では，イングランドでの調査をもって，イギリス調査と呼ぶことにする。

イギリスは，議会制民主主義が生まれた国である。わが国で最近始められた

クエッションタイムもイギリスで発達した。ハイド・パークのスピーカーズ・コーナーがよく引き合いに出されるとおり，自分の思っていることを論理立てて人前で堂々と主張することに価値がおかれている国である。家庭での子育てでも，学校教育の場面でも，自己を表現する訓練が一貫してなされている。小学校では「トピック学習」が定着しており，この学習では，児童一人ひとりが探究主題をもち，情報収集に基づいて考察したことを小冊子にまとめたり，教室で発表したりしている。こういったことが，後述する「いじめ裁判」や主張訓練法といったいじめ対策法が功を奏する背景になっていると思われる。

2 地方分権とナショナル・カリキュラム

イギリスの教育の特徴は地方分権であることであった。1988年までは，地方によってカリキュラム，学校制度等が異なっていた。教育予算を含め，初等・中等教育の教育方針のほとんどが地方教育当局で決定されていたといってもよい。しかしながら，「1988年教育改革法」が施行され，地方教育当局の権限の一部が各学校の校長に委譲され，同時に国家レベルでの統制が緩やかながらもなされるようになった。その具体策のひとつが，ナショナル・カリキュラムの導入であり，これによって全国に共通する教育カリキュラムがイギリス教育史上はじめて成立したのであった。ただし，このナショナル・カリキュラムは，日本の学習指導要領に比べて拘束性はずっと低く，記述方法も概括的でガイドライン的な意味合いが強い。また，各学校が実際に提供する科目の種類も各学校の裁量が大幅に認められている。カリキュラムは，中核教科（数学，英語，理科）とその他の基礎教科（歴史，科学技術，音楽，美術，体育，外国語）によって構成されており，各教科は各段階（key stage）ごとに記述されている。key stage は，義務教育開始から7歳まで，11歳まで，14歳まで，16歳までの4段階が設定されている。ナショナル・カリキュラムには，key stage ごとの到達目標が掲げられているが，「1988年教育改革法」には，各教科への時間配当については定めてはならないことが規定されている。

一方，各 key stage の終わりには，児童生徒の到達度評価がなされ，その結果が学校単位で公表されることになった。マスコミはそれをもとにして学校番付表（ランキング）を報道する。これにより，成果を上げている学校とそうで

ない学校の差が歴然となった。親には学校を選択する権利が与えられているので，市場原理を通して学校が淘汰される仕組みとなっている。

　学校としては，特徴ある教育を提供する必要があり，ここに校長のリーダーシップがますます求められるようになった。もともと，イギリスでは，学校規模は小さいほどよく，校長が児童生徒全員の名前と顔が一致することが，学校規模の上限の目安と言われてきた。体罰は容認されていたが，教師ではなく校長が行うことになっていた。児童生徒と校長・教頭とのコミュニケーションは，日本の場合よりも緊密であると言ってよい。

3　教育制度

　イギリスの義務教育は5歳〜16歳の11年間である。

　初等教育は5〜11歳の6年間で，多くは6年制の初等学校で行われる。初等学校はさらに，幼児部の2年間と下級部の4年間に分かれるが，これらを別学校として設けている地域もある。初等学校では，原則としてひとりの担任教員がすべての教科を担当し，能力別クラス編成はあまり見られない。

　中等教育は，総合制中等学校，モダンスクール，グラマースクール等があるが，総合制中等学校が公立中等学校の9割を占める。総合制中等学校はさらに5年間の前期（義務教育段階まで）と2年間の後期に分かれる。中等学校では教科担任制がとられている。

　なお，このほか，ファースト，ミドル，アッパーといった区切りを採用している公立学校も存在するが，全体に占める割合は小さい。

　イギリスの場合，エリートは，パブリックスクールを経由してオックスフォード大学やケンブリッジ大学等に入学するが，男子は13歳，女子は10歳の時にパブリックスクールに入学するための共通入学試験を受験しなければならない。しかし，このようなパブリックスクールに進学するのは少数派で，国民の9割以上は公立の学校に通う。

　かつて公立学校の体系には，総合制中等学校がなく，グラマースクール，テクニカルスクール，モダンスクールからなる複線型の学校体系であった。これらのうち，どの学校に進学するかによって将来の職業や社会的地位がある程度規定される傾向にあった。子どもたちは11歳になると，どの中等教育学校に

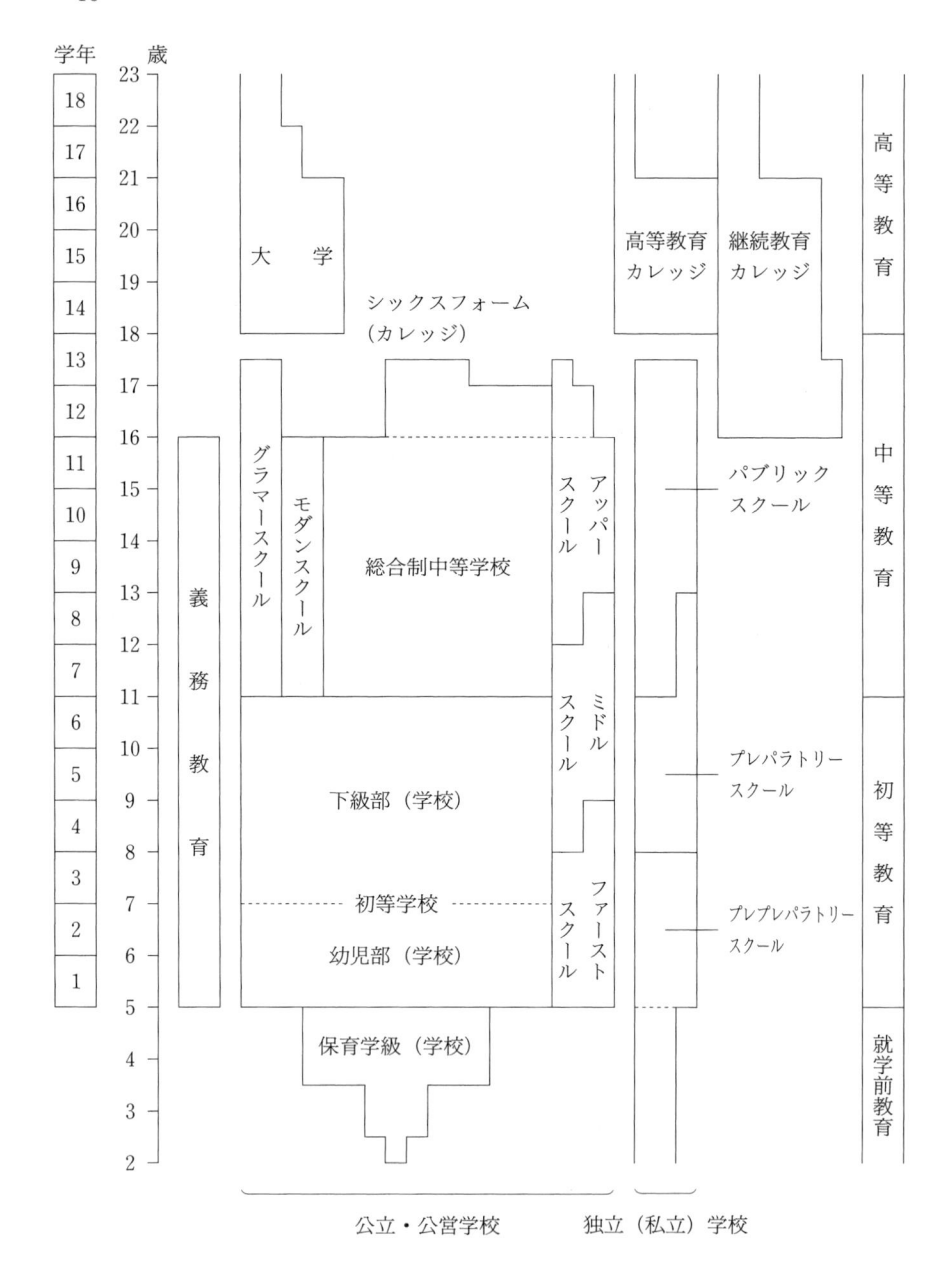

図1−1　イギリスの学校系統図
出典：文部省　1995　『諸外国の学校教育（欧米編）』

進学するかを決定する試験（イレブンプラス）を受けなければならなかった。人生の岐路を11歳という早い時期に行うことの是非が議論され，1960年代ごろからこの試験が廃止され，総合制中等学校が設立されるようになった。30年以上経た今日では，総合制中等学校が公立の中等学校の9割を占めるようになり，進路決定の分岐点は名実ともに16歳まで延期されたと言ってよい。したがって，小学校から中等学校への進学は，日本における進学と同様に，比較的環境の変化が少ない。

4　学年の呼称と学年暦

学年の呼称は，たとえば，イギリスの第6学年がオランダの第8学年にあたっているので，本書では混乱を避けるために，イギリスの第5学年と第6学年（初等学校）を小学5年，小学6年，イギリスの第7学年，第8学年，第9学年（中等学校）を中学1年，中学2年，中学3年と呼ぶことにする。

イギリスの学年暦は，9月から始まる3学期制である。秋学期が9月下旬から12月中旬のクリスマス休暇前まで，春学期が1月上旬から3月または4月のイースター休暇前まで，夏学期がイースター休暇後から7月下旬までとなっている。調査実施時期は学年末の6〜7月である。春学期が短いこともあり，調査対象遡及期間は「クリスマス休暇以降」の2学期間にわたる。

5　いじめ問題と対策

イギリスでの学校におけるいじめは，1980年代の前半までは，それほど社会問題化されることはなかった。しかし，80年代の終わりには，世間の関心がしだいに強まり，いじめを苦にして自殺未遂をした少女のことがマスコミで報道されたこともあり，大きな社会問題として取り扱われるようになった。このころ，いじめ問題をテーマにした書物が3冊出版され，教育省が「エルトン報告」を発表した。「エルトン報告」の内容は，主に教師と生徒との関係や，規律に関するもので，学校教育全般にかかわる報告であった。そのうち，いじめについては，数段落にわたっての言及があり，いじめ問題が拡大していること，教師がこれを無視する傾向にあること，いじめ問題は学校教育に悪影響を及ぼすことなどが指摘されている。この報告は教育省によって発表されたので

あるが，報告を受けて迅速に対応策をとったのは，教育省ではなく民間の財団のほうであった。すなわち，民間の財団の支援により，『いじめに対する積極的対応』(1990) という小冊子が発行され，民間のチャイルドラインが実施していた電話相談サービスに，いじめ問題専用の電話相談ラインが設けられた。また，本格的なアンケート調査も財団の支援のもと，シェフィールド大学によって行われ，これが契機となって，教育省の助成によって「シェフィールドいじめ克服プロジェクト」が1991年から1993年まで実施された。

イギリスでは，このほか，いじめ対策に関する著作が多く出版され，ピア・サポート（いじめに遭った児童生徒の相談に他の児童生徒がのり，児童生徒自身の手でいじめの解決策を考案し実行する），「いじめ裁判所」（いじめ事件の証言を聞くために，児童生徒が自分たちで裁判を行い，適切な処罰を実施する），関心共有法（いじめをした児童生徒を責めるのではなく，いじめをした児童生徒がいじめられた児童生徒を支えていくような仲間になるように対話を行う），主張訓練法（いじめの被害者が肯定的な自己観を形成しそれを表現する），校庭改善プロジェクト（校庭の環境を整備し児童生徒が楽しめるようにしたり，昼休み指導員の訓練を実施していじめを発見したり有効に対処できるようにしたりする）等，さまざまな実践が実行に移されている。中には短期間にしか効果が持続しなかった例も報告されているが，おおむね，これらのいじめ対策プログラムは成功していると言われる。ただし，これらの実践は，本節の冒頭で述べたようなイギリスの議論文化の伝統の中で開発され，それゆえに一定の成果があがっていることに留意しなければならない。議論すること，自己主張することの訓練が家庭教育，学校教育を通して一貫して行われており，これらの教育の延長線上に，上述の主張訓練法やピア・サポート，「いじめ裁判所」の実践が位置づけられているのである。日本への導入には慎重な配慮と工夫が必要であろう。

なお，イギリスのいじめ問題と対策に関する文献には，森田洋司総監修『世界のいじめ－各国の現状と取り組み』（金子書房，1998年）のほか，P・K・スミス，S・シャープ編，守屋慶子，高橋通子監訳『いじめととりくんだ学校』（ミネルヴァ書房，1996年），S・シャープ，P・K・スミス編著，奥田真丈監訳『教師のための実践ハンドブック－あなたの学校のいじめ解消にむけ

て』(東洋館出版社，1996年)，イギリス教育省編，佐々木保行監訳『いじめ－一人で悩まないで－』(教育開発研究所，1996年)，H・コウイー，S・シャープ編，高橋通子訳『学校でのピア・カウンセリング』(川島書店，1997年)，M・エリオット著，芹沢俊介監修，翔田朱美訳『いじめと闘う99の方法』(講談社，1999年) などがある。

2節　オランダ

1　多様性の国オランダ

　オランダと聞けば，チューリップと風車を連想する。そして，日本と同じく人口密度が高い国としても知られる。国土面積は日本の九州にほぼ等しい面積の約4万平方キロメートル，人口は約1,570万人であるので，人口密度は1平方キロメートルあたり374人。日本の330人よりも高いことになる。人口密度が高い点では日本と共通点をもつこの国の文化が，日本の文化ともっとも対照的であるのは，オランダが「多様性」の国であることであろう。

　その背景には宗教・宗派による縦割り社会の歴史があるとされる。オランダは伝統的にプロテスタントの国であった。しかし，19世紀，カトリック教会が勢力を広げ，19世紀後半には，自由党員と自由主義の支配に抗して，カトリック教会は政治・社会・文化・教育の全領域で信徒を統合し指導した。自由党は自由主義的で世俗的な公教育を推進していたが，カトリック党と反革命党は結束してこれに反対し，宗派立の私立学校に対する国庫補助を要求した。現在，小学校の7割が私立学校 (ただし，全額国庫負担) であるのは，こうした事情による。

　20世紀になると自由党が衰退するが，その代わりに労働党が勢力を広げるようになった。そして，宗教政党は各宗派系の労働組合を組織してこれに対抗した。その結果，オランダ人の社会生活は，宗教，政治，文化，スポーツ，社交クラブ，新聞，ラジオ，テレビなど，あらゆる領域を通して宗派別の縦割りに組織されるようになった。そして，どんな小さな町にも，最低二つの教会とカトリック系，プロテスタント系，無宗派の三つの小学校があるという。なお，この縦割り社会は，若者の宗教離れ，都市化等により現在は動揺しつつあるが，

それは，各宗派への帰属観が薄れたのであって，その意味では，ますます個別化，多様化が進行しているといえる。

また，オランダは民族的にも多様化している。オランダは歴史的に，ユダヤ人やフランスのユグノーなど多くの亡命者たちの避難港であったこともあり，第二次大戦後も，アフリカや中央アジアからの亡命者，トルコ，モロッコ，スリナム，オランダ領アンチルからの移住者，インドネシア人，ベトナムのボート難民等を寛容に受け入れてきた。また，60年代前半の高度経済成長期には深刻な労働力不足が生じたが，これが外国人労働者の移住に拍車をかけた。これらの民族的マイノリティは，1994年には人口の7.6％であったが，マジョリティの人々に比べてマイノリティは出生率が高いこともあり，2010年には全人口の13.5％になると予測されている。さらにマイノリティの人々が多く密集している大都市では，都市人口の15％，20歳以下の人口の45％になるとの予想もある。

このような背景をもつオランダ人は，画一主義をもっとも嫌悪し，人それぞれに違うことを認め合うことの中にこそ人間らしさがあると考えている。このことは，次項でみるように，教育制度や教育方法の多様性に反映されている。

2　教育制度

オランダでは，1985年の初等教育法により保育学校が初等学校に統合され，義務教育開始年が6歳から5歳に引き下げられた。法律では，「5歳に達した翌月から16歳になる学年の終了まで」が義務教育と定められているが，99％が5歳になる学年の最初の月から（したがって，入学時は4歳）入学することが多いので，実質的には12年間の義務教育となっている。

日本の学校制度のもつ特質との相違でもっとも顕著なのは，各学校が強い個性を持っていることである。前項でも述べたとおり，小・中学校の7割が私立学校で，国の教育予算の65％が私立学校に支出されている。オランダでは，私人や私的団体が学校を設置する自由が保障されている。日本のように学校法人を設立したり，文部省の許可を得たりする必要はなく，私人あるいは私的団体がいかなる思想・信条をもっていてもこの自由は保障されているという。さらに，「財政平等の原則」によって，法定生徒数の確保，教職員名簿とカリキ

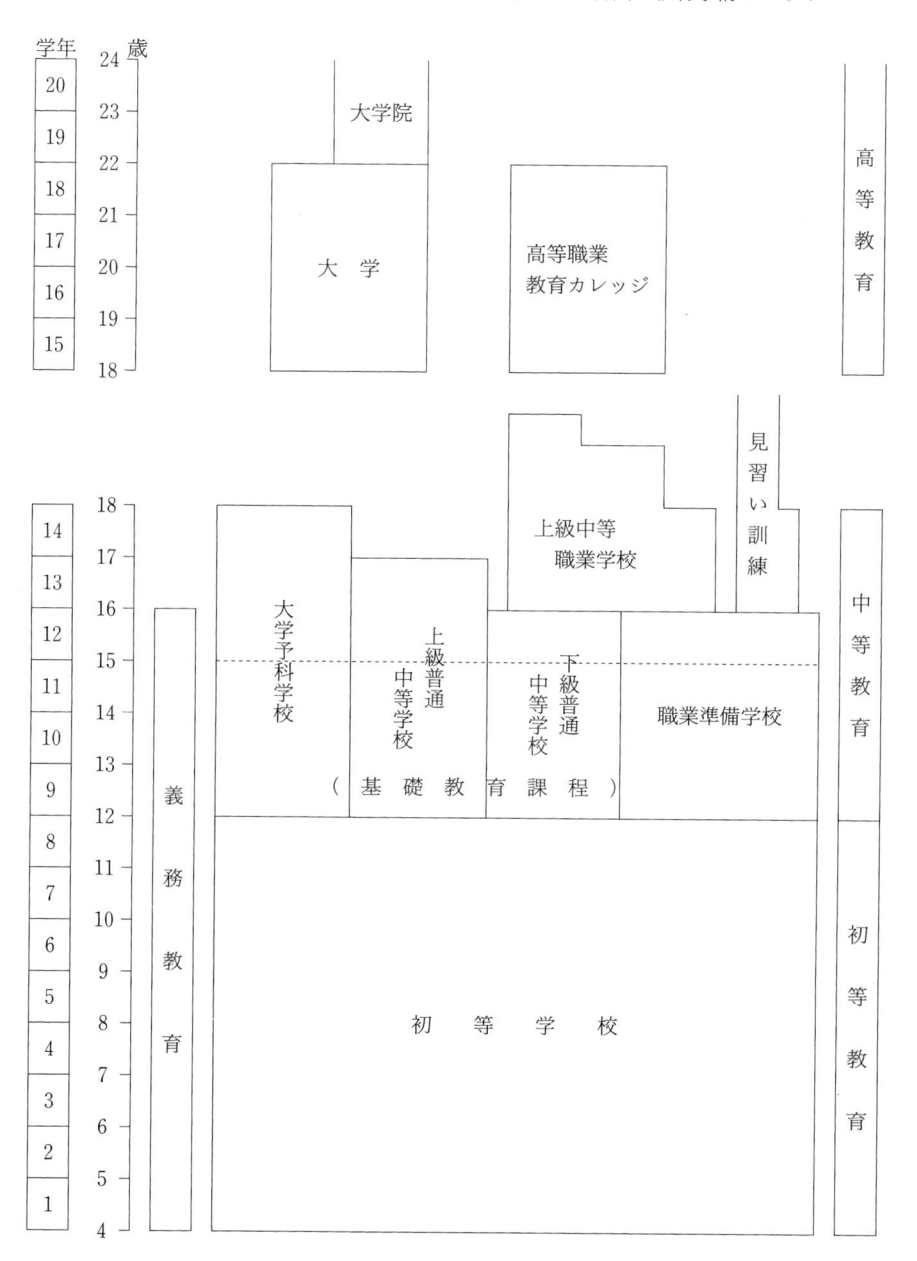

第1章　各国の教育事情といじめ　21

図1-2　オランダの学校系統図
出典：文部省　1995『諸外国の学校教育（欧米編）』

ュラムの提出，そして，校舎建築費の10％の保証金確保をしさえすれば，公立小学校と平等に財政援助を受けることができる。その結果，比較的規模が小さい，独自の理念と個性的な校風をもった学校が育ちやすい。教師の任免，カリキュラム編成，教育方法や教科書の選択についても学校裁量にゆだねられる。したがって，校長のリーダーシップの果たす役割が大きい。このことと学校規模が小さいことが相俟って，児童生徒と校長・教頭が直接コミュニケーションをとる場面は，日本に比べて多い。第6章で紹介する調査結果の中で，「校長・教頭」の割合が日本よりも高くなっているのは，このような背景があるからと考えられる。

　各学校が個性をもつことが一般的であるのと同様に，各学校内では，児童一人ひとりが個性をもつことが奨励されている。したがって，教授方法は一斉授業よりも個別指導のほうが多い。日本人がそれを理解するには，学校の授業をイメージするのではなく，家庭教師が同時に何人もの児童を相手に指導している姿を想像するほうが，より的確であろう。

3　初等教育

　図1-2に示したように，4歳から12歳までの8年間が，初等学校である。それぞれの学年では1年間にわたって，原則として，ひとりの学級担任がすべての教科を児童に教える。この点は日本とよく似ている。しかし，大きく違うのは，小学校でも落第が日常茶飯事で，13歳で初等学校に留年している割合が1割を越していることである。個別指導が徹底していることの現れである。その結果，同一学年の集団をとりあげてもそこには年齢的なばらつきがある。つまり，同じ学級内といっても，体力的に優勢な年上の子どもが年下の子どもをいじめるといった場面が十分考えられる。

4　中等教育

　多様性を重んじる国であるオランダでは，中等学校の制度も複雑である。児童は初等学校を卒業すると6年制の大学予科（予備）学校，5年制の上級普通中等学校，4年制の下級普通中等学校，4年制の職業準備学校といった4種類の中等学校のうち1種類を選択して進学する。日本での常識と大きく違うのは，

義務教育年限が4年間も残っているにもかかわらず，このようにまったく違う4種類の学校に分岐して学ぶことになることである。

しかも進学する中等学校の種類によって将来の進路がある程度決定されるのが現実である。したがって，かつては小学校の卒業時点が人生の大きな岐路となっていた。12歳という早い時期に進路が決まってしまうという弊害が指摘されるようになり，1993年には進路の最終的な決定を基礎教育課程終了後に延期することを目指した改革が行われた。それは，それぞれの中等学校のうち，最初の3年間は，全中等学校共通の基礎教育課程を設けるというものであった。そして，生徒はどの種類の中等学校に進学したとしても3年後には別の種類の中等学校へと進路変更できることになっている。しかし，実際には多様な学校の学校間格差は現在でも実質的に存在しているのが実情である。したがって，小学校卒業時点で，どの学校に進学するかは，本人にとって依然として大きな関心事となっている。

日本では（そしてイギリスやノルウェーにおいても），小学校の卒業生の多くが地元の中学校へと進学する。小学校と中学校の学校規模や校区割の違いにより，中学校では小学校とは多少違った成員構成となるが，地元の子どもたちの多くが通うという意味では，小・中とも同じような集団となる。一方，オランダでは，子どもにとっては，小学校から中等学校に進学する時に受ける環境の変化は他の3国に比べて大きくなる。このことが，後の章でも見るとおり，学年によるいじめの発生率の変化をもたらしている。

なお，個性を非常に尊重する国民性を反映して，中等学校では服装に関する校則はなく，喫煙を禁止する法律もない。学校では，ピアスをつけた生徒がタバコを吸いながら教師と雑談する場面を目撃することも珍しくないという。また，オランダの学校での暴力は，数多く発生しており，平均的な学校の教師の5％，大規模な学校では7.7％以上の教師が1年の間に暴力の犠牲となったという世論調査（オランダ国立教育研究所，1978年：森田洋司総監修『世界のいじめ－各国の現状と取り組み』金子書房，1998年より重引）がある。第3章で検討するように，オランダのいじめの手口は暴力と関連することが多いが，その背景がここにあると思われる。

5 学年の呼称と学年暦

オランダの第7学年と第8学年が，日本の小学5年と小学6年，オランダの第9学年と第10学年が日本の中学1年と中学2年にあたるので，本書では，原則としてあえて日本の学年呼称を用いることにした。

オランダでは，夏休みは6週間であるが，地域によってその時期が異なる。それは，夏休みによるリゾート地の混雑を緩和するためである。夏休みは6月末から9月初めの中の6週間が充てられる。そのため，学年暦も地域によって異なるが，おおむね8月に始まり7月に終わる。オランダには，少なくとも小中学校においては，日本のような学期の概念があまりない。学年が始まると10月に1週間の秋休みがあり，12月にクリスマス休暇がある。2月下旬に1週間の春休みがあり，4月下旬から5月上旬に1～2週間の休暇がある。2か月ごとに休暇が入るのである。日本の通知表にあたるものが，12月のクリスマス休暇前，3月下旬，学年末の7月に保護者に渡されるが，それでも日本や他の国に見られるような「学期」という感覚はあまりないようである。本調査を実施した5～6月は学年末にあたり，調査対象遡及期間の「クリスマス休暇以降」は学年の後半にあたる。

6 いじめ問題と対策

オランダでは，学校のいじめや校内暴力は単独の現象として取り扱われるのではなく，広い意味での犯罪行為の一部として認識されている。また，その原因についても，それを学校教育の中に求めるのではなく，学校外の社会の責任としてとらえられているようである。1996年にオランダ教育省は次のように発表している。「学校内の安全性は，学校をとりまく社会環境から切り離してみることはできない，ということを認識すべきである。この社会環境とは，児童が成長していく場所である家庭，近所や住んでいる地域，余暇の時間を一緒に過ごす友達，家庭に持ち込まれる暴力的なテレビ番組などである。学校で起こる暴力も，その原因は主に学校外にある。それは，社会全体に責任がある普遍的な問題を反映している」（森田洋司総監修『世界のいじめ－各国の現状と取り組み』金子書房，1998年より重引）。もちろん，学校の責任がまったく問われないわけではない。生徒や職員が身体的な脅迫または暴力にあった場合，

学校は即座に特別な処置をとり，安全と秩序が回復したことを見届けなければならない。つまり，安全が脅かされる状態を放置することに対する責任である。

このような背景のため，オランダのいじめ防止プログラムは，軽窃盗や攻撃的行為のような非行行動の防止プログラムの一環として実施されることが多いようである。

なお，オランダのいじめ問題と対策に関する文献には，森田洋司総監修『世界のいじめ－各国の現状と取り組み』（金子書房，1998年）などがある。

3節　ノルウェー

1　フィヨルドと福祉の国

ノルウェーは北ヨーロッパ，スカンジナビア半島の西側に位置する。国土は細長く，もっとも狭いところでは6キロメートルの幅しかないが，北端から南端までの直線距離は1,750キロメートルに及ぶ。海岸線は氷河期に形成されたフィヨルドが複雑な地形を生み出しており，フィヨルドを含めると海岸線は2万キロメートルを越える。フィヨルドの海岸線は内陸へ最大200キロメートルも入り込んでいる。フィヨルドの周囲は標高1,500メートルに及ぶ山々に囲まれ，海面から高さ600mに鋭く切り立つ絶壁が水面から直立しているところもある。このような周囲から交通が遮断されたような絶壁や山の中に，ほんの数軒からなる小さな集落が多く点在している。内陸部の山岳地帯は険しく，僻地が多く存在する。人口密度はオランダと対照的に極めて小さく，1平方キロメートルあたり，10.5人である。

ノルウェーは，国土の地形を利用した水力発電に支えられ，さまざまな近代産業を発展させてきた。ノルウェーの社会を特徴づけているのは，深く根づいた民主主義の伝統，総合的な社会福祉政策，無償の教育の3つである。民主主義に関しては，行政機関は重要案件の策定にあたり関係団体に意見を求めることが慣例になっていること，オンブット（オンブズマン）制度が発達していること，女性の社会参画が保障されていることである。80年代後半以降は，閣僚の4割以上が女性であることが恒常化し，国会議員の4割が女性である。社会福祉政策では，国民保険等が充実している。教育については，教材費，通学

費，給食費も含めてすべて無償という，徹底した無償制度である。

人口の約90％近くが国教のルーテル派教会に属しており，大部分の国民が公立学校で教育を受け，80年代まではラジオ・テレビ局はひとつしかなかった。こういったことは，国民の中には共通の価値観，社会通念を育んできたと言える。最近では，テレビ局の種類や英語によるテレビ番組も増え，ヨーロッパ諸国以外からの移民の人口も増えてきており，価値観の多様化が進行しつつある。

2 教育制度

ノルウェーの義務教育は，1997年8月から6歳から16歳までの10年間に延長された。この10年間の教育は基礎学校とよばれる学校で行われる。基礎学校はさらに，7年間（本調査の実施時点の1997年5月では6年間）の初等段階と3年間の前期中等段階に分かれるが，両段階ともが併置されている学校の数は全学校数の約2割であり，残りはいずれかの段階しか設置されていない。したがって，日本の教育制度にたとえれば，7（6）年制の小学校と3年制の中学校が別々にあると考えてよい。人口密度が低いことから，学校規模は小さく，400人を超える学校は全学校総数の3％に過ぎない。また，全学校総数の約3割が複式学級方式を採用し，総数の約8％が単級学校（全学年を含む複式学級）となっている。

1学級あたりの上限人数は，初等段階で28人，前期中等段階では30人であるが，実際の1学級あたりの平均人数はそれぞれ18人，22人である。今回調査したのは，1学年に2学級以上を有する学校であったので，ノルウェーにおいては比較的規模の大きな学校での調査であると言える。

学校規模が比較的小さいので，校長や教頭は児童生徒一人ひとりの顔や名前をよく知っており，直接話しかける機会も多い。カリキュラムは，ガイドラインが教育省から示されているが，市町村教委または学校の裁量の幅が大きい。教科書，教材の選択の自由も各学校および教師に認められている。なお，幼稚園の約半数が私立であるが，小学校以降は，大部分の国民が公立学校で教育を受ける。

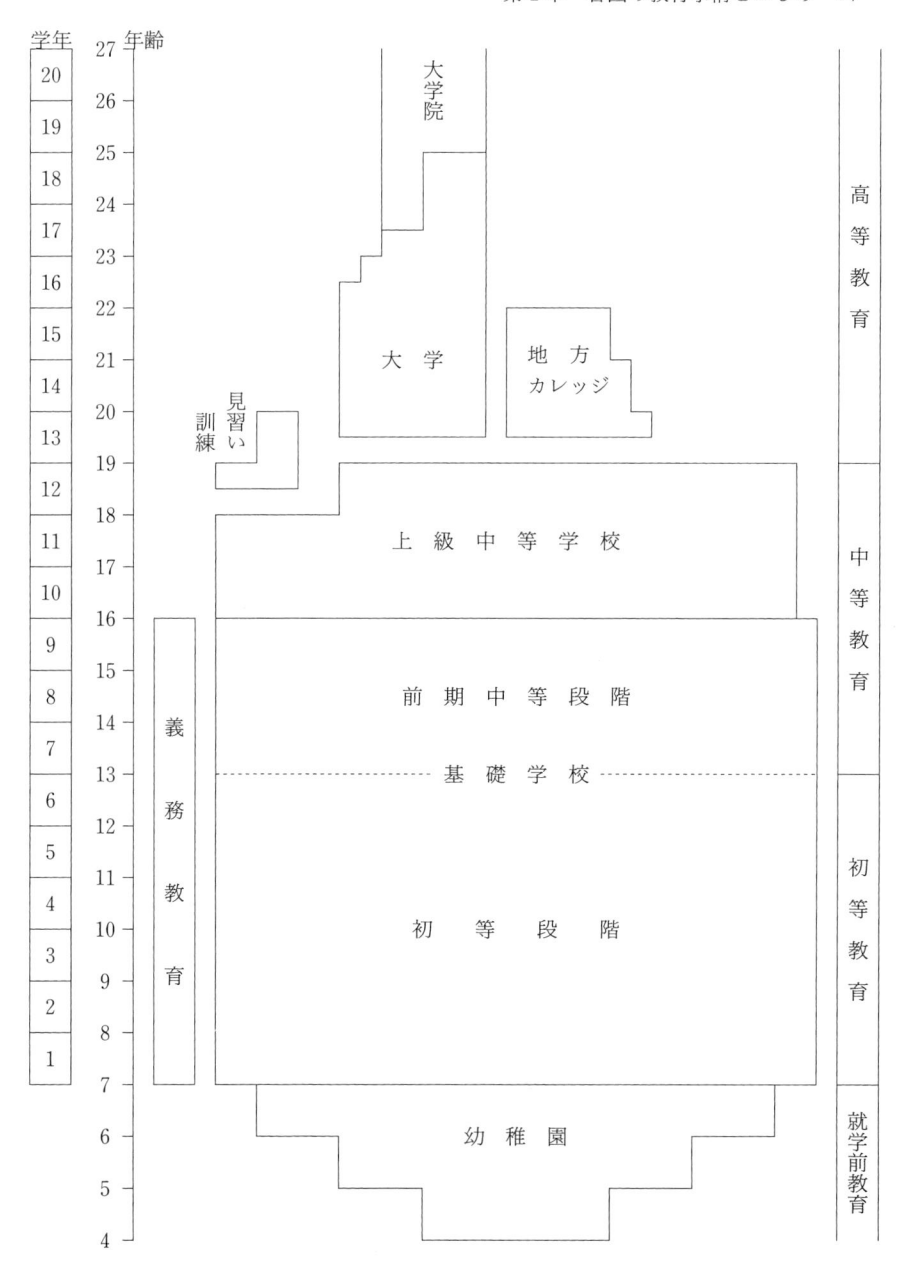

第1章 各国の教育事情といじめ 27

学年	年齢	区分
20	27	高等教育
19	26	
18	25	
17	24	
16	23	
15	22	
14	21	
13	20	
12	19	中等教育
11	18	
10	17	
9	16	
8	15	初等教育
7	14	
6	13	
5	12	
4	11	
3	10	
2	9	
1	8	
	7	就学前教育
	6	
	5	
	4	

学校段階：大学院／大学／地方カレッジ／見習い訓練／上級中等学校／基礎学校（前期中等段階・初等段階）／幼稚園

義務教育：7歳～16歳

図1-3 ノルウェーの学校系統図
出典：文部省 1995 『諸外国の学校教育（欧米編）』

3　学年の呼称と学年暦

　学年の呼称は，義務教育開始年が1年早くなった1997年の8月を境に変更された。たとえば初等段階終了学年は，以前は「第6学年」であったが，1997年8月以降は「第7学年」となった。現在でも，学年の呼び方においては正式名称と通称（旧呼称）とが存在しており，混乱することも多い。本調査の実施時点（1997年5〜6月）では，旧制度であったので，第5学年と第6学年（初等段階）が日本の小学5年，小学6年にあたり，第7〜9学年（前期中等段階）が日本の中学1〜3年にあたる。本書では，混乱を避けるために，日本式の学年呼称を用いることにする。

　なお，ノルウェーにおいては，原則として全員が地元の中等学校に進学することになる。

　ノルウェーの学年暦は，8月に始まり6月に終わる。本調査が実施された5〜6月は，ノルウェーの学年末にあたり，調査対象遡及期間は「クリスマス休暇以降」の1学期間にわたる。

　1時限の長さは45分で，授業間の休み時間は10分，昼休みは30分である。後述するように，教師は休み時間に校舎内や校庭を巡回するので，子どもたちは休み時間も基本的には教師の監視下にある。

4　いじめ問題と対策

　いじめは，1970年代からマスコミでとりあげられることがあったが，各学校が本格的にいじめ対策をとり始めるのは80年代に入ってからである。

　1982年の暮れ，ノルウェー北部に住む10〜14歳の少年3人が仲間からのはげしいいじめを苦に自殺したという記事が新聞で報道され，いじめは社会の大きな関心の的となった。教育省は，世論を背景に，1983年，全国の小・中学校を対象としたいじめ防止全国キャンペーンを繰り広げた。キャンペーンの中核となったのが，オルヴェウス（オルウェーズ）によるいじめ実態調査である。この調査は，いじめの実態を教師や親，教育行政関係者といった大人が正確に把握するという目的のほかに，子どもたちが質問紙の調査に答えることによって，いじめとは何か，いじめを防止するにはどうすべきかについての自覚を強めるという効果をもったとされる。また，この調査結果から，校庭で年長者が

年少者をいじめることが多く，教師を含む大人の監視が行き届かないところにいじめが発生するとの見方が指摘された。その結果，校庭に線を引いて学年ごとに遊ぶ領域を限定すること，校庭に遊具を配備すること，給食時間や休み時間に教師の巡回を多くすること等の対策が試みられた。そして，これらの努力によって，いじめの発生件数が少なくなったことが報告された。しかしながら，これらの監視等による対策によって，確かに目に見えるいじめは減少したけれども，最近では同級生による精神的ないじめ（仲間はずれ等）といった，目に見えにくいいじめが問題化しているという声も聞かれる。

　なお，ノルウェーのいじめ問題と対策に関する文献には，森田洋司総監修『世界のいじめ－各国の現状と取り組み』（金子書房，1998年）のほか，D・オルウェーズ著，松井賚夫ほか訳『いじめ－こうすれば防げる－ノルウェーにおける成功例』（川島書店，1995年）などがある。

参考文献

森田洋司総監修　1998　『世界のいじめ——各国の現状と取り組み』金子書房.

文部省　1995　『諸外国の学校教育（欧米編）』

桑原敏明編　1994　『国際理解教育と教育実践　第3巻　西ヨーロッパ諸国の社会・教育・生活と文化』エムティ出版.

川野辺敏編　1994　『国際理解教育と教育実践　第4巻　旧ソ連・東ヨーロッパ諸国の社会・教育・生活と文化』エムティ出版.

平凡社　1988　『世界大百科事典』

第2章 いじめ被害の実態

森田 洋司
Morita Yohji

はじめに

　1980年代から1990年代にかけては，日本社会でこれまで比較的等閑視されていた女性や子どもたちの人権に関わる問題やさまざまな被害が社会問題として登場してきた時代であった。いじめ問題もその一つであり，いじめにまつわるさまざまな痛ましい事件や被害が大人の気のつかない子どもたちの世界の見えないところで起こっていたことに大きな衝撃を与えられた時代でもある。そのため，いじめ問題への対応も，加害者側への対応に焦点をあてた「社会防衛的な対応」に加えて，さらに被害者の側が抱える問題に焦点をあてた「被害救済政策」が大きな関心事となった。社会問題としてのいじめ問題の最大の特徴はこの被害という事実に焦点を当てた問題であることにある。

　本章では，日本のいじめ被害の特徴を素描し，その対応を検討するものである。まず，日本では，いじめの中でも「進行性タイプのいじめ」による被害の発生率が高いこと，その背景として，いじめの場面での周りの子どもたちによる歯止めが有効に作動しないことを明らかにし，さらにこれらの結果を踏まえ，その対応策として，従来の加害者から被害者へと焦点化されて展開されてきた対応策に加えて，もうひとつの視点として周りの子どもたちや関係する保護者，教師という当事者を取り巻く人々へと焦点を当てた取り組みについて検討を加え，最後に，これまでのさまざまな対応視点の動向を視野に入れつつ，いじめ問題への対応モデルを提示する。

1節　問題行動への対応の視点の変化

1 「いじめ」という現象

　周知のように，日本では，いじめ問題は，校内暴力が峠を越して収束に向かった1980年代に大きな社会問題となった。このとき，人々は校内暴力とは異なる新たな問題が日本社会に現れてきたと考え，以来，いじめ問題は，日本社会では，校内暴力とは切り離して，ひとつの独立した社会問題のカテゴリーとして位置づけられてきた。この点は，いじめ問題を校内暴力と重なり合った問題として，あるいはその中の一つの問題としてとらえる欧米とは異なっている。日本では，文部科学省の問題行動等の実態に関する調査でも，毎年，いじめは校内暴力と別個のカテゴリーとして扱われ，統計が取られている。

　もとより，いじめという現象は1980年代に始まったものではない。また，洋の東西を問わず存在する。この古くからある問題が社会問題となり国会でも取り上げられるほどの広い関心を国民の中に呼んだのは，自殺等の深刻な被害が相次いで発生したことがきっかけであった。海外でもイギリスやノルウェーでは，日本と同じように，自殺がきっかけとなっていじめが社会問題化してきている。

　いじめによる被害は自殺以外にもさまざまな形で現れる。殺人や傷害，暴行，恐喝といった刑法に触れる行為による被害も発生するし，法に触れることはないが深刻な精神的苦痛やトラウマを残すもの，あるいは不登校や心身症，自己イメージの低下，自尊心の喪失，学習意欲の低下，人間不信など，いじめを受けた子どもたちに及ぼす影響はさまざまである。

　その場合，いじめた側，つまり加害を問題事態とみなし，加害行為を対象として政策や取り組みや防止策を講じていくのか，あるいは被害という事態を問題としてとらえ，これに対する対応策や防止策を講じていくのかは，その社会や時代によって異なってこよう。しかし，日本でも海外においても，いじめ問題は自殺事件をきっかけとして社会問題となったという経緯もあり，独立した社会問題の一つのカテゴリーを構成しているか否かにかかわらず，対応の重点は，まず被害者を守り，その精神的な苦痛や悩みに対処する制度や仕組みをい

かにして社会の中に埋め込むかに向けられていた。

　このような「被害」という事象に焦点を当てて，学校という「公」的な場を構成しているすべての人々の安全を確保するという「公共」的な視点に立ちつつ社会的な方策を講じていくという対応の視点は，従来の犯罪非行や校内暴力をはじめとする1970年代までの児童生徒の問題行動への対応の考え方とまったく異なる視点への転換が含まれている。それは従来の犯罪非行や校内暴力がその行為を引き起こす加害者に着目し当該集団や社会の安全や秩序を図り統制していくという「社会防衛」的な視点であったのに対し，いじめ問題では被害者の保護やケアに軸を置いた「個人の被害救済」という視点が第一義的に優先されていることである。

2　「全体から個へ」の時代のいじめ

　このことは研究者や行政が用いるいじめの定義にも表れている。いじめでは，しばしば被害者がいじめられれば，それだけでいじめになるのかという疑問が呈せられることがあるように，日本だけでなく海外においても，ほとんどのいじめの定義では，「被害」が存在することを定義に必須の構成要件としている。「加害」行為を構成要件として定義している例はきわめて少ない。

　このように，いじめは，犯罪非行や校内暴力などと同じように加害性を要素とし，攻撃行動を含んだ行動でありながらも，社会問題となっていく過程では，そこから生じる「個人の被害性」に焦点を当てて研究が進められ，「心のケア」に軸足を置いた社会的な対応策を講じるという考え方は1980年代以降の問題行動への対応でとりわけ強調されてくる特徴である。

　日本では，とりわけこの傾向が強く，ときとして被害者への対応に目を奪われるあまりに加害側への措置が忘れ去られ，かえって被害者の状態を悪化させることがある。被害者を保護するために採られる転校措置などについて，海外の研究者からは転校するのはむしろ加害者のほうであろうと不思議がられる光景が生まれるのも被害者救済主義への偏重から生じたものである。

　いずれにしても，この社会防衛的な視点だけでなく被害救済的な視点を加味した政策への転換には，個人が蒙る被害の問題を集団や社会「全体」の安全や秩序の問題としてとらえ，これを維持するために加害行為に対して対応策を講

じていくという視点だけでなく，そこで被害に遭っている当事者の目線に立って「個人」を救済していくという視点をも加味しつつより総合的な対応策を講じるという方向への転換が含まれている。

　こうした動向は，単にいじめによる被害が深刻だということだけによってもたらされたものではなく，「全体から個へ」あるいは「個の尊重」という社会全体の1980年代の動向や「心の時代」と称される人々の関心の動向と無関係ではない。近年，注目を集めてきている犯罪被害者救済の問題は，加害への対応に加えて被害への視点が登場してきたことの現れであり，刑事司法を全体社会の秩序とその統制のためという視点から個々人の救済にも配慮するという方向性への転換を含んだものである。

2節　いじめによる被害の見え方

1　周りの人々と被害者との見え方のズレ

　いじめ問題の難しさは，いじめがあったという事実を客観的に把握することが容易ではないことにある。それは，いじめがあったかどうかという事実の確定が，「いじめられた」という被害感情のようないじめを受けた側の主観的な世界に基礎を置いているからである。そのために，いじめを受けた側では「いじめられた」と受け止めていることでも，いじめた側は全くそのことに気づいていない場合もある。いじめの対応策で「相手の心の痛みに気づくこと」が子どもたちに求められるのも，いじめ問題には，こうした認識のズレがつねに発生するからである。

　このズレは，いじめる側といじめられた側という当事者間だけの問題ではなく，周りの子どもたちや保護者や教師の間でも見られる。いじめのドラマとその悲劇は，被害を受けた子どもとその周りにいるさまざまな立場の人たちとの間の認知のズレの中で起こっているといっても過言ではない。いじめに遭っている子どもにとって，周りの人々との認識のギャップが広がれば広がるほど，あるいは，自分がいじめられていることを知らない人が多くなればなるほど，独りで耐えていかなければならず，孤立した状況に追い込まれることになる。

　図2-1は，いじめの被害者に対して，周りの人たちがどれだけいじめられ

第2章 いじめ被害の実態 35

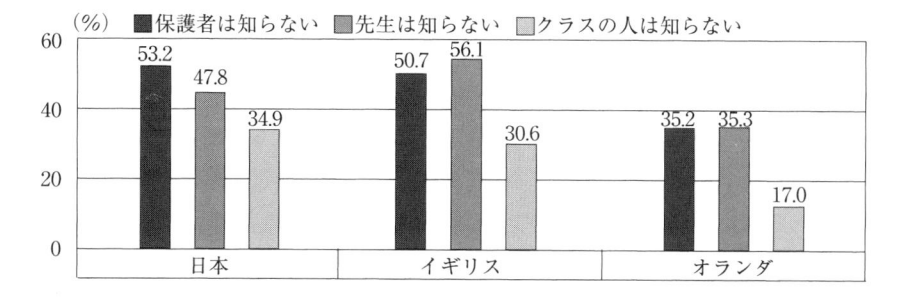

図2-1 周りの人は自分がいじめられていることを知っているかどうか

ていることを知っているかどうかについて調査した結果である。

　まず，図2-1の特徴の一つは，日本，イギリス，オランダのいずれの国においても，教師と保護者という大人のグループとクラスの人という子どもたちのグループとでは認知率に顕著な差が見られ，子どもたちのいじめが大人たちの目から遮断されている傾向が見られる。

　日本だけでなく海外においても，いじめが大きな社会問題となり，その実態が明らかになるにつれて，子どもたちの世界の見えないところで深刻な被害にあって傷ついている子どもたちや，いじめたり，あるいはいじめの場面に直面して歪んだ人間観や価値観や規範観を形成していく子どもたちが多いことに人々は気づかされてきた。しかし，事件化したり，表面化するいじめはさほど多くはなく，いずれの国においても，いじめは大人たちの眼から遮断された子どもたちの世界の見えないところで，ときには子どもたちさえ気づかずに，繰り広げられる現象であることを図2-1は示している。海外でも日本でも，いじめを調査したり，研究する目的の一つは，こうした子どもたちの世界の見えない部分で起こっているさまざまな被害の状況とそのメカニズムを明らかにし，それに対する社会的な対応を見いだすことにある。それは本書の目的の一つでもある。

2　国による認知率の差

　図2-1から読みとれるもう一つの特徴は，いずれの国においても，いじめが子どもたちの世界の見えない部分の出来事であるという特徴をもっていると

しても，それが裏側へと潜在化する傾向は国によって異なっていることである。

まず，日本とイギリスでは，細部の数値は若干異なるものの，教師，保護者，級友のいずれのグループを取ってみても，ほとんど差が見られず，この両国は，オランダに比べて周りの人々がいじめを知らないケースが顕著に多い傾向がある。本書の第6章で詳細に論じられているように，この違いは，一つには，いじめられてもその被害を「誰にも言わない子ども」や「言わせてもらえない子ども」が，日本とイギリスではオランダに比べて多いこととも関係している。ちなみに，いじめの被害を誰にも言わなかった子どもたちは，日本では被害者の33.9％，イギリスでは29.5％，オランダでは21.7％である。

いじめられた場合，周りがそのことを知らない中で，ただ黙っていじめに耐えて孤立している状況は被害者にとってはきわめて過酷な状況である。日本とイギリスではオランダよりもこうした過酷な状況にさらされている子どもが多いことをこの図は示している。いいかえれば，いじめはいずれの国においても同じように大人から遮蔽された空間で起こる現象ではあるが，国によって，認知を妨げる壁の厚さは異なっていることをこの図は示している。

いじめは，しばしば大人や，ときには子どもたちからも見えにくい構造をしていると言われているが，この特徴は普遍的なものではなく，国や文化によって異なっており，このことは見えにくさがいじめという現象の本質からもたらされた特徴ではなく，その壁の厚さは，いじめられた人たちや周りの人々の意識や行動のあり方によって変わりうるものであることを示してくれている。そこにいじめ問題への取り組みの可能性が開かれているのである。

世界の国々の中でも日本とイギリスは，いじめに関連した自殺事件が起きるなどいじめ問題が深刻な社会問題と見なされ，人々の大きな関心を集めている国である。これに対して，オランダでは，いじめは単独では大きな社会問題と見なされず，むしろ非行問題や校内暴力問題のなかに位置づけられて社会問題となっている国である（森田総監修，1998, p.215；Morita et al. (eds), 1999, p.221）。

もちろん，いじめが社会問題となるにはさまざまな要因が働くが，いじめの被害やリスクを避けたり，解決する責任を被害に遭っている個人に追わせてしまっている国と，周りの人々がそれに気づいて手を差し延べたり，あるいは当

人が周りに助けを求め，それが効果を発揮する社会とでは，いじめの被害の深刻さは大きく異なり，被害の現れ方にも大きな違いがもたらされることになる。日本やイギリスとオランダとの社会問題のなり方の違いは，被害の深刻さやその被害に無力なまま曝されている孤立した子どもたちの状況が関わっているものと思われる。

　もとより，周りの大人たちが知らなくても子どもたちの間でいじめが解決されていけば，被害も深刻な状況にまでエスカレートしていかない。しかし，深刻な被害に遭う子どもたちの場合は，子ども同士による歯止めが有効に作用せず，教師をはじめとする大人たちの介入を必要とする場合が多い。それだけに，いじめられた子どもからの通報がなくとも周りの大人たちが事態を把握しながら適切に介入していくことが必要なことがある。

　そのため，いじめ問題への取り組みでは，子どもたちの世界の見えないところで繰り広げられているいじめについて，周りがどれだけ把握しているかが重要な課題となってくる。日本やイギリスのように，周りの人々によるいじめの認知率や補足率が低い国々では，とりわけこの取り組みが重要な課題となってこよう。

3節　各国のいじめの被害とその実態

1　いじめによる被害経験者の各国の状況

　それでは，いじめによって被害を受けた子どもたちは，実際にどの程度いるのであろうか，各国の現状はどうなのかを見てみよう。

　今回の調査では，被害経験者を確定するために，従来の欧米における被害経験率の算出方法よりも厳密に取り，より正確な経験率を算出するよう工夫している。

　調査票では，まず「あなたは，今の学年の2学期に学校でいじめられたことがありますか」という設問を置き，いじめの被害を概括的に尋ねている。この質問に続いて，いじめの手口，継続期間，被害場所，いじめた相手との関係などいじめの被害状況に関わる質問を15項目にわたって設定している。

　回答者の中には，たとえば，上記の概括的な被害経験を尋ねる質問で「2学

期にいじめられた」と答えているにもかかわらず，いじめ継続期間などそれに続く質問では「2学期にいじめられたことはない」と答えている児童生徒もいる。

従来の欧米の研究における集計方法では，このように曖昧な回答をしている児童生徒もすべて被害経験者に含めて被害率を算出している。しかし，今回の集計方針では，被害経験の曖昧な者を除くとともに，統計処理の正確さをも併せて期するために，回答の揺れを示す児童生徒の回答を「不整合」票として欠損値扱いにし，一連の質問に一貫して「いじめられた」と答えている児童生徒のみを被害経験者とした。その結果，日本，イギリス。オランダ，ノルウェーの4か国の被害経験者の比率を比較したのが図2－2である。

この図から導き出される知見として以下の3点を指摘することができる。

(1) 第一は，いずれの国においても，かなりの比率でいじめの経験者が確認されることである。このことは，いじめという現象は日本に固有のものではなく，欧米においても共通して見られる現象であることを示唆している。さらにこの結果を敷衍すれば，いじめという現象は人間が関係を結び集団生活を営むところではどこにでも遍在する現象と結論付けることもできよう。

(2) 第二は，この図の中では，オランダに典型的に見られることであるが，発生率が高くとも，当該の社会では人々の関心を集める大きな社会問題へと展開していない国があるという点である。反対に，日本のように，経験率が低くとも大きな社会問題となっている国もある。

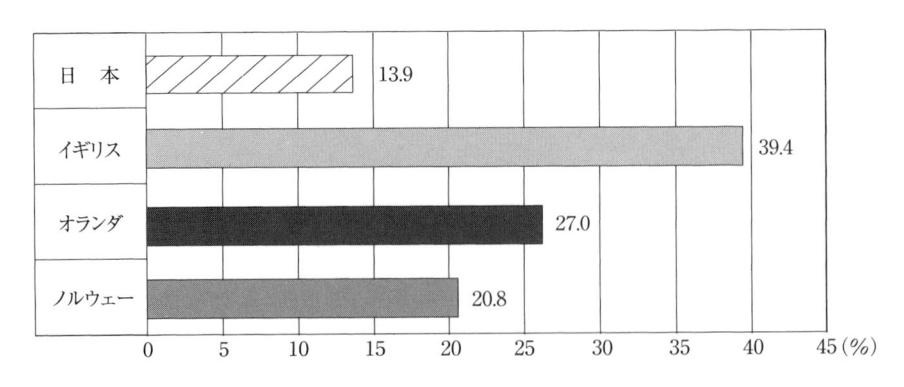

国	比率
日本	13.9
イギリス	39.4
オランダ	27.0
ノルウェー	20.8

図2－2　いじめによる被害経験者の各国の比率

(3) 第三は，被害経験者の比率の高さといじめの被害の深刻さとは必ずしも一致していないことである。たとえば，日本は4か国中で被害経験者の比率のもっとも低い国であるが，いじめによる被害はきわめて深刻だとされ，さまざまな被害が訴えられてきた。日本でいじめが大きな社会問題となったのは1980年代の前半であり，世界の中でもノルウェーをはじめとする北欧圏と相前後してもっとも早くから社会問題となっている国である。加えて深刻な自殺事件が相次いだが，いじめによる被害は自殺だけに限らずさまざまな形で及んでいるため，今なお憂慮すべき状況にあると見なされている。

このように，日本では被害経験者が4か国の中でもっとも少ないからといって，深刻な被害も少ないとはいえない。この点については4節で検討することとして，ここでは第一の知見であるいじめという現象の遍在性について見てみよう。

2 定義の一般的構成要素

世界の動向を見てみても，いじめが社会問題となってきたのは1980年代から90年代にかけてのことである。もちろん，いじめは古くからあった問題であるが，今日では，いずれの国においても，およそ貧困や戦禍が社会問題となっていない国々では一つの社会問題となってきている。しかし，このことをもっていじめという現象の偏在性を根拠づけることはできない。

そこで，本節では，いじめ行為を構成している要素に着目し，その要素が人間が営む行為や関係に付随して起こるものかどうかを見てみることとする。

いじめに関する研究や調査は，日本だけでなく欧米でも実施され，かなりの知見が蓄積されてきている。これらの研究を概観してみると，日本と海外とでは互いに独立して研究が進められてきたにもかかわらず，いじめの操作的定義の構成要素はほとんど同じであり，海外の諸研究においてほとんど同一の構成要素からなるものとされている（森田総監修，1998）。このことは，このいじめという現象が，それぞれの国の社会文化的背景を異にしながらも，現象面では類似しており，それらが共通した要素に還元しうるものであることを示している。

その構成要素として多くの研究が着目しているのは，①被害の発生，②被害

の継続性ないしは反復性，③力（power）のアンバランスに基づく力の濫用という指標である（森田，1998，pp.116-123）。

3 力のアンバランスとその乱用

なかでも「力のアンバランス」という要素は，いじめという現象の本質を規定する要素であり，単なる操作的定義要素以上のより積極的な意味をもち，現象にとって不可欠な要素であると考えられる。そのため，森田の定義では，同一集団内の相互作用過程における「優位－劣位関係」をいじめ現象の基礎的要素として設定している（森田，1985，pp.4-5）。また，欧米のいじめ研究で先導的役割を果たしているノルウェーのオルヴェウスも「いじめという言葉を使うためには，力のアンバランス（非対称的な力関係）がなければならない」と述べ，これを必須の要素としている（Olweus, 1996, 訳書 p.29）。また，イギリスのスミスも同じように力の乱用をいじめの基本的な要素と見なしている（Smith, 1994, 訳書 p.2）。

ここで森田が言っている「力（power）」とは，集団の規模や人数の差，能力や資質の違い，経験や知識とその操作能力の差，人気度，集団内の構造上の位置や地位関係の差，賞罰のコントロール資源の差，社会階層の違いなどに基づく他者への影響力を意味している。これらは，オルヴェウスが当初「力のアンバランス」として想定していた年齢や腕力や体格などの身体的な攻撃性に関わる力だけでなく，広く社会的に生成されてくる力を意味している。こうした力のアンバランスは，およそ人間の相互作用が展開されるところにはつねに存在する現象である。

すべての社会問題ではないが，ある種の社会問題の根底には，人間であるがゆえに，あるいは集団を営むがゆえに派生してくる問題を潜在的に含んでいることがある。もちろん何を力の乱用とするかは社会や時代によって異なるが，いずれにしても力の乱用が人間社会の力の非対称的関係構造にとって避けがたい影のようなものであるだけに，いじめという力関係の磁場で発生する力の乱用への歯止めを社会装置としていかにして埋め込んでいくかは，いじめ問題への社会的対応課題の基本問題となろう。

4節　進行性タイプのいじめの発生率

　既述のように，日本はいじめによる被害者のもっとも少ない国であるにもかかわらず，いじめに関連する悲惨な事件の発生は依然として憂慮すべき状態にあり，陰湿ないじめが後を絶たない状況にある。この一見矛盾しているように見える現象がなぜ起こるのかを解き明かす一つの鍵は，いじめへの歯止めの作用の仕方にある。前節で見たように，いじめはどこにでも発生する素地をもっているが，かりに発生したとしても，歯止めが有効に作用していれば，いじめはエスカレートせず，一過性に終わろうし，被害も軽微な段階で収束する。

　これに対して，いじめへの歯止めが欠けていたり，緩んでいれば，いじめは長期にわたって続き，いじめられる回数も多くなり，その結果，さまざまないじめの手口が用いられながらエスカレートし，被害の程度も深刻さを増していくことになる。このように，いじめに対して適切な歯止めがかからないために一過性に終わらずエスカレートしていくタイプのいじめを，ここでは「進行性タイプのいじめ」と呼ぶこととする。

　そこで，このいじめへの歯止めが，日本では有効に作用しているのかどうかについて検討する必要があるが，その分析に入る前に，被害経験率の低い日本のいじめが，言われているように本当に深刻な被害をもたらす状態にあるのかどうかを事実として抑えておく必要がある。前記の図2－2で示されていることは，単に被害を経験した児童生徒数の比率，つまりいじめの発生率が日本は低いというだけであって，その被害がどの程度深刻であるのかについては，このデータは何も語ってくれていない。

　被害の深刻さを測定する場合，いじめを受けた被害者の被害感という主観的な指標によって測定することもできようし，周りからも認知可能な客観性のある指標に求めることもできる。ここでは，いじめがどれだけ執拗に長く続いたのかという「いじめの継続期間」と，どれだけ頻繁にいじめられたのかという「いじめ被害の頻度」の二つの指標をいじめの深刻さを図る指標として合成し，「長期頻回型のいじめ」という類型を作成した。この「長期頻回型のいじめ」とは，いじめの継続期間が「1学期以上」続き，かつその被害の頻度が「週に

少なくとも1回以上」認められるタイプを意味している。そして，いじめの被害にあった生徒の中で「長期頻回型のいじめ」の被害に遭っている児童生徒が占める比率を算出し，各国の深刻さの程度を比較することとした。

なお，ここでいう「長期頻回型」は，「進行性タイプのいじめ」の一つのタイプとして位置づけている。いじめが進行し被害が大きくなっていく場合，継続期間が長期化し頻繁になることもいじめがエスカレートする一つのタイプである。しかし，いじめの手口も，時間的な経過の中で「からかい，冗談」などから「恐喝」や「暴力的ないじめ」へとエスカレートしながら複数の手口が用いられていく傾向（森田編，1985）が見られることから，「進行性タイプ」の一つの指標となりうる。しかし，手口の進行も時間的な経過の中でいじめの頻度とも相関しながら進んでいくので，「長期頻回型のいじめ」をもって深刻さの様相を測定することができるものと判断した。

結果は図2－3に示したとおりである。図2－2では発生率が最低であった日本は「長期頻回型のいじめ」による被害者の構成比では4か国中最上位に位置している。いいかえれば，日本では，他国に比べていじめの発生そのものは少ないが，いったんいじめられるといじめの罠にはまりこんだように，毎週のように，場合によっては週に何度も何度もいじめられ，しかもそれが長く長期にわたって執拗に続く可能性が高い国であるといえよう。また，この傾向は，

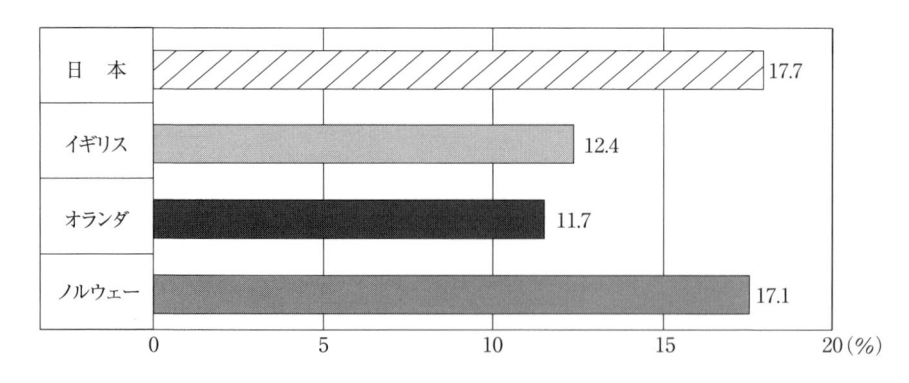

国	比率(%)
日本	17.7
イギリス	12.4
オランダ	11.7
ノルウェー	17.1

図2－3　被害経験者に占める長期高頻度被害者の構成比率

注：「高頻度」とは，「少なくとも週1回以上いじめられている者」を意味し，「長期」とは「1学期間以上にわたっていじめられている者」をいう。

学年（年齢）の推移によって強まり，学年が高くなるほど「長期頻回型」の被害者の比率が高くなる。また，次節で詳細に検討するが，日本では，学年が上がるにつれて学級の中での歯止めがかからなくなる傾向が強く，長期にわたって執拗にいじめられる確率も学年の推移につれて高くなる。このように，いじめの継続期間と頻度の二つの点から見てみても，日本のいじめによる被害はきわめて深刻な状況にあることがわかる。

なお，ノルウェーは，日本に次いで，調査対象国の中では低いいじめの発生率を示す国であるが，図２－３に見るように，いじめ被害に占める「長期頻回型のいじめ」の構成比では日本とほとんど肩を並べており，日本と同じように，いじめの被害にあった場合には深刻な被害に遭う可能性の高い国と見なすことができよう。

これに対して，イギリスとオランダは発生率が高い国であった。しかし，「長期頻回型」という進行性タイプのいじめの構成比率は低い国々である。いいかえれば，イギリスとオランダでは，日本とノルウェーに比べて，いじめの継続期間が短く，いじめる回数も頻繁にならない「一過性タイプのいじめ」の多い国々である。

5節　進行性タイプのいじめと傍観者の存在

1　いじめの4層構造論モデル

森田は，学級集団内のいじめが発生している場のモデルとして「4層構造モデル」を調査結果から導き出した（森田，1985，pp.35-49）。いじめの場面は「いじめる子」と「いじめられる子」との関係で展開されるが，いじめがどの生徒に，どれだけ長く，どれほど執拗に，またどこまで被害をエスカレートさせるかは，両者の関係だけでなく，集団内の周りの生徒たちの反作用によっても決まってくるという集団内反作用論モデルを提示した。そして，いじめが進行しエスカレートしていく場合には，止めに入る「仲裁者」が欠け，「いじめる子」と「いじめられる子」の周りに，面白がってはやし立てる「観衆」層と見てみぬふりをしている「傍観者」層の4つの層からなる場の構造ができ上がり，いじめのドラマはこの4層のダイナミズムによって進行しエスカレートし

ていくことを明らかにした（森田，1985；1986）。

　また，森田は，学級集団ごとにいじめによる被害者の発生率を加害者，観衆，傍観者各層の生徒の比率と相関を取ってみると，傍観者層の多寡がいじめの被害者の多寡ともっとも強い有意な相関を示し，加害者の多寡とは有意な相関を示さないことを明らかにしている（森田，1990，pp.114-115）。

　傍観者層の子どもたちは「自分たちはいじめに手出しをしているわけでもなく，囃し立てたり面白がっている態度を取ったつもりもない」と考えているし，行為に関する事実としてはそのとおりである。しかし，彼らの行為がもたらす結果は，彼らが考えているように中立ではなく，むしろ集団内の問題事態に対して成員として否定的な反作用力を行使しないという点で，問題事態や逸脱に対して許容的な雰囲気を学級内に作り，逸脱を消極的な形で促進し，いじめを増幅していく効果をもたらしている。

　多くの傍観者の中でいじめが進行していく構造は，いじめの場面が，止めに入ったり否定的な反応を示す「仲裁者」層を欠いたまま4層へと収斂していく過程であり，子どもたち自身によるいじめへの歯止めを失った状態は，集団の自己制御機能の「脆弱化」であり，「集団のインファンティリズム（原始状態）」とも呼びうる制御機能の喪失状態は，学級集団の「共同性」の解体をも意味する現象である（森田，1988，pp.24-26）。

　いじめが学級集団の共同性の有り様と大きく関係するという4層構造モデルに関する知見は，97年の国際比較調査における日本調査の結果からも得られている。この調査では，学級の共同性の基盤となる規範や連帯感について学級の雰囲気を調べたものであり，項目としては「クラスのみんなと調子を合わせないと，嫌われると思っている人が多い」「仲の良い友だちが困っていても，気にしない人が多い」「先生にほめられるようなことをすると，いい子ぶっていると悪口を言われる」という連帯感項目と「多少悪いことでも面白ければやってしまう人が多い」「先生に隠れて悪いことをするのは，簡単だと思っている人が多い」という規範意識に関する項目といじめた経験のある生徒の数との関係を分析している。

　この点については，星野周弘が本書の第4章で詳細に分析しているので参照されたいが，分析の結果，学級内のいじめの加害経験者の数と連帯感項目のそ

れぞれの設問項目への反応数とは有意に相関していること，また，いじめの加害経験者の数と規範項目のそれぞれへの反応数とも有意に相関しており，連帯感に乏しいクラスや，規範意識の水準が低いクラスほどいじめへの加害性は高まることを明らかにしている。

2　集団の反作用力によるいじめへの抑止力

それでは，いじめの展開に影響を及ぼす「傍観者」や「仲裁者」について各国の現れ方はどうであろうか，また，その現れ方に日本の特徴が見られるのかどうかについて検討してみることとする。図2－4は各国の「傍観者」と「仲裁者」の出現比率が学年（年齢）の推移によってどう変化するのかを分析した結果である。なお，ノルウェーの調査票には，この調査項目が含まれていない

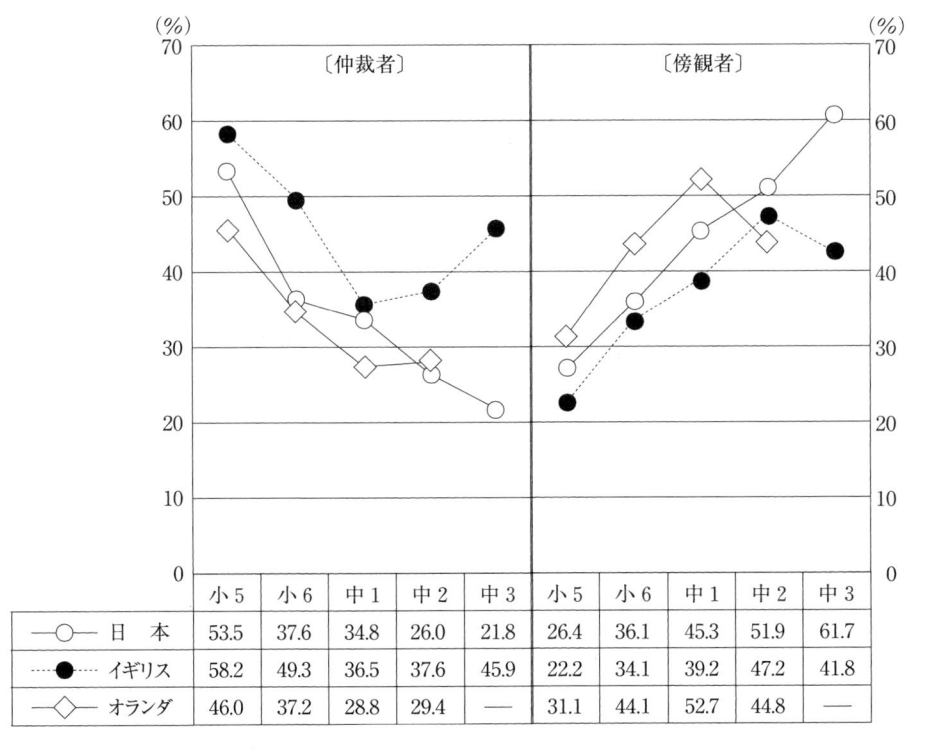

		小5	小6	中1	中2	中3	小5	小6	中1	中2	中3
―○―	日　本	53.5	37.6	34.8	26.0	21.8	26.4	36.1	45.3	51.9	61.7
･･･●･･･	イギリス	58.2	49.3	36.5	37.6	45.9	22.2	34.1	39.2	47.2	41.8
―◇―	オランダ	46.0	37.2	28.8	29.4	―	31.1	44.1	52.7	44.8	―

図2－4　国別に見た「傍観者」と「仲裁者」の学年別推移

ため，ここでは3か国の比較となっている。より詳細な調査結果と考察については米里誠司が本書の第8章で行っているので併せて参照されたい。

図からも明らかなように，不介入を決め込む「傍観者」と介入していく「仲裁者」とは学年が進むにつれて明らかに正反対の動きをする。低学年段階では各国とも同じ傾向を辿り，「傍観者」は比較的少ないが，学年が進むにつれて増加する。一方「仲裁者」は，反対に学年が進むにつれて減少する。しかし，中学2年生以降になると，日本とヨーロッパ2か国とは対照的な動きを示す。仲裁者の比率は中学になるとヨーロッパ2か国は減らず，イギリスでは増加へ転じる。これに対して，日本は減少しつづけ最終的には中学3年生で21.8％まで減少し，この学年のイギリスの半分でしかない。また，傍観者の比率は，ヨーロッパ2か国では中学になると増加せず減少に転じるが，日本では増加の一途を辿り，中学3年生では6割に達している。

このように日本の学校では，学年が上昇するにつれて，傍観者が多くなり仲裁者が少なく，他国に比べて，それだけクラスの中からいじめに対する抑止力が作動しない構造へと変化することになる。図2−3に示した日本のいじめが長期にわたって頻繁にいじめられるという特徴は，日本の学級集団構造が学年の進行にともなっていじめへの否定的な反作用を欠く構造へと変化することと関連しているものと思われる。

このように高学年になると傍観者が多く仲裁者が少なくなるという日本の特徴は，また，他国に比べて，中学生になる段階では，いじめの被害者・加害者が固定されてくるということとも関係する。

一般に，いずれの国においても，いじめの加害者から被害者へ，また被害者から加害者へという立場の転換（「被害者−加害者の交差」）は比較的短期間の間に行われている。しかし，日本では，他国に比べて，立場の転換が少なく，被害者・加害者はそれぞれに固定化する傾向があり，学年が進むにつれて，この固定化傾向は中学へ進学すると一挙に強まる。言い換えれば，学年が進むにつれて，特定の子どもにいじめの被害が集中しており，傍観者の多さと仲裁者の少なさとが，これに寄与していると見ることができる。この点については，本書の第4章で星野周弘が詳細に分析しているので併せて参照されたい。

このように，いじめが発生している場面では，当事者を取り巻く周りの生徒

たちの否定的な反作用をはじめとする学級集団の状態がいじめを抑止したり，助長していることが明らかとなった。いじめへの抑止策や防止策を講じていくにあたっては，当事者への働きかけだけでなく，こうした集団の力学を引き出す対応策を検討していくことが重要である。

また，イギリスとオランダでは「傍観者」と「仲裁者」の学年の推移直線の転換点が中学段階という自我の形成期の節目にあたっているということは注目すべきことである。

この段階の自我は，社会や集団における責任や義務の観念を身につけつつ社会的な自我が確立し自律した人格が形成されてくる時期でもある。しかし，日本では，共同生活の中の問題事態や他のメンバーの被っている被害に対して手を差し伸べようとしない傍観者層が，社会的自我の確立期にあたる中学段階でも依然として増加し続けていることは，この時期の生徒に対する指導のあり方，とりわけ共同生活の仲間との協力関係や連帯性への関わり方や集団の一員としての役割や責務の果たし方などについての指導のあり方を改めて検討する必要があることを示唆している。

6節　新たな出口を求めて

1　共同性意識を基盤とした柔らかな行為責任の涵養

いじめという現象は，たしかにいじめる子どもといじめられる子どもとの関係で決定されるという側面は否定できない。この部分については，従来の原因論の発想が有効性を発揮することができる。しかし，いじめの状態や進展は加害側と被害側の当事者間の関係だけで決まるものではない。むしろこれを取り巻く周りの「観衆」や「傍観者」の存在とその関わり方によって決定されるところが大きい。いいかえれば，いじめが生起している場面に関わるすべての人々が，問題の生成と展開に何らかの程度で責任をもっていることになる。責任と言っても，この場合，加害に加わりいじめを受けている者に被害を与えたという直接的な行為責任が問われるものではない。むしろ，それは「柔らかな行為責任」とでも呼びうるものであり，お互いに共同生活を営むメンバーの一人としての責務に基づくものであり，「共同性意識」と呼ぶことができるもの

である。それは，構成員のそれぞれが，共同生活の構成員としての意識とその責務についての自覚に基づきながら，他の成員と協力しつつ共同生活の中で発生する問題事態に対して対応し，成員が被るさまざまな被害を防止したり軽減したりしながら，共同性とその安寧を図っていく責務といってよい。

このように考えるとすれば，いじめの防止策や対応策は，いじめる子どもといじめられている子どもへの対応策だけでなく，この現象の生成に関わる集団や共同体の人々のすべてを巻き込んだ対応策へと拡大されるべきものであろう。冒頭で述べたように，いじめ問題は，従来の問題行動への対応策に見られたような加害者側に焦点を当てた社会防衛的な視点に加えて，被害者側の救済を対応策の焦点に置く考え方を社会の中に登場させてきた社会問題群の一つである。しかし，ここでいう傍観者層を含めた集団成員や地域社会の人々を広く巻き込んだ市民性意識へ焦点を当てた対応策はもう一つの視点とも言えるものである。

深刻ないじめがエスカレートしていったり，いじめられている子どもに大きな被害を与え続けている状態は，集団や共同体がその内部に抱え込んだ成員間の問題事態への制御能力を欠いた状態とも言えるが，この共同性意識の再構築へ焦点を当てた対応策は，集団が問題事態への制御能力を欠いたインファンティリズムの段階から脱却し，問題事態への抑止力を向上させ，成員間の相互作用を修復し集団や地域社会の紐帯を活性化することに繋がっていくものである。

2　関係修復的正義における試み

近年，犯罪学で注目されてきている「応報的正義」から「関係修復的正義（restorative justice）」への試みは，直接的には被害者の地位や役割を向上させ，被害者や被害を負った地域社会に対して加害者が直接弁明していく責任を負わせ，そのことを通じて地域社会と被害者と加害者の関係を修復することを目的としているが，この考え方を敷衍して拡大すれば，その最終的な目標を単に被害者と加害者と地域社会の関係を修復させるだけにとどまらず，ばらばらになった人間関係や崩壊しつつある共同性や規範を修復し人々の紐帯を再構築し，地域社会づくりや学校づくり，集団づくりを行っていこうとするところに設定することができる。

オーストラリアで試みられているいじめ問題へのFGC〈Family　Group

Conferencing〉プログラムの適用は，その一つであろう。この FGC は，いじめによる被害者，加害者，その家族，学校のスクールカウンセラー，ピアメディエーター，地域住民，警察など，この問題に関係のある人々が集まり会合をもち，加害者の自主的な改悛を促し，その償いをさせつつ地域社会へ積極的に参加させ，被害者と加害者や周りの人々との関係を修復させるとともに，周りの人たちはいじめの再発やエスカレートしていく事態に対して，自分たちがそれぞれの立場から何ができるのか，どうすればこのような事態を防止することができるのかについても併せて考えるプログラムをもつ地域もあり，いじめの再発の防止といじめた子どもの改悛を促すとともに地域や学校のいじめへの抑止力を共同体全体として高めていく活動にもなっている。したがって，この場は，いじめた子どもを諭したり，罰を与えたり，あるいは転校やクラス替えなどの何らかの処分を決める場ではない。むしろ会合の進行によっては，集まった人たちそれぞれが果たすべきそれぞれの役割や責任を果たさなかったことが問題行動を発生させたのだという認識に至ることさえある。

　ブレイスウェイトは，オーストラリアで酔っぱらい運転に取り組んでいる地域の事例を引用し，関係修復的正義のこうした潜在的な機能について説明している。この地域では，酒を販売する店主は車に乗るならばその人には酒を売らないようにし，モータープールでは，酒を飲んでいるならば車を置いていくように勧めるなど，活動を通じて，地域の人々が住民としての成員意識を涵養しつつ，それぞれの立場で果たせる役割と責任を遂行することによって，問題事態の予防と再犯防止に取り組んでいる。一方，問題を起こした当人は，地域の人々の活動と住民意識に触れつつ自分の行動への反省とその償いへの意思を培われていく（Braithwaite, 1999）。

3　関係修復を通じた社会修復機能

　いじめは，既述のように，もともと集団や社会関係にある当事者間で相互に取り交わされる行為によって秩序や安定が図られていくべき事柄という性格をもっており，関係修復的正義モデルになじむ方法である。いじめでは，直接には，被害を蒙った子どもの立場を回復し，いじめた子どもの再社会化を図り，学校や地域社会と加害者，被害者の関係を修復することを目的として活動する

ものである。しかし，この活動は，それにとどまることなく，家族，学校，地域社会の失われた規範性を構成員それぞれが共同性の中で再構築していく取り組みを促すものとなり，新たな公共性を形成し再構築していく地域社会づくりや集団づくりの契機を含んでいるという意味で「社会修復的機能」をも併せもった活動として注目すべき動向である。この「社会修復的機能」をもった司法システムは，従来，アメリカでは「コミュニティ正義（community justice）」と呼ばれていたものである。しかし，近年では，関係修復的正義にコミュニティ正義が含み込まれつつ展開されている（Kurki, 2000）。

したがって，この活動への参加は，当事者を囲む周りの人々といっても特定の人間に限られたものでもなく，特定の職務に固定されたものでもない。発生したいじめに関係のある人であれば，どの人でも対象となるという性格をもっている。そして，これらの人々が，いじめという問題に対して，「柔らかな行為責任」を自覚し，その認識に基づいて行動することによって作り上げられる共同性原理に，いじめ問題への抑止力を期待するものである。ここでいう「柔らかな」とは，強制ではなく，あるいは外的な力によらず，むしろ自主的に，あるいは内発的に動機付けられていくことを意味している。

いじめた子どもは，こうした周りの人々のいじめへの否定的な反応や再発防止への取り組みを体験することによって，再びいじめに走ることを「柔らかく抑止（soft deterrence）」されることになる。

こうした関係修復的正義モデルは，少年の場合でも，殺人などに用いられることは少なく軽微な犯罪や非行などに用いられることが多い。しかし，こうした刑法に触れる行為もさることながら，むしろいじめのような日常生活の中で発生するトラブルに基礎をおく問題行動や加害者が被害者にもなる可能性の高い領域や，司法手続きによるよりも教育や環境調整による処遇を必要とする領域に対して有効なモデルとなろう。

この場合，修復されるべき関係は，加害側と被害側との関係や加害者と家族，学校，サークル，地域社会等々の加害者の帰属集団との関係の修復にとどまらない。それは，加害者と被害者以外の地域住民や学校社会を構成する人々や行政さえも巻き込んだ地域づくりや学校づくりを図っていくことでもある。

4　いじめへの対応モデル

「私事化」社会という動向のなかで，従来の「制度的対応」と「訓育的対応」に新たな対応原理としての「関係修復的機能」を組み込んだ取り組みモデルが図2－5である。このモデルは，ブレイスウェイトの「正義モデル」を援用し，いじめ問題への学校での取り組みに適したモデルとして筆者が修正したものである（Braithwaite, 1999）。図中の「関係修復的機能」については上述したとおりであるので，以下，従来の伝統的抑止モデルに属する「制度的対応」と「訓育的対応」について簡単に説明しておくこととする。

いじめであれ，校内暴力であれ，さまざまな学校での問題行動に対する対応は，フォーマルな「制度的対応」とインフォーマルな「構成員による相互の関係による対応」とに大別することができる。このフォーマルな対応はさらに学校の外部に制定されている制度や機関との協力を得て行われる制度的対応と学校教育制度の枠組みの中で実施される制度的対応とに別けることができる。

いじめ行為の中には，刑法に触れる行為を含んでおり，恐喝，暴行，傷害などの行為が絡みながらいじめに及ぶものがある。こうしたいじめに対しては，被害性の強さに鑑み，社会的には公的な機関の介入が容認されている。子どもの場合であっても，教師や保護者をはじめとする大人が介入したり，状況によっては警察や裁判所などの司法制度や児童相談所や養護施設などの福祉制度に

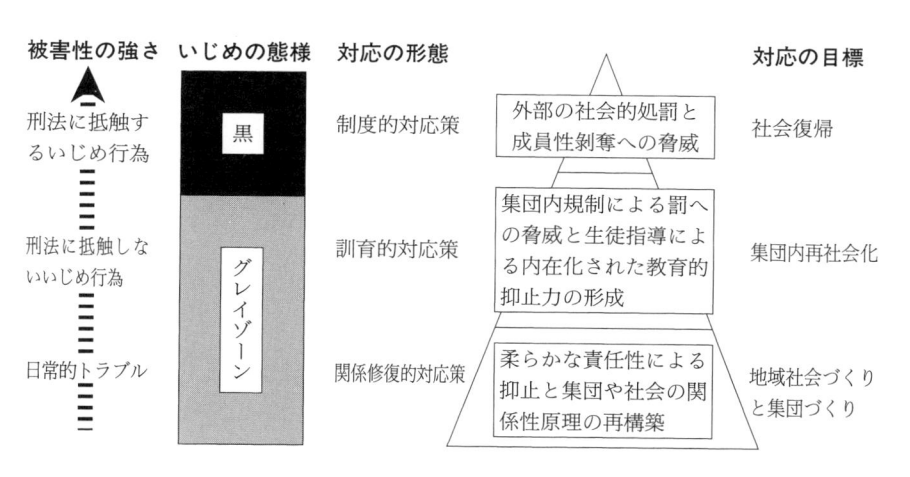

被害性の強さ	いじめの態様	対応の形態		対応の目標
刑法に抵触するいじめ行為	黒	制度的対応策	外部の社会的処罰と成員性剥奪への脅威	社会復帰
刑法に抵触しないいじめ行為	グレイゾーン	訓育的対応策	集団内規制による罰への脅威と生徒指導による内在化された教育的抑止力の形成	集団内再社会化
日常的トラブル		関係修復的対応策	柔らかな責任性による抑止と集団や社会の関係性原理の再構築	地域社会づくりと集団づくり

図2－5　いじめ問題への対応モデル

委ねられていくことも認められている。いいかえれば，この領域の逸脱に対しては，フォーマルな統制によって秩序の回復を図ることが認められている。

しかし，教育現場では，これらの触法行為が見られたからといって，すぐさま警察の協力を求めるわけではなく，教育的な指導の可能性を検討した上で，その限界を超える事例やその違法性の程度や内容に照らして連携が図られることが一般的である。

フォーマルな制度的対応の中でも退学処分は，外部の制度ではなく，学校が教育制度に依拠して行う制度的対応であるが，この措置は，生徒自身の身分の剥奪を伴うため次のカテゴリーに属する「訓育」とは異なり，処罰的な色彩が強い。

いじめ事件の場合，刑法に抵触する事例数が多くないため，これらの処分が実行されることはきわめて稀ではあるが，いじめを行う子どもたちにとっては，外部機関の司法制度や福祉制度に依拠した処分や所属集団からの引き離し措置が発動される可能性があるということ自体が，違法行為への抑止力として作用することになる。

これに対して「訓育的対応」は，学校外の制度に依拠した社会的な処分や措置ではなく，学校の内部で，教育制度の枠組みに沿って実施されるものであり，教育現場では主として生徒指導に関わる制度的な対応がこれに該当する。制度的な処分としては停学や出席停止が含まれるが，この領域での取り組みの焦点は社会的制裁ではなく，あくまでも生徒たちを被害から守ることを目的としつつ教育的な配慮の下で行われる生徒指導が中心となる。しかし，いじめを行おうとする子どもたちは，教育的な指導の下で行われるさまざまな罰への脅威によっていじめ行為を抑制したり，あるいは指導によって価値規範の内面化が図られ，それがいじめへの抑止力として作用することになる。

しかし，いじめは，そもそも犯罪や非行などとは異なり，日常生活のトラブルに属する問題が多い。こうした問題を解決し，人間関係を修復し，秩序を回復させ，発生の防止に努める責任を社会機関や制度ではなく構成員個々人に委ねているというのがこの領域における統制の本来の在り方であった。いいかえれば，いじめ問題は，社会的責任領域に属する問題ではなく，日常のインフォーマルな関係の中で解決が図られていくべきだとする個人的責任領域の問題と

して位置付けられてきた。

　しかし，インフォーマルな統制に委ねることができるのは，あくまでも構成員が自らの力でこの領域に属する逸脱や問題事態に適切なコントロールを加え，秩序を維持する能力を備えていることが前提となっている。もし，構成員にその力がなく，そのために社会やその集団やそこに属する個人に甚大な被害が生じた場合には，国家や地方公共団体などの公的機関が「パターナリズム（国親思想）」と呼ばれる保護主義の原則を適用し，この領域に介入し，その統制にあたることになる。

　いじめ問題では，刑法に触れる行為ではないが，深刻な被害がさまざまな形で子どもたちの成長に影を落とし，なかには自殺や傷害などの深刻な事件も生じるケースが現れてきた結果，子どもの世界のインフォーマルな統制領域の問題だからといって放置できない状態が現れてきた。

　子どもたち自身によるいじめへの歯止めを欠いた昨今の状況の下では，制度的な対応や訓育的対応を中心とした制度的な介入策に重点を置く取り組みも緊急非難として止むを得ない点がある。しかし，いじめ問題の対応は，基本的には子どもたち自身による自律的な歯止めの形成に指導の重点がおかれなければならない問題であることは忘れてはいけない。学校だけでなく，家庭も社会もが，今後取り組んでいかなければならない課題である。

引用文献

Braithwaite, J., 1999, Restorative justice; Assessing optimistic and pesimistic accounts, *Crime and Justice; A review of research,* vol.25, University of Chicago Press.

Kurki, L., 2000, Restorative and community justice, *Crime and Justice: A review of research,* vol.26, University of Chicago Press.

森田洋司　1988　「いじめ－社会学的視点より」北村陽英・荒井雄編『いじめ・自殺』メンタルヘルス実践体系5，日本図書センター．

森田洋司　1990　「家族における私事化現象と傍観者心理」『現代のエスプリ』No. 271，至文堂，pp.110-118．

森田洋司　1998　「いじめの集団力学」佐藤学他編『岩波講座現代の教育4　いじめと不登校』岩波書店，pp.115-134．

森田洋司　1999　「"現代型"問題行動としての"いじめ"とその制御」宝月誠編『逸脱』講座社会学10，東京大学出版会，pp.85-120.

森田洋司編　1985　『いじめ集団の構造に関する社会学的研究』昭和59年度文部省科学研究費補助金研究成果報告書，大阪市立大学社会学研究室．

森田洋司総監修・監訳　1998　『世界のいじめ――各国の現状と取り組み』金子書房．

森田洋司編　1999　『いじめ／校内暴力に関する国際比較調査』平成8〜10年度文部省科学研究費補助金研究成果報告書（代表者森田洋司）．

森田洋司・清永賢二著　1986　『いじめ――教室の病い』金子書房．

Morita, Y., Smith, P. K., et al. (eds)，1999，*The nature of school bullying; A cross-national perspective,* London: Routledge.

Olweus, D., 1993, *Bullying at school; What we know and what we can do,* Oxford: Blackwell.［松井賚夫・角山剛・都築幸恵訳　1996　『いじめ――こうすれば防げる』川島書店．］

Smith, P. K. & Sharp, S. (eds)，1994，*School bullying; Insights and perspectives,* London: Routledge.［守屋慶子・高橋通子監訳　1996　『いじめと取り組んだ学校』ミネルヴァ書房．］

第3章 いじめの方法・場所

滝　充
Taki Mitsuru

はじめに

　本章では，いじめの方法と場所について各国の比較を行う。方法や場所は，日本のいじめと欧米のいじめ（bullying）とを比較する場合，その類似点や相違点がもっとも明確に現れる部分である。どんな異同があるのかを示すとともに，そうした異同が生じる理由や背景要因についても考察していきたい。なお，そうした検討をふまえ，近年盛んな海外のいじめ研究や対策の「直輸入」的な紹介の危険性についても言及したいと思う。社会や文化の差を考慮せず，十分にデータを吟味することさえないまま，結論のみを安易に紹介する，受け入れる姿勢は，研究の面からも教育実践の面からも憂うべき問題だからである。

1節　いじめの手口

1　被害経験者に占める各手口の割合

　本調査では，いじめの定義を示したうえで被害の頻度を尋ねた問いに対して経験があると答えた者を，「被害経験者」と呼んでいる。この形式はオルヴェウス（オルウェーズ）に準じた欧米のいじめ調査でも用いられていることから，本調査でも採用したものであるが，定義の部分には日本側からの要請で無視やうわさ話の例も付記された。それらは，少なくとも1990年以前のオルヴェウスの調査票には含まれていなかったが，日本では重要ないじめの手口と見なされてきたものだからである。そして，この問いに続けて，本調査では「悪口・からかい」「無視・仲間はずれ」「たたく・ける・おどす」「金品をとられたり，壊される」「うわさ・持ち物に落書き」の5つの手口について頻度等を尋ねて

いる。オルヴェウスの調査票では，からかわれたか，たたかれたか，両方か，その他かといった問いであったものを，日本の調査水準に合わせるため，手口ごとに独立させて尋ねる形をとるとともに，「被害経験者」の定義部分と同様，無視やうわさ話に関する質問項目を設けている。

　図3－1は，この結果に基づき，たとえば「悪口・からかい」の被害経験が一度でもある者が被害経験者の中でどれだけの比率になるかを国別・男女別に求め，いじめの被害にあった者は，実際，どのような手口を多く経験しているのかを確認できるようにしている。折れ線グラフの形で表示したのは，各国間の異同や同国の男女間の異同をパターンで比較できるようにするためである。

2　国別に見た手口の比率：男子

　では，この図からどのようなことが言えるのかを見ていくことにしよう。まず，男子であるが，オランダのみがW字を描く形で他と大きくパターンが異なる一方，残る日本・イギリス・ノルウェーの3国はおおむねV字のパターンを描いており，似た傾向を示していると見ることができよう。すなわち，「悪口・からかい」がもっとも多く80～85％，ついで「たたく・ける・おどす」の40～55％と続き，「金品をとられたり，壊される」は20～25％まで下がりもっとも少ない。「無視・仲間はずれ」については35～45％と，「たたく・ける・おどす」をやや下回るものの，ほぼ中程度の値を示す。最後の「うわさ・持ち物に落書き」だけが，イギリス・ノルウェーは「たたく・ける・おどす」に匹敵する値を示すのに対し，日本のみ低い値にとどまる。

　「うわさ・持ち物に落書き」を除けば，日本とイギリスはほとんど同じ水準の値を示していると言ってよく，「悪口・からかい」から「無視・仲間はずれ」に至る4つの手口までは線が重なりそうなくらいである。ノルウェーは基本的にはイギリスと同パターンでV字を描いているが，「金品をとられたり，壊される」を除く4つの手口でイギリスよりも5～10％ほど低い値を示している。

　1か国だけパターンが異なるオランダの場合，残る3か国がもっとも低い値を示す「金品をとられたり，壊される」で5割近い値を示すこと，また「うわさ・持ち物に落書き」でも6割を越えており，その代わりというわけでもなかろうが，「たたく・ける・おどす」で4か国中最低の値になる。「悪口・からか

第3章　いじめの方法・場所　57

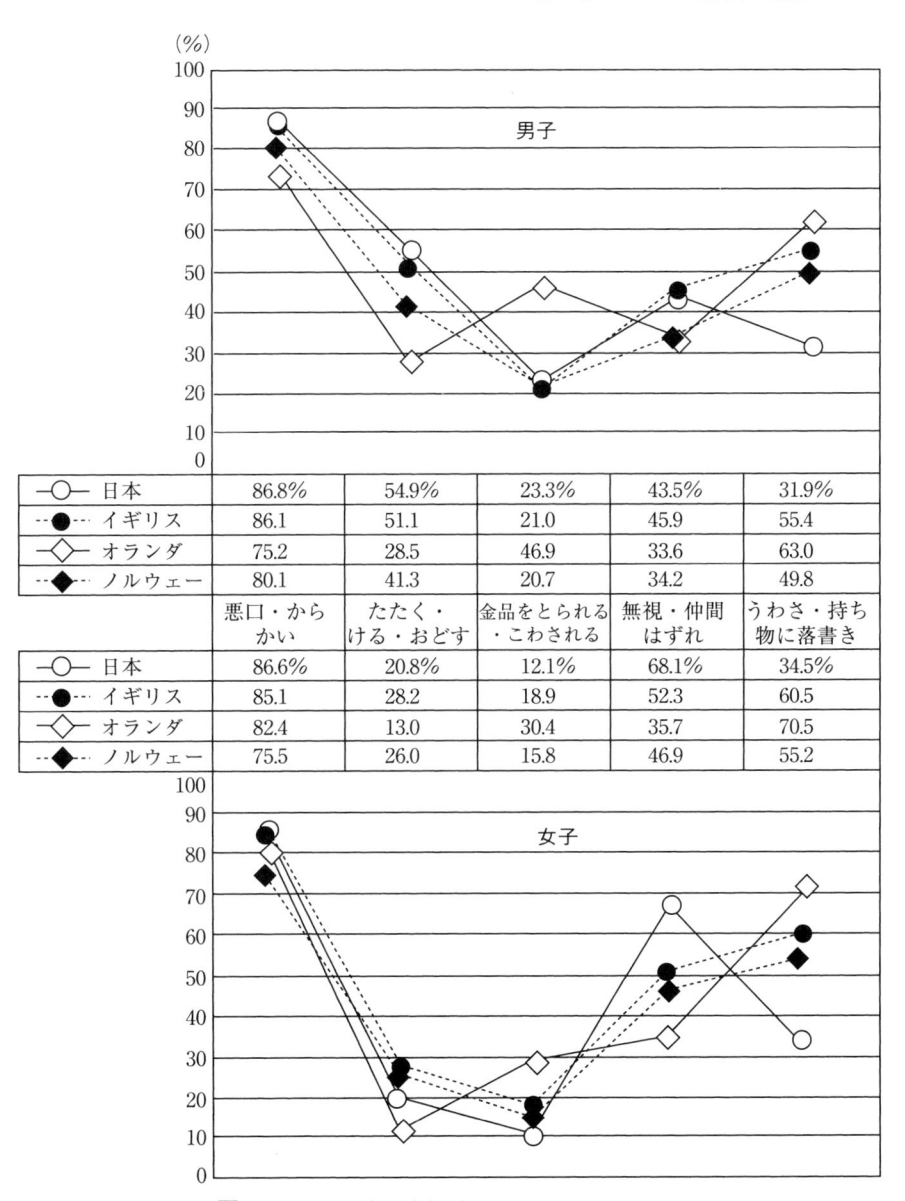

─○─ 日本	86.8%	54.9%	23.3%	43.5%	31.9%
⋯●⋯ イギリス	86.1	51.1	21.0	45.9	55.4
─◇─ オランダ	75.2	28.5	46.9	33.6	63.0
⋯◆⋯ ノルウェー	80.1	41.3	20.7	34.2	49.8
	悪口・からかい	たたく・ける・おどす	金品をとられる・こわされる	無視・仲間はずれ	うわさ・持ち物に落書き
─○─ 日本	86.6%	20.8%	12.1%	68.1%	34.5%
⋯●⋯ イギリス	85.1	28.2	18.9	52.3	60.5
─◇─ オランダ	82.4	13.0	30.4	35.7	70.5
⋯◆⋯ ノルウェー	75.5	26.0	15.8	46.9	55.2

図3−1　国別・男女別に見たいじめの手口

い」が残る3か国と同じくらいの値を示すことから結果的にW字を描くことになる。

　男子のパターンを日本の数字を中心に眺めていくなら，次のような説明が可能であろう。まず，「悪口・からかい」がもっとも高い割合を示す点は，それがもっとも簡単にできて集団化しやすいため，被害も拡大しがちだからである。それに対して，けんかの延長で発生しがちな「たたく・ける・おどす」は，やや「暴力的」な色彩を帯びることから割合を大きく減らすのは当然で，それに加えて「犯罪的」な色彩をも帯びる「金品をとられたり，壊される」でもう一度大きく減るのも大いに肯けよう。そして，日本では女子のいじめの代表格である「無視・仲間はずれ」が「たたく・ける・おどす」より少ないものの，「金品をとられたり，壊される」を大きく上回ることも理解できる。これも，日本の子どもには「悪口・からかい」と同じくらい身近な手口であり，「暴力的」なイメージが少ない分，まわりの者も巻き込まれやすく被害も広がりやすい。それに対して，「うわさ・持ち物に落書き」という行為については，何となく加わるというよりもやや積極的に荷担する行為である分，罪悪感も伴いやすく割合も減る。日本のみに着目してパターンを説明するなら，以上のようなことになろう。

　ところが，そう説明するとき，他国について残る疑問は，①なぜ，オランダのみが「金品をとられたり，壊される」，そして「うわさ・持ち物に落書き」といった，けんかの延長とみなすには悪質，あるいは意識的な行為が他国より多く，その一方で「たたく・ける・おどす」や「無視・仲間はずれ」が少なくなるのか，②オランダはもちろん，イギリスやノルウェーにおいても，「うわさ・持ち物に落書き」が「たたく・ける・おどす」を上回るのか（日本では少ない割合にとどまるのか），の2点であろう。

3　国別に見た手口の比率：女子

　それらの疑問に答える前に，女子の傾向を見ていくことにしよう。基本的には男子について見てきたことがそのままあてはまる。ただし，男女差に関わる値の増減が見られるため，見た目の印象はかなり異なっている。

　まず，日本・イギリス・ノルウェーの3国はおおむねV字のパターンを描く。

ただし，男子よりも「暴力的」「犯罪的」な色彩の強いいじめの割合が大きく減る。すなわち，「悪口・からかい」がもっとも多く80〜85％になる点は同じだが，「たたく・ける・おどす」は20〜30％と男子の半分，「金品をとられたり，壊される」も20％以下にまで下がる。その一方で，「暴力」を伴わない「無視・仲間はずれ」については男子よりも高い値を示し，中でも日本は70％にまで至る。そして，最後の「うわさ・持ち物に落書き」については，男子同様，日本のみが低い値を示し，「悪口・からかい」に次いで2番目に高い値になるイギリス・ノルウェーとは対照的になる。

オランダの場合も，基本的には男子と同じパターンを描いていると見てよかろう。ただし，「金品をとられたり，壊される」という「犯罪的」色彩の強いいじめは，他国を上まわりはするものの男子ほど高い値にはならず，「無視・仲間はずれ」については，他国を下まわりはするものの男子ほど低い値にはならない。その結果，W字を崩したような形になっている。

そんなわけで，ここに残された疑問は，先と同様に，①なぜ，オランダは「金品をとられたり，壊される」，「うわさ・持ち物に落書き」が他国より多く，「たたく・ける・おどす」や「無視・仲間はずれ」が少なくなるのか，②オランダはもちろん，イギリスやノルウェーにおいても，「うわさ・持ち物に落書き」が「悪口・からかい」につぐ高い割合になるのかの2点である。

4　学年進行の影響

これらの疑問に対する回答が，今回の調査データから直接に示されるわけではない。限られた調査票の範囲内では，従来予想されなかった違いをうまく説明できるデータが常に揃うわけではないからである。ただ，各国の回答の背景にあるものを推測する際の手がかりになりそうな，あるいは誤った推測を却下することに役立ちそうな，そんなデータとして学年別の傾向を示しておこう。

まず，オランダの男子の場合，「金品をとられたり，壊される」の割合は小学校5，6年でさえ3〜4割と他国より高い（他の国は2割前後）が，中学1年では5割，さらに2年では3分の2にまではねあがる。また，「無視・仲間はずれ」については小学校時代でも4割前後（他国では4〜6割）だが，中学校では3割前後に減る。女子の場合も，この「無視・仲間はずれ」については

同様で、小学校5年の6割、6年の5割（他国では5〜7割）のものが、中学校では20〜26％までに減る。また、「たたく・ける・おどす」については小学校5年の2割（他国では3割台）が、小学校6年以降は1割前後にまで落ちる。つまり、もともと他より高かったり低かったりするうえに、学年進行によってその傾向が強まり、一部の手口へと特化していく傾向が見られる。

学年進行によるそのような影響は、他国では目立たなかったり影響が小さかったりする。たとえば、イギリスの男子は中学3年のみが「無視・仲間はずれ」で1割下がり、「うわさ・持ち物に落書き」で2割近く上がるものの、全体に見れば影響は小さい。日本の男子も小学校5年から中学校3年にかけて漸減したりするが、全体の水準自体の高さや低さを左右するほどのものではない。

ここから考えられることは、オランダの場合、小学校段階のいじめでは生徒文化や学校文化の影響の範囲内にとどまっているものの、中学校段階になると広く若者文化（とりわけ非行文化）の影響を受けるようになるのではないか、という点である。もちろん、学年進行による手口の特化というだけでは、もともとの水準そのものが他国よりも高かったり低かったりする点までを説明することはできない。しかし、小学校段階が中学校段階の影響を多少なりとも受けていると考えるなら、それもありえない話ではない。その結果が、他国とのパターンの差に結びつくとの推測は、一応可能であろう。

いずれにしても、この説明は推測の域をでない。しかし、ここまでの検討からはっきり言えることは、海外のいじめの手口の頻度を日本のいじめのイメージのまま理解しようとすることには無理がある、という点である。

2節　いじめの起きる場所

1　どこが危険地帯か，何が有効な手だてか

前節の疑問を留保したまま、場所に関する検討に移りたい。場所に関する異同は、先の疑問や日本のいじめと海外のいじめとの差異を理解するうえで大きな手がかりを提供してくれる可能性があるからである。欧米で書かれたいじめ関係の本[1]を読んだ方は、いじめ防止の有効な手段として休み時間に教職員が校庭を見回ることや校庭の改修をあげている点に、少なからず違和感を覚えた

ことであろう。日本の常識から言えば、いじめは教室を舞台とすることが多く[2]、また大人が監視する程度では発見できない行為のはずだからである。

　そもそも、無視や陰口、うわさ話などは、あまりに広すぎる空間では意味がない。お互いの動向が肌で感じとれるくらいの距離にいなければ、いじめとしての効果は薄い。被害者が不在の場所での悪口は、単なる加害者側の愚痴に終わってしまい、被害者側がその事実に気づかなければいじめとしては成立しない。また、いじめは大人の目につきにくいところで行われるのが普通であるし、仮に大人が目にしてもいじめなのか遊びなのか見分けにくい装いのもとで行われることも多い。まして仲間はずしや無視の類になると、大人が介入することは困難を極める。そういった理解は、日本人の間ではほぼ共通していよう。それゆえ、校庭を教師が監視することでいじめが大幅に減ったという記述は、日本のいじめを想像している限り、とうてい信じがたいのである。なぜ、欧米ではそのような無意味とも思われる防止法が提案されるのだろうか。そもそもいじめという行為自体、日本と海外とではそんなにも異なっているのだろうか。

2　国別に見たいじめの起きる場所：学校内

　そうした疑問を解くために、いじめがどのような場所で起きているのかを比較してみよう。図3-2は、「学校のどこでいじめにあいましたか」に対する回答を国別に示したものである。選択肢として準備したのは、「教室で」、「廊下や階段で」、「校庭で」、「体育館・講堂で」、「下駄箱で」、「クラブの場所で」、「校舎の裏で」、「便所で」、「学校内の他の場所で」の9つで、それらに対して複数回答をさせている。（図中には各国共通で主要なもののみ示す）

　この図からは、日本のいじめが「教室」を主たる舞台としてなされているのに対し、ノルウェーのそれはもっぱら「校庭」を舞台としていることに気づく。いずれも、被害を受けた子どもの4分の3までがそのように答えており、圧倒的多数の回答であると言える。この結果からは、ヨーロッパのいじめ対策に影響を与えたノルウェーにおいて校庭の監視が効果的との主張に肯ける一方、少なくとも日本で同様の効果があると主張することの愚かさがわかる。日本の子どもが「校庭」を選ぶのは、十数％と少ないからである。なお、ノルウェーの場合においても「教室」は4割弱の子どもに選ばれており、彼らにとってもこ

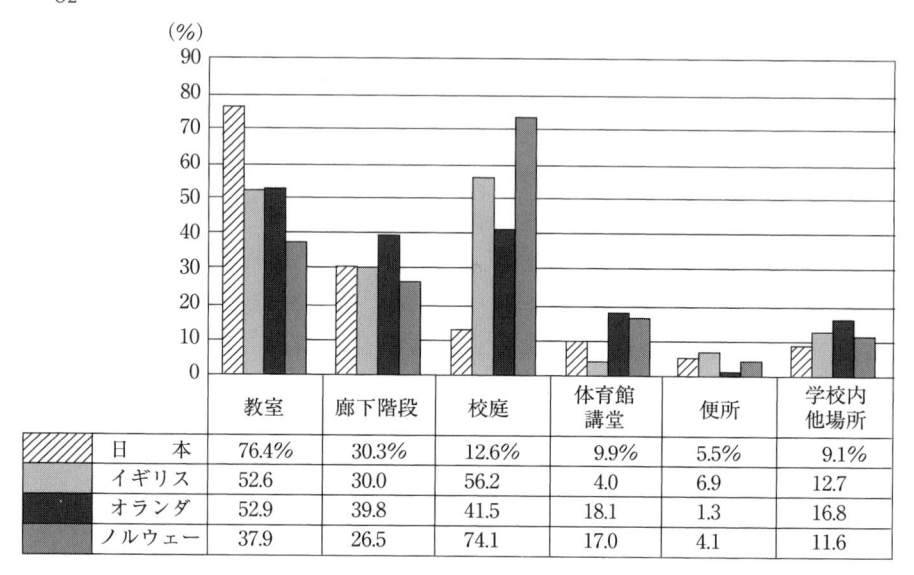

	教室	廊下階段	校庭	体育館講堂	便所	学校内他場所
日本	76.4%	30.3%	12.6%	9.9%	5.5%	9.1%
イギリス	52.6	30.0	56.2	4.0	6.9	12.7
オランダ	52.9	39.8	41.5	18.1	1.3	16.8
ノルウェー	37.9	26.5	74.1	17.0	4.1	11.6

図3－2　国別に見たいじめの場所（学校内）

の数字は無視できまい。残るイギリスとオランダの場合は，日本とノルウェーの中間に位置していると見てよい。つまり，「教室」と「校庭」とが似たような割合（ほぼ50％）で並んでいる。オランダはやや「校庭」が少ないが，その分だけ「廊下や階段」の割合が高くなっていると見ることができる。

　図3－2は男女を合わせた結果について示したものであるが，一応，男女別の傾向についても触れておこう。男女別に見た場合の傾向は全体の場合とほとんど同じなので，図は省略する。どの国にも共通しているのは，男子のほうで「校庭」の割合がやや高くなり，女子のほうで「教室」の割合がやや高くなることである。だが，上に指摘してきたような傾向，すなわち日本が「教室」中心であること，ノルウェーが一応「校庭」を中心としながらも「教室」が無視できない割合であること，イギリス・オランダは「教室」と「校庭」がほぼ同じ割合になること，という傾向は変わらず，あくまでも相対的な差となっている。

3　学校内の場所と手口との関わり

　上の結果からだけでも，日本のいじめと海外のいじめとにかなりの違いがあ

るらしいことが感じとっていただけよう。ここで可能性として考えられるのは，手口によって場所も変わるのではないか，という点である。もちろん，前節で見たとおり，手口の傾向が大きく異なるのはオランダだけで，場所では対照的な日本とノルウェーも手口のパターンにさほどの違いはない。それゆえ，手口ごとに場所の差が見られることは予想しづらいが，一応，いじめの手口と場所との間の関係について検討しておくことにしよう。

ここでは発生頻度がもっとも高い「教室」と「校庭」の2つに絞り，手口による影響を見ていく。ただし，いじめの手口は項目別の質問であるから一種の複数回答で，被害の場所も別の複数回答の質問であることから，厳密な分析はできない。複数の手口でいじめられた子どもが複数の場所を選んだ場合，そこに現れた関係はいくぶん曖昧なものになるので，あくまでも参考と考えてほしい。

基本的には図3－2で示された割合と大きく変わるわけではないので図は省略し，比較的変化の大きい項目についてのみ紹介しよう。まず「教室」でいじめられる割合についてであるが，日本の場合は「教室」でいじめられる割合といじめの手口とはほとんど関係がない。いずれの手口も似た値を示し，常に「教室」が主たる場になっていることがわかる。イギリスの場合には，「無視・仲間はずれ」がやや高く，オランダの場合には「無視・仲間はずれ」と「金品をとられたり，壊される」が高くなる。ノルウェーの場合には，日本と同様，手口による差は見られない。

次に「校庭」を舞台とする場合についてであるが，日本の場合には「無視・仲間はずれ」，「うわさ・持ち物に落書き」と「金品をとられたり，壊される」がやや高くなり，イギリス・オランダ・ノルウェーでは「たたく・ける・おどす」が高くなるという点で対照的である。また，オランダの場合には，「無視・仲間はずれ」についても高くなる。欧米のいじめを報じるテレビニュースや教育用ビデオ等の映像の多くは，1人の子どもが校庭で数名の子どもに取り囲まれてこづかれたり蹴られたりしているシーンであるが，そうなる理由がここからわかる。それに対して，日本の場合，「校庭」というのは職員室から遠い場所ということで，「金品をとられたり，壊される」場所になるのであろう。

ところが，オランダでは日本とは逆に，「金品をとられたり，壊される」は

「教室」で起きやすい。これは，授業時以外には教室内に教師がいないことが多いせいであろう。また，「無視・仲間はずれ」が日本，オランダともに多くなるというのは，集団遊びの輪からはずすという手口が有効だからであろう。

ただし，いずれにせよ，それらは相対的な増減の問題である。「教室」中心の日本，「校庭」中心のノルウェー，その両方が半々のイギリス・オランダという図式を覆すものではないことを，改めて強調しておきたい。

4　国別に見たいじめの起きる場所：学校外

続いて，学校外のいじめの舞台について見ておくことにしよう。「学校の外では，どこでいじめにあいましたか」という質問に対する回答である。選択肢は，「登下校中に」，「家の近所で」，「自分の家または友だちの家で」，「地域クラブ」，「塾で」，「その他の場所で」の6項目を示して複数回答させている。ノルウェーは，この質問そのものを調査からはずしており，比較ができない。また，「塾」は日本のみの選択肢であり，「地域クラブ」はオランダでは選択肢の中に含まれていない。そこで主要な項目に限定して図示した。

図3-3からわかるとおり，日本の場合は，「登下校中」がトップで被害者の6人に1人の割合，そして「友だちの家」がその半分，となる。ただし，この割合は，学校内と比べて非常に少ない値である点に注意してほしい。イギリ

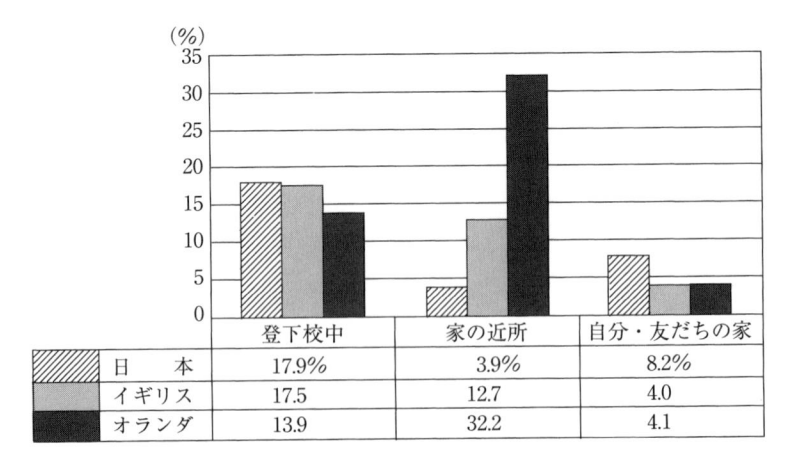

	登下校中	家の近所	自分・友だちの家
日本	17.9%	3.9%	8.2%
イギリス	17.5	12.7	4.0
オランダ	13.9	32.2	4.1

図3-3　国別に見たいじめの場所（学校外）

スの場合も日本と似ているが,「友だちの家」の代わりに「家の近所」が2番手になる。そして, オランダはここでも特異である。「家の近所」がトップになるばかりか, その値は3割を越える。「教室」,「校庭」,「廊下や階段」の延長に「家の近所」が位置しているかのようである。

　日本の場合, 各国共通以外の質問から, 親しい友人によるいじめが少なくないことがわかっている。それを考えるなら,「友だちの家」というのも理解できないわけではない。夫婦で就労している家庭も増えているし, 子ども部屋が個室になっている家庭も多い。一緒に遊びながら, お金をたかられる, 物を買わせられる, といった形のいじめがあるのだろう。ところが, 意外なことに, オランダでは「家の近所」, すなわち地域の屋外でなされるいじめを選択する割合が3割を越えており, 日本とはかなり行為の様相が違うらしいことがうかがえる。イギリスの場合も, オランダほどではないが,「家の近所」は十数％あり,「登下校中」についで2番目に位置している。

　先に見た学校内のいじめの場所の場合にも, 日本人の常識的ないじめイメージとは異なり, 欧米では「校庭」という屋外の比率が多かった。ここでも, 欧米のいじめに日本のいじめイメージを重ね合わせて理解しようとすることの無謀さがわかる。なお, ここで見た傾向は, 男女別に見た場合でも大きくは変わらない。オランダの場合に, 男子は「登下校中」がやや増えて「家の近所」がやや減り, 女子はその逆になる程度である。

3節　いじめとbullyingのイメージが内包するもの

1　手口のもつイメージ

　さて, 手口と場所について4か国のデータを概観してきたわけであるが, 残された疑問に対して考えられる説明と, いくつかの補足を示しておきたい。

　たとえば, いじめの手口の分類には, 暴力的↔言語的, 物理的↔精神的, 直接的↔間接的, などの2項的なものが用いられることが多い。オルヴェウス(1993)は, この中の直接的と間接的の2分類に言及し, 前者を比較的あからさまな攻撃, 後者を孤立させたり排除するなどの遠回しな攻撃と定義している。この時,「たたく・ける・おどす」が前者に含まれることに異論はなかろう。

では、「悪口・からかい」はどちらになるのだろうか。また、「うわさ・持ち物に落書き」はどちらになるのだろうか。

　日本では、この判断について意見が2つに分かれることであろう。悪口やからかいの中には、面と向かって大声で罵るものもあれば、相手に聞こえるか聞こえないか程度の声で陰口を言うものまであって、判断に迷うからである。持ち物に落書きをする場合でも、相手の目の前で落書きする場合と、相手のいないところで落書きしておき、誰がやったかわからないようにして相手に孤立感を味わわせるというのとでは異なる。

　ところが、欧米の研究者は、ほとんど迷わずにこれらを「直接的」に含めるのである。どうやら、欧米での「悪口やからかい」や「うわさ・持ち物に落書き」というのは、まさに「直接手を下す」タイプのイメージらしい。場合によっては相手の身体をこづいたりする可能性をも秘めた、日本では小学生（それも低学年）くらいしかしないような「稚拙な」行為らしいのである。日本には、友だちの物をこっそりと隠したり壊したりしておき、夕方には何食わぬ顔で「大変だったらしいね。でも私はあなたの味方だから安心して」と被害者宅に電話をかける「知能犯」の話もある。日本のいじめは全般に「巧妙」であり、オルヴェウスの直接的↔間接的の区分では対応できない。

2　文化的な要因がもたらす差異の可能性

　それにしても、同じヨーロッパの国でありながら、オランダの示す傾向は特異なものと言える。手口と場所を見ただけでも、驚くほどに違う部分が目立つ。地域の「非行文化」の影響を彷彿とさせる結果と言える。この背景には、オランダの場合、かつてのヨーロッパ諸国がそうであったような古い教育制度、中等学校進学時に将来の進路設計がほぼ決まってしまう分岐型（職業系を選択した場合には、大学等への進学の可能性が閉ざされてしまう袋小路型）の教育制度をとっていることも関わっているのかもしれない。つまり、中等学校進学というのは、そこそこに大人になることを意味しており、その地域のもつ「非行文化」からの影響を受けやすいのかもしれない。

　日本の場合、学校は大人社会から隔絶された独自の場所といってもよい。暴力沙汰でさえ、学校内で起きた場合にはできるだけ表に出さずに内部で処理し

ようとする。卒業生が学校に来ることすらあまり歓迎はせず，中学校，小学校という地域から隔離された空間をつくる。日本のいじめは，そうした隔離空間を前提として成立していると言えるかもしれない。

オランダと比較すると，イギリスは日本とかなり似た傾向を示すと言えよう。日本ほどには「教室」の占める割合が高くなく，「うわさ・持ち物に落書き」が多い点くらいが，大きな違いであろうか。イギリスは中等学校が総合制に変わることで，大学進学は，日本と同様，主に18歳時の問題になってきている。中等学校の雰囲気も，制服姿が見られるなど日本と似た雰囲気が漂う。もっとも，教師たちは休み時間にはスタッフルームでお茶を飲んでいるのが普通で，「校庭」のいじめが日本より多い理由はそのあたりにあるのだろうか。

ノルウェーは，「校庭」の占める割合が高い。しかも，次章から明らかなように，そこに関わる子どもたちも，同じクラスの子どもばかりではない。まるで，日本の山村部の小規模校等で時に見られる，兄弟そろって近所の子どもをいじめる（それも学校で）といった形を彷彿とさせる。オランダが都市の非行文化に影響されていると考えるなら，ノルウェーは郡部の排他的文化に影響されていると考えられるかもしれない。

3 「直輸入」のもつ危険性

筆者は，日本の「いじめ」と欧米の「bullying」の間にはかなりのズレがある可能性を，これまで繰り返し指摘してきた[3]。もちろん，「いじめは日本に固有の問題ではなく，先進諸国が共通に直面している教育課題である」が，その指摘が「日本にあるようないじめが海外にもそのまま同じように存在している」かのように受けとめられがちであるとするなら，注意を喚起しておきたい。とりわけ，そうした「無邪気な誤解」に立って，いじめ防止やいじめ対策に関する海外の取り組みを安易に「直輸入」しようとする傾向に対して，もっと慎重であってほしいと願っている。

たとえば，アメリカなどでは，いじめや虐待を減らす目的で「アサーション・トレーニング assertion training」や「アンガー・マネージメント anger management」等の訓練を子どもに行う例がある。そうした訓練を，「日本のいじめ防止にも役立つ」から「日本の学校でも実施すべき」と主張する人々が

いる。すなわち，いじめの被害者になりそうな子どもに「やめて」と言える訓練をすることでいじめは減らせる，と主張するわけである。

　私は，そうした海外の取り組み自体を否定する気はないし，それらを導入すべきとの主張を間違いと言う気もない。しかし，それらを積極的に支持するつもりもない。そもそも「いじめを解決する切り札」や「特効薬」を安易に求める姿勢自体が問題と感じるからであるが，そうした海外の訓練を導入することの効果は，費やされる労力の割には乏しいと予想できるからでもある。なぜなら，いじめられている子どもが，自分の「いやだ」，「いじめられたくない」という思いを相手にはっきり伝えられれば被害にあわない，と言い切れるほど，日本の「いじめ」は単純ではないからである。

　アメリカでは，自分の意見を主張できるということは，それ自体が高く評価されることである。主張された意見の是非や真偽，質や量以前に，そうした主張ができることそのものが大切なことであり，逆に言うなら，自己主張できないということは，すでにそれ自体「能力がない」ものとしてバカにされても仕方がないとすら受けとめられがちである。ましてや，バカにされて何も言わないのは，本人もそれを認めているからとさえ判断されかねない。そうしたアメリカ社会の文脈を前提にするなら，いじめの被害者が自分を守る有効な手だてとしてとりあえず「いやだ」ということから始めることは，それなりに納得がいく。また，それなりの実効もあるのであろう。

　しかし，日本の場合には，必ずしもそうした文脈でいじめが起きているわけではない。たとえば，クラスの数人から，それも親しかったはずの友人から仲間はずれにされている状態を思い浮かべてほしい。いったい誰にむかって「いやだ」とか「やめて」と言えばよいのだろうか。大きな声で差別的な言葉を投げかけられるとか，みんなからこづきまわされるという場合とは，明らかに状況が異なる。やみくもに大声をあげようものなら，いじめる側のおもうツボであろう。そうした，いやがりよう，苦しみようを「楽しむ（？）」ためにこそ，仲間はずれにするのだからである。時には，「急に大声をあげて，おかしいんじゃないの？」と言われたり，言葉を伴わない冷やかな視線によって，さらに落ち込まされかねない。

　本章のデータが明白に示すとおり，日本のいじめと海外のいじめの起き方に

はかなりの違いがある。そこには各国の社会風土や教育風土が大きく関わっていることが予想できるし，いじめとbullyingの性質も単純に同じとは考えられないことが想像できよう。そう考えるなら，bullying研究の結果をそのまま日本に通ずるかのように引用，紹介することは，無用な誤解を与えるものでしかない。また，bullying対策をただ翻訳しただけで，つまりそれが成果を上げた前提や背景を無視して日本のいじめ対策として導入しようとすることが，いかに愚かで危険なことかに気づいてほしい[4]。

おわりに

そもそも，bullying研究は，攻撃的行動，中でも男子の攻撃的行動の研究を基盤にして発展してきた[5]。彼らの思い描く行為の中心は，結局のところ「（物理的な）暴力」の色彩の強いものである。それに対して，日本のいじめの場合は，「校内暴力」が落ち着いた1980年代半ば以降に広く注目されるようになり，また多くの研究もその頃から始まったこともあり，「暴力的」イメージは相対的に弱い。当時は，暴力は許さないという雰囲気が学校内に残っていたし，研究者にしても「校内暴力」とは異なる新たな事態という思いがあったからこそ，「いじめ」という言葉を用いたはずである。

もちろん，ここで言いたいことは，日本には男子のいじめが少ないとか，暴力的ないじめが存在しないということではない。とりわけ，「校内暴力」の記憶が薄れてきた昨今，日本でも「暴力的」色彩の強いいじめが現れてきている。それゆえ，今回のデータが示している日本のいじめと海外のいじめの間の差は，以前よりも小さいのかもしれない。日本では気づいていたが海外で見落とされてきたものが調査票の中に盛り込まれたうえ，日本のいじめに「暴力的」なものも混じってきたとすれば，双方の差は縮まることになるからである。

しかし，それでもなお残る差については，社会的・文化的な違いがもたらすものとして，慎重に受けとめていく必要があろう。そして，そうした差が生まれる背景については，今後のさらなる研究によって明らかにしていくことが期待される。今，求められているのは，海外の研究や対策の表面的な紹介などではなく，そうした事象の全体像や背景になっている文化や制度を含めた理解に基づく議論である。その最初の手がかりとして，本研究が提供する実証的デー

タは役立つであろうし，そこからの仮説検証がさらに進められていくことを期待したい。

注

1) たとえば，Olweus (1993)，Sharp & Smith (1994)，など。
2) たとえば，森田・清永 (1986)，菅野 (1986)，滝 (1996)，など，日本の書物にはタイトルに「教室」や「学級」の文字を含むものが少なくない。
3) 滝 (1996)，滝 (1997 a)，滝 (1997 b)，Morita, et al. (1999)，など。
4) 滝 (2000) には，どのような比較研究が望ましいかが示されている。
5) 欧米のいじめ研究の先駆者として知られるノルウェーのオルヴェウスは，1983年よりいじめに関する本格的な調査研究を行っている。しかし，1970年代にはもっぱら男子生徒を中心とした攻撃的行動 aggressive behavior の研究を行っており，そのせいか攻撃的行動一般の知見に基づいていじめを解釈したり，いじめ研究と攻撃的行動の研究を整理しないで論じる傾向がある。

　たとえば，Olweus (1993) には，いじめの加害者の35〜40％が24歳までに3つ以上の有罪判決を受けており，そうでない子どもの4倍になると述べられている。だが，それは男子生徒の攻撃的行動に関する調査の結果である。それを「いじめっ子としての特徴を持っていた少年」と表現することで，あたかもいじめの加害者の研究結果であるかのようにして引用しているにすぎない。

　しかも，引用文献にさかのぼって見ていくと，子どもの攻撃的行動は母親の養育態度や暴力容認的態度の影響を強く受けるとの結論になっている。とするならば，いじめ（正確には攻撃的行動）が犯罪に直接に結びつくかのような主張も不適当なもので，家庭に問題があると子ども時代には攻撃的行動として現れ，成人になると犯罪にまで結びつく，とでも表現すべきものである。

参考文献

森田洋司・清永賢二　1986　『いじめ——教室の病い』金子書房.

Morita, Y., et al.　1999　Japan. Smith, P. K., et al. (Eds.), *The Nature of school bullying*. London: Routledge.

Olweus, D.　1993　*Bullying at school: What we know and what we can do*. Oxford: Blackwell (*Mobbning-Vad vi vet och vad vi kan göra*, Liber, 1986)（松井・角山・都築訳　1995　『いじめ——こうすれば防げる』川島書店）.

Sharp, S. & Smith, P.　1994　*Tackling bullying in your school*. London: Routledge

(奥田眞丈監訳　1996　『あなたの学校のいじめ解消に向けて』東洋館出版社).

菅野盾樹　1986　『いじめ＝〈学級〉の人間学』新曜社．

滝　充　1996　『「いじめ」を育てる学級特性－学校がつくる子どものストレス』明治図書．

滝　充　1997a　「いじめ対策の国際比較」『教育と医学』慶應義塾大学出版会．

滝　充　1997b　「『いじめ問題国際シンポジウム』から何を学ぶか－いじめ問題に対する認識と取り組み方法を中心に」『いじめ問題国際シンポジウム』財団法人教育研究振興会．

滝　充　2000　「「いじめ」防止プログラムの開発と展開：オーストラリアとの対話の中で」『比較教育学研究』第26号．

第4章 被害者と加害者との関係

星 野 周 弘
Hoshino Kanehiro

はじめに

　この章では、①わが国のいじめの被害者は誰からいじめられているのかを、被害者と加害者のクラスや学年の異同、加害者の人数・性別、被害者と加害者との日常のつきあい方などの点から明らかにするとともに、国際比較から、わが国の被害者－加害者関係の特徴を指摘する。また、②被害者－加害者の関係の交差（被害者が加害者になったり、加害者が被害者になったりすること）の点で、わが国のいじめに特徴が見られるかどうかについて検討する。そして、③いじめの背景として、クラス内における親しい友人数の少なさ、クラス内の自分の立場についての否定的認知、クラスの連帯感の不十分さ、逸脱行動に対するクラスの許容度（規範意識の水準）などの作用が見られるかどうかの分析を行い、わが国のいじめの被害者－加害者関係における一形成要因を明らかにする。

1節　わが国の被害者－加害者関係における特徴

1　被害者と加害者のクラス・学年の異同

　いじめの被害者は、同じクラス・同学年の違うクラス・年上の学年・年下の学年のいずれに属する者からいじめられているのかを見ると、わが国では、同じクラスの児童生徒からいじめられている者が80％に達している。同じクラスの児童生徒からいじめられている被害者は、オランダで83％、ノルウェーで50％（森田、1999、p.142）、ポルトガルで50～65％（学年、性別で異なる）（森田、1998、p.381）となっていて、わが国では、オランダとともに、

(日本)

	悪口・嘲笑	無視・仲間はずれ	暴行	金品強要	悪いうわさを流す
同じクラス	75.6%	78.3%	67.7%	69.6%	71.1%
同学年の違うクラス	16.0	17.9	17.8	16.7	20.1
年上の学年	6.3	3.0	11.4	11.6	5.3
年下の学年	2.1	0.8	3.1	2.2	3.5

(オランダ)

	悪口・嘲笑	無視・仲間はずれ	暴行	金品強要	悪いうわさを流す
同じクラス	69.5%	87.0%	63.4%	87.5%	79.8%
同学年の違うクラス	14.4	10.3	18.8	6.7	12.4
年上の学年	14.2	1.6	16.1	4.8	6.6
年下の学年	1.9	1.1	1.8	1.0	1.2

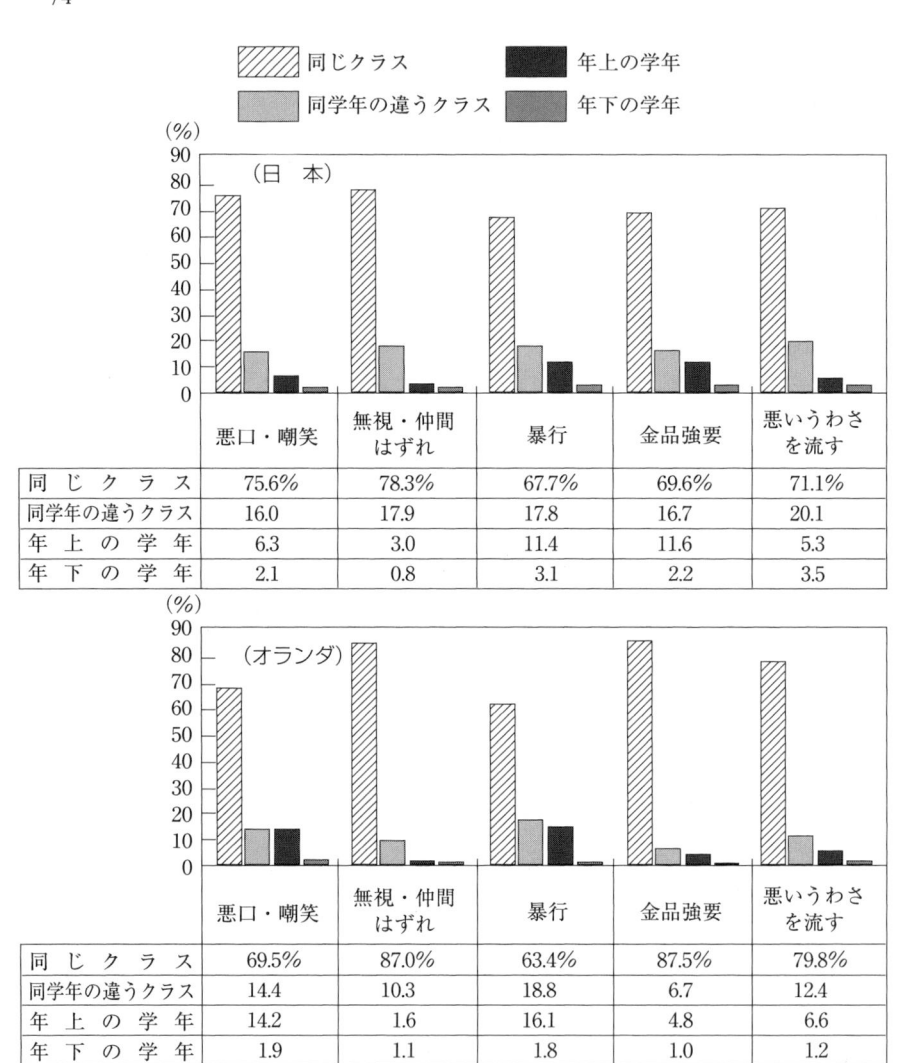

図4−1　被害者と加害者のクラス・学年の異同

同級生間でのいじめが多いといえる。ノルウェーやポルトガルでは，年上の学年の者によるいじめが多い。

　わが国とオランダとの違いは，わが国では，同学年の違うクラスの者からいじめられた被害者が，オランダでは年上の学年の者からいじめられた被害者が，

それぞれ相対的に多くなっていることである。さらに，オランダでは，同じ学年でも年齢が違う生徒が比較的に多く，わが国に比べると，年上の生徒からいじめられる被害者がより多いと見られる。また，わが国では，同級生間のいじめは特に小学校で顕著であり，中学校では，小学校に比べると，同学年の違うクラスの者がいじめの加害者となることがやや多くなっている。

図4－1は，被害者と加害者のクラスと学年の異同を，日本とオランダについて，手口別に示したものである。悪口・嘲笑，無視・仲間はずれ，暴行，金品強要，悪いうわさを流す，のいずれも，その80〜90％は同じ学年の者によって行われている。わが国では，オランダに比べると，金品の強要が同学年の違うクラスの者や年上の学年の者によって行われることがやや多くなっている。

わが国での被害者－加害者関係における手口別の特徴は，殴る・ける・おどすという暴力的いじめや金品の強要・破壊など，犯罪に該当するいじめは，同学年の違うクラス，年上の学年などに属する者によって行われることが比較的に多く，同じクラスの加害者は，言語的いじめ・精神的被害を及ぼすいじめをする度合いが特に大きい，ということに求められる。

2 加害者の数と性別

いじめの被害者に，何人からいじめられたかをたずねた結果は，図4－2に

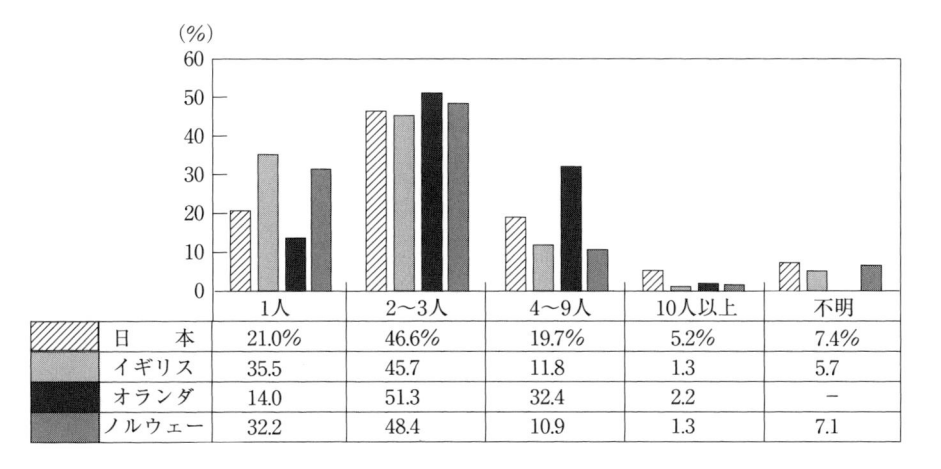

		1人	2〜3人	4〜9人	10人以上	不明
	日 本	21.0%	46.6%	19.7%	5.2%	7.4%
	イギリス	35.5	45.7	11.8	1.3	5.7
	オランダ	14.0	51.3	32.4	2.2	－
	ノルウェー	32.2	48.4	10.9	1.3	7.1

図4－2 何人からいじめられたか

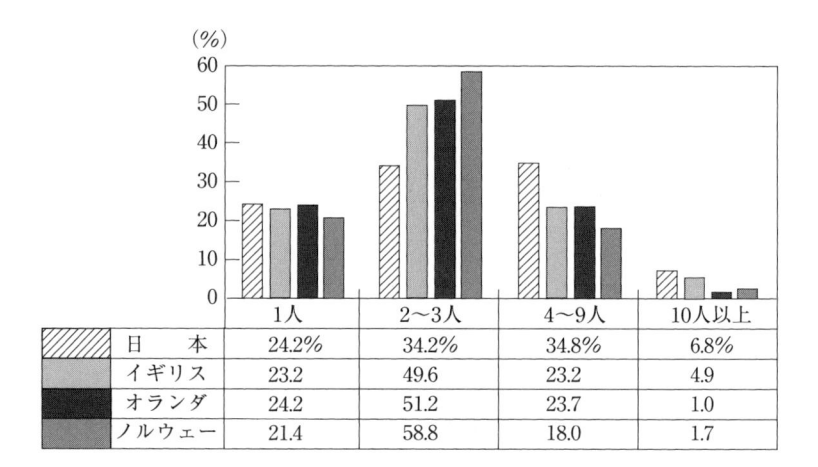

	1人	2〜3人	4〜9人	10人以上
日　本	24.2%	34.2%	34.8%	6.8%
イギリス	23.2	49.6	23.2	4.9
オランダ	24.2	51.2	23.7	1.0
ノルウェー	21.4	58.8	18.0	1.7

図4－3　何人でいじめたか

示されている。いずれの国でも，2〜3人からいじめられたとする者が多い。その他の点では国別の差異が見られ，イギリスとノルウェーでは徒党を組んでのいじめが少なく，日本とオランダでは多人数によるいじめが比較的に多くなっている。

　わが国のいじめの加害者数は，小学校と中学校とでやや異なり，中学校で多人数によるいじめ加害が比較的に多い。

　同じことを，いじめの加害者側から見てみよう。図4－3は，いじめの加害経験をもつ者に，何人でいじめたかをたずねた結果を示したものである。この図から，イギリス，オランダ，ノルウェーでは2〜3人でいじめることが多いが，わが国では4人以上でいじめることが比較的に多いことがわかる。このことは，わが国のいじめの特徴だとしてよいであろう。

　図4－4は，主として男子からいじめられたか，女子からいじめられたか，男子・女子の両者からいじめられたかを，被害者の性別に示したものである。男子被害者について見ると，4か国ともほとんど同じ傾向を示しており，男子はもっぱら男子からいじめられていることがわかる。男子が女子からいじめられることは少ないが，男子と女子の両者からいじめられるケースは，8〜18％ほど見られている。

　これに対して，女子被害者については，4か国の間で差異が見られている。

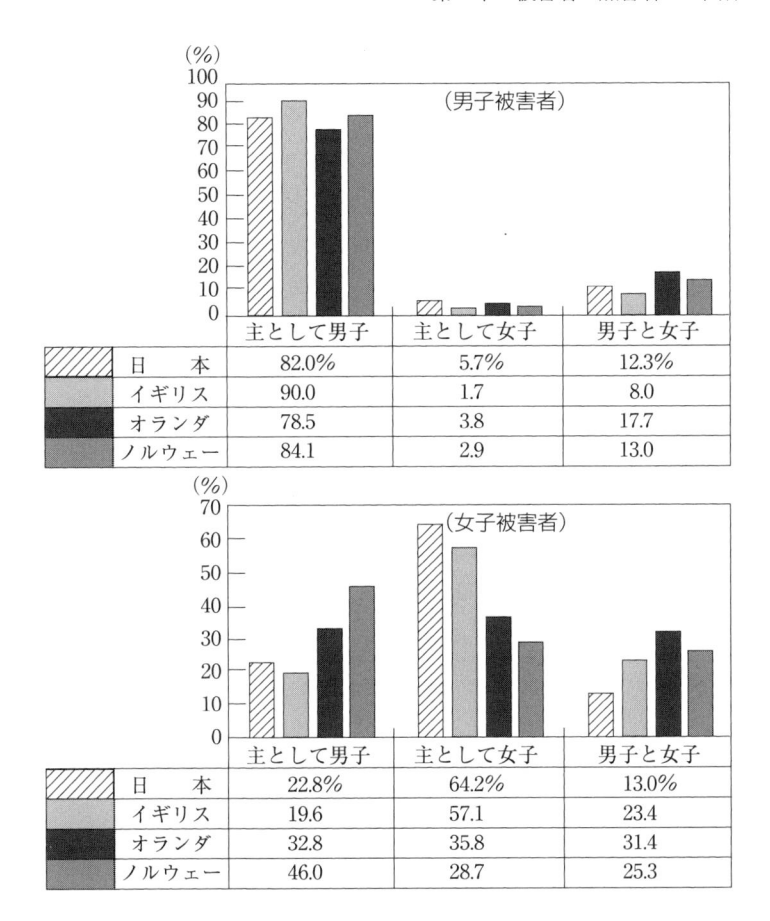

第4章　被害者と加害者との関係　77

（男子被害者）

		主として男子	主として女子	男子と女子
	日　本	82.0%	5.7%	12.3%
	イギリス	90.0	1.7	8.0
	オランダ	78.5	3.8	17.7
	ノルウェー	84.1	2.9	13.0

（女子被害者）

		主として男子	主として女子	男子と女子
	日　本	22.8%	64.2%	13.0%
	イギリス	19.6	57.1	23.4
	オランダ	32.8	35.8	31.4
	ノルウェー	46.0	28.7	25.3

図4－4　加害者の性別

　ノルウェーでは，女子も男子からいじめられることが多い。オランダでは，加害者が男子，女子，男女であることが，それぞれ等しい割合になっている。イギリスと日本は，ほぼ同じ傾向を示しており，男子からいじめられる女子被害者は少なく，女子からいじめられている女子被害者が多い。イギリスと日本では，男子・女子の両者からいじめられたケースを含めると，女子へのいじめに女子が加害者として関与しているケースが，全体の80％ほどに達しており，ここでは，女子に対するいじめはもっぱら女子によって行われているといえる。
　加害者側の人数を男女別に見ると，男子では，各国とも2～3人でいじめる

ことが多いが，わが国では，1人でいじめることと4人以上でいじめることが比較的に多くなっている。女子では，イギリス，オランダ，ノルウェーとも，3人以下でいじめることが多いが，わが国では，4人以上の多人数でいじめることがもっとも多くなっている（後掲，表9－4）。イギリスと日本では，女子へのいじめはもっぱら女子によって行われていると述べたが，両国間の違いは，わが国で，女子に対するいじめが，多人数の女子によって行われている，というところにある。

　わが国における被害者と加害者のクラス・学年の異同を，被害者の性別およびいじめの手口別にみると，無視・仲間はずれ（同じクラスの者によって行われた割合：男子74％，女子80％，以下同じ），殴る・ける・おどす（男子65％，女子73％），金品の強要（男子63％，女子81％）などは，男子の場合に比べると，女子へのいじめでは，同じクラスの者によって行われることが多い。悪口・嘲笑（男子75％，女子76％），悪いうわさを流す（男子73％，女子70％）などについては，クラス・学年の異同に関する男女間の差異は見られない。しかしながら，わが国における女子に対するいじめは，同性の同級生によって行われることが多いといってよい。

　以上のことから，わが国のいじめにおける被害者－加害者関係を，両者のクラス・学年・性別・加害者数の点から見ると，①男子に対するいじめは，もっぱら男子によって行われており，特に同じクラスの男子によって行われる傾向がある，②女子に対するいじめは，同じクラスの女子が多人数で行っている，③男女全体，男子，女子のいずれによるいじめも，多人数で行われる傾向があるが，特に女子によるいじめは多人数でなされる傾向が顕著である，などの特徴を導くことができる。

3　被害者と加害者の日常のつきあい方

　いじめの被害者は，加害者と日常よく遊んだり話したりしているのか，あるいはほとんど遊んだり話したりしていないか，を示したものが表4－1である。
　この項目については，海外諸国では調査されていないので，わが国の場合についてのみ示してある。この表から，男女とも，日常よく遊んだり話したりしている人からいじめられることが多く，ときどき話をする人からいじめられる

表4−1 被害者と加害者の日常のつきあい方

属性 つきあい方	性別		学校別		全体
	男	女	小学校	中学校	
よく遊んだり話したりする	44.1%(191)	51.8%(265)	51.3%(232)	45.5%(225)	48.3%(457)
ときどき話をする程度	36.7 (159)	29.1 (149)	33.4 (151)	31.9 (158)	32.6 (309)
ほとんど話をしない	15.5 (67)	17.0 (87)	13.7 (62)	18.6 (92)	16.3 (154)
ほとんど知らない	3.7 (16)	2.1 (11)	1.6 (7)	4.0 (20)	2.9 (27)
計	100.0 (433)	100.0 (512)	100.0 (452)	100.0 (495)	100.0 (947)

( )内は実数

ことがこれに次いでいる。わが国では，男女とも同じクラスの者からいじめられることが多いので，このことは当然の結果だともいえる。特に女子では，よく遊んだり話したりしている友人からいじめられることが全ケースの半数を超えており，一見して「親しい」友人関係の中で，いじめが発生することが多い，ということが示されている。

　小学校と中学校とを比較すると，どちらでもよく遊んだり話したりしている人からいじめられることがもっとも多くなっているが，中学校では，親しくない者（ほとんど話したことがない，あるいはほとんど知らない者）からいじめられるケースがやや多い。これは，中学校では，同学年の違うクラスの者からいじめられることが増加するためだと見られる。

2節　被害者−加害者関係の交差

　わが国のいじめが，日常よく，あるいはときどき遊んだり話したりしている同級生によって行われているということは，被害者−加害者関係の交差，すなわち被害者が加害者となったり，加害者が被害者となったりすることが起こる可能性を予想させる。加害者，被害者がそれぞれに固定的であれば，日常の親

表4-2 被害者-加害者関係の交差

被害・加害の有無＼国名	日本	イギリス	オランダ	ノルウェー
いじめ被害のみあり	29.8%（475）	51.7%（538）	20.9%（188）	30.6%（444）
いじめ被害・加害ともあり	25.1　（401）	29.6　（308）	31.6　（284）	31.1　（451）
いじめ加害のみあり	45.1　（719）	18.7　（194）	47.4　（426）	38.3　（556）
被害・加害ともなし	（4724）	（1002）	（591）	（2402）

百分比は，いじめの被害・加害のいずれか，あるいは両者にかかわった者を100とした時の割合。（　）内は実数

しい関係は形成されにくいと考えられるからである。

　いじめの被害といじめの加害との交差がどれほどあるのかを分析した結果は，表4-2に示されている。

　この表を見ると，イギリスでは「いじめの被害経験のみあり」とする児童生徒がもっとも多く，逆に「いじめの加害経験のみあり」とする児童生徒はもっとも少なくなっている。このことは，イギリスでは，少数のいじめっ子が多数の子どもをいじめるという，被害者－加害者関係が普遍的であると推測させる。オランダでは，イギリスとは反対に，多数の者が少数の子どもをいじめるという現象がうかがわれる。ノルウェーでは，「いじめの被害経験のみあり」とする児童生徒と「いじめの加害経験のみあり」とする児童生徒が，ほぼ等しい割合で見られている。この3か国では，いじめの被害経験，加害経験の両方をもつ者は，いじめに関与した者全体の30％程度であり，被害者，加害者がそれぞれに固定化する度合いは比較的に小さい。

　わが国では，多数の者が少数の子どもをいじめるという，オランダ型の被害者－加害者関係が見られているが，被害経験，加害経験の両方をもつ者は25％で，4か国中もっとも小さい割合となっている。

　さらに，わが国では，被害者－加害者関係の交差を学年別に見ると，いじめの被害経験，加害経験の両方をもつ者は，学年が上昇するにつれて減少する傾向が認められる。このことは，わが国では被害者－加害者関係は比較的に固定的であり，学年がすすむにつれてこの固定化もすすむということを意味してい

表4－3　学年別被害・加害経験

学年/被害・加害	国名	日本	イギリス	オランダ	ノルウェー
小学5年	被害のみ	34.5%(115)	48.8% (81)	18.5% (23)	40.8%(102)
	被害・加害	34.5 (115)	37.3 (62)	33.1 (41)	36.4 (91)
	加害のみ	30.9 (103)	13.9 (23)	48.4 (60)	22.8 (57)
小学6年	被害のみ	20.4 (78)	59.6 (174)	17.8 (30)	33.3 (102)
	被害・加害	30.7 (117)	27.4 (80)	42.3 (71)	34.0 (104)
	加害のみ	48.8 (186)	13.0 (38)	39.9 (67)	32.7 (100)
中学1年	被害のみ	31.7 (111)	40.8 (107)	23.3 (112)	39.4 (78)
	被害・加害	19.7 (69)	34.4 (90)	31.0 (149)	32.3 (64)
	加害のみ	48.5 (170)	24.8 (65)	45.6 (219)	28.3 (56)
中学2年	被害のみ	30.7 (98)	53.0 (115)	18.2 (23)	24.9 (80)
	被害・加害	19.7 (63)	26.3 (57)	18.2 (23)	30.8 (99)
	加害のみ	49.5 (158)	20.7 (45)	63.5 (80)	44.2 (142)
中学3年	被害のみ	34.4 (73)	59.2 (61)	－	23.7 (82)
	被害・加害	17.5 (37)	18.5 (19)	－	26.9 (93)
	加害のみ	48.1 (102)	22.3 (23)	－	49.4 (171)

（　）内は実数

る（表4－3）。

　わが国での被害者－加害者関係は，同じクラスで，よく，あるいはときどき遊んだり話したりする友人間に見られているが，学年がすすむと，加害者は常に加害者であり，被害者は常に被害者であるという固定化が生じてくる。このことも，わが国のいじめの特徴だとすることができる。

　ここで問題となることは，同じクラスに属していること，日常よく話したり遊んだりすることなどは，真の「親しさ」を子どもたちの間にもたらしていないのではないか，ということである。

　ただ，「いじめの被害経験のみあり」とした者は，「いじめの被害経験・加害経験ともあり」とした者に比べると，よく遊んだり話したりする人からいじめ

られる割合は小さく（39％，被害・加害経験をもつ者では59％），逆にほとんど話をしたことのない人やよく知らない人からいじめられる割合が大きくなっている（27％，被害・加害経験をもつ者では11％）。したがって，被害者としての固定化は，後述するように，友人の少なさとも関連すると見られる。

なお，わが国での被害者－加害者関係の交差のしかたには，性別の差異は見られていない。男女とも，特定の少数の者を特定の多数の者がいじめるということが一般的であり，被害者，加害者の立場が逆転するという現象は，高学年になるほど少なくなる。

3節　被害者－加害者関係形成の背景

1　クラス内の友人の数

国によって多少の差異はあるものの，いじめの被害者には同級生からの加害を受ける者が多い。この背景に，「クラス内の親しい友人の数の少なさ」があるかどうかについて，まず見てみよう。

表4－4は，クラス内の親しい友人の数といじめの被害の有無との関係を示したものである。この表から，いずれの国でも，親しい友人はいない，とする

表4－4　クラス内の親しい友人の数と被害との関係

国／被害	友人の数	いない	1人	2～3人	4～5人	6人以上
オランダ	被害なし	35.1%(13)	55.3%(42)	59.0%(180)	63.0%(240)	76.0%(681)
	被害あり	64.9 (24)	44.7 (34)	41.0 (125)	37.0 (141)	24.0 (215)
イギリス	被害なし	12.0 (3)	21.3 (16)	45.3 (193)	57.8 (315)	67.3 (751)
	被害あり	88.0 (22)	78.7 (59)	54.3 (233)	42.2 (230)	32.7 (365)
日　本	被害なし	64.0 (64)	68.3 (86)	75.7 (659)	85.0(1262)	89.0(3588)
	被害あり	36.0 (36)	31.7 (40)	24.3 (211)	15.0 (223)	11.0 (443)
ノルウェー	被害なし	51.7 (60)	62.1 (177)	73.0 (866)	80.3 (752)	81.0(1362)
	被害あり	48.3 (56)	31.9 (108)	27.0 (321)	19.7 (184)	19.0 (320)

（　）内は実数

子どもの間で被害を受けた者の割合がもっとも高くなっており、親しい友人の数が増えるにしたがって被害経験者率が低下していくことがわかる。

ここから、いじめの被害を受けるか否かは、クラス内に親しい友人をどれほどもっているかによって異なる、とすることができる。

2　クラス内の自分の立場に関する認知

いじめの被害者は、自分はクラスの中で好かれていないと思っているか否かを示したものが表4-5である。

クラスの中で、①「好かれていない」と思うことはない、②「好かれていない」と思うことはめったにない、③ときどき「好かれていない」と思うことがある、④「好かれていない」と思うことが多い、という4つの群ごとにいじめの被害経験者率を見ると、「好かれていない」と思うことが多い子どもたちの間で被害経験者率がもっとも高く、「好かれていない」と思わない子どもたちでは、被害経験者率がもっとも低くなっている。このことは各国に共通している。

クラス内における自分の立場を否定的に認知する頻度の大きいことが、いじめの被害者の特徴であるが、このこといじめの被害との因果関係ははっきり

表4-5　クラス内における自分の立場についての認知のしかた

国／被害	認知のしかた	好かれていないとは思わない		好かれていないと思うことはめったにない		ときどき好かれていないと思うことがある		好かれていないと思うことが多い	
オランダ	被害なし	92.6%	(301)	78.9%	(405)	58.0%	(418)	20.3%	(26)
	被害あり	7.4	(24)	21.1	(108)	42.0	(303)	79.7	(102)
イギリス	被害なし	82.6	(395)	63.7	(491)	49.7	(304)	29.5	(72)
	被害あり	17.4	(83)	36.7	(280)	50.3	(308)	70.5	(172)
日本	被害なし	95.2	(1189)	91.2	(2122)	82.5	(1965)	60.0	(255)
	被害あり	4.8	(60)	8.8	(205)	17.5	(416)	40.0	(170)
ノルウェー	被害なし	86.8	(1831)	77.3	(710)	62.6	(483)	49.6	(124)
	被害あり	13.2	(278)	22.7	(208)	37.4	(288)	50.4	(126)

（　）内は実数

していない。日常の自分の言動，態度，友人とのコミュニケーションなどに対する同級生の反応から，「自分は好かれていない」と認知しながら，同級生との関係を修復しようとしない子どもたちが被害を受けやすいのか，いじめの被害を受けた結果，被害者が「好かれていない」と認知するようになったのか，が明らかではないからである。

いずれにしても，いじめの被害者は，クラスにおける自分の立場について，否定的に認知するという傾向を見せている。このことは，いじめの解決策として，クラス内の友人関係に対する修復的介入が必要であることを示唆している。

3　クラスの連帯感

次にクラスの連帯感といじめとの関係を見てみよう。クラスの連帯感は，「クラスのみんなと調子を合わせないと，嫌われると思っている人が多い」「仲のよい友だち以外の人が困っていても，気にしない人が多い」「先生にほめられるようなことをすると，いい子ぶっていると悪口をいう人が多い」という3つの項目に対する児童生徒の反応から把握された。これらの質問に対して，その通りだと思う…1，少しそう思う…2，あまりそう思わない…3，ぜんぜんそう思わない…4の4つの回答カテゴリーを設け，それぞれの末尾に示したスコアを与えて，児童生徒の回答の平均値を学級ごとに求めた。学級の平均値を1～2，2～3，3～4の3段階に区分して，各段階の「いじめ加害経験者率」を見たものが図4－5である。スコアの小さいほうが，連帯感の乏しい学級だとみなせる。なお，同図で，「無理に調子を合わせる」には，平均スコア1～2のグラフがないが，これは，平均スコアがこの範囲に属する学級がなかったためである（森田ら，1999，pp.104-105）。

上記の質問項目は，順次に，①クラスの同質性の強要，②共感性の狭さ，③成人の価値への同一化に対する反発，に関する児童生徒の認知のしかたを測定しようとするものである。

「クラスにおける同質性の強要」を認知している子どもたちが多い学級は，異質あるいは個性的なパーソナリティや行動が排斥されると認知している子どもたちが多い学級と言いかえることもできるので，真の連帯感が保たれている学級とは言いがたい。

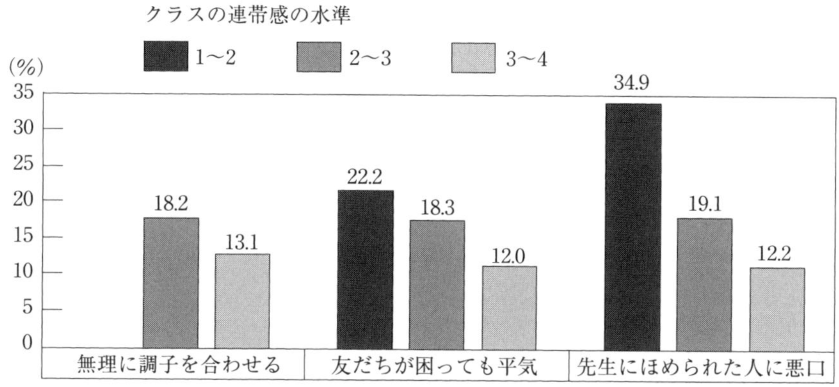

クラスの連帯感の水準 1~2 ／ 2~3 ／ 3~4

項目	1~2	2~3	3~4
無理に調子を合わせる		18.2	13.1
友だちが困っても平気	22.2	18.3	12.0
先生にほめられた人に悪口	34.9	19.1	12.2

図4-5　クラスの連帯感と加害経験者率

「共感性の狭さ」は，他者の痛みや苦しみを自分のものとして感じとる思いやりが，ごく少数の友人に限定されていて，広く同級生に及んでいないことを意味する。共感性の狭い人が多いと認知している児童生徒が多数を占める学級は，クラス全体にわたる情緒的な結びつきに乏しい学級と見られる。

「成人の価値への同一化に対する反発」を認知している児童生徒が多い学級は，成人文化への同一化を指向する児童生徒と，対抗文化としての生徒文化への同一化を指向する児童生徒とがあり，両者が相互に反発しあっている学級だと見られる。このような学級は，全体的な連帯感に乏しい学級だとしてよいであろう。

図4-5から，同質性の強要，共感性の狭さ，成人の価値への同一化に対する反発，のいずれの側面から見た場合でも，連帯感が乏しいと見られる学級で加害経験者率が高く，連帯感が強いと見られる学級では，これが低くなっていることがわかる。このことから，連帯感に乏しいクラスは，一般にいじめの加害者の形成に寄与すると見られる。

なお，学級におけるいじめの被害経験者率は，必ずしも学級の連帯感の強さと関連しない。これは，被害者の20％ほどは，同じクラスの児童生徒以外の者からいじめられているからであり，同級生の目の届かないところでいじめられている被害者も少なくない（森田ら，1999，pp.42-45）からである。

4 クラスの規範意識

クラスの規範意識ないし逸脱への許容度は，「多少悪いことでも，おもしろければやってしまう人が多い」「先生にかくれて悪いことをするのは，かんたんだと思っている人が多い」という，2つの質問項目に対する児童生徒の反応から把握された。クラスの規範意識の水準を求めるための手続きは，連帯感についてのそれと同じである。各質問項目に，その通りだと思う…1，少しそう思う…2，あまりそう思わない…3，ぜんぜんそう思わない…4，の4つの回答カテゴリーを設け，それぞれに末尾に示したスコアを与えて，児童生徒の回答の平均値を学級ごとに求めた。学級の平均値を1～2，2～3，3～4の3段階に区分して，各段階のいじめ加害経験者率を求めたものが図4－6である。スコアが小さいほど，学級の規範意識の水準が低いとみなされる。同図で，「悪くてもおもしろければする」には，平均スコア1～2のグラフがないが，これは，この範囲の平均スコアをもつ学級が1学級のみであったので，省略したためである（森田ら，1999，pp.104-105）。

この図から，規範意識が低い，あるいは逸脱への許容度が大きいと見られる学級では，加害経験者率が高いことがわかる。逆に，規範意識が高いと見られる学級では，いじめの加害経験者が生ずる割合は小さい。学級の連帯感と等しく，学級の規範意識の低さは，いじめの加害者の発生に加担する，ということができる。

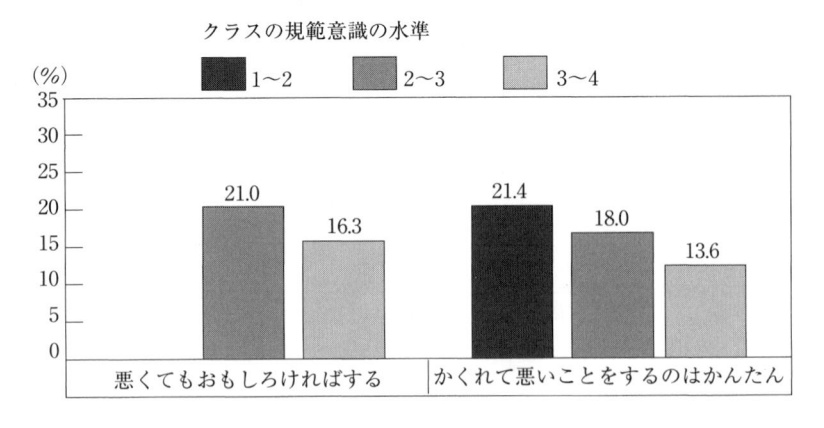

図4－6 クラスの規範意識と加害経験者率

4節　被害者－加害者関係における問題点

　わが国のいじめの被害者－加害者関係における特徴的な問題点及びその背景として，以下のことを指摘することができる。

①多人数で特定の少数の者をいじめる，といういじめが，海外諸国に比較して多いと見られること。

　これは，数を頼んで自分の「安全」を確保しながら，異質な者，個性的な者をいじめるといういじめが，比較的に多いということを示唆する。このようないじめが生ずる理由としては，次の2つのことが考えられる。まず，いじめの加害者は，いじめに関与したことのない児童生徒に比べて，「自分はクラスで好かれていない」と思っており（森田ら，1999, pp.92-93），また，クラスや教師に対して「むかつく」ことが多い，という傾向をも示している（森田ら，1999, pp.94-95）。このことは，このような同類項をもった児童生徒が，ある分野での不満や劣等感を他の分野で解消し，失地回復をはかろうとする「代償的」ないじめを，自分たちとは「異質な」児童生徒を対象として行うことが多い，ということを推測させる。もう1つは，わが国の文化や教育は，これまで集団の同質性，一様性を過度に強調してきており，そのため，異質なもの，個性的なものを排除したり，それに制裁を加えたりしようとする習性が，人びとの間にできあがっているということである。いじめも，このような習性の延長上に位置づけうるものである。

②女子に対するいじめは主として女子によって行われており，特に同じクラスの女子が多人数で，少数の女子をいじめることが多いと見られること。

　男子は男子によっていじめられるということが，各国共通の現象であるが，海外諸国では，女子も男子あるいは男女のグループからいじめられることが比較的に多い。これに対して，わが国では，女子に対するいじめの加害者が女子のみであることが多い。これは，わが国の子どもたちの交際のしかたが，いまだにそれぞれの性別に限定されているという，閉鎖的なものであるためである。

ただ，男子による女子へのいじめは，少数ではあるものの，頻度が大きく，長期間にわたる傾向があり，深刻な問題をひき起こすおそれがある（森田ら，1999，pp.168-171）。

③いじめの被害者は，同じクラスの者からいじめられることが多い，と見られること。

悪口・嘲笑，無視・仲間はずれなど精神的ないじめは，同じクラスの者によって行われることが特に多い。暴行・金品の強要など，身体的，物理的被害をもたらすいじめは，他のクラスや年上の学年の者によって行われることも少なくないが，女子に対するいじめでは，これらも同じクラスの者によって行われることがふつうである。

このような現象は，子どもたちが学校や学習塾に拘束され，また家庭で1人で遊ぶようになったため，地域社会における子ども同士の交わり，特に異年齢の子どもとの交わりが少なくなったことに起因している。つまり，子どもの交際が学校を中心とするものに，特に同じクラスの児童生徒との交わりに限定されるようになったことから，いじめにおいても，同じクラス内での被害者－加害者関係が顕著になってきた，と見ることができる。「よい学校」への進学をめぐる競合的関係がクラス内にもちこまれるようになったことも，このような現象の出現に加担している。

小規摸な学校，複式学級などが多く（森田，1998，p.119），地域社会における異年齢の子どもたち相互間の交流が多いとみられるノルウェーでは，同じクラスの者以外によるいじめの被害が比較的に多くなっている。

④よく遊んだり話したりする友だちからいじめられることが多い，と見られること。

中学生では，親しくない者からいじめられることが比較的に多くなるが，全体的には，よく，あるいはときどき遊んだり話したりする者によるいじめが大部分を占めている。ここから，「よく遊んだり話したりすること」は，現在では，真の親しさを表す指標とはならなくなっていると考えられる。一見して「親しい」友人間でのいじめの多さは，相手の痛みや苦しみを自分のものとし

て感じとる共感性が現代の子どもたちに乏しくなっているか，共感性をもてる対象（友人）がごく少数に限定され，狭められているかしていることを示唆する。

　この背景には，子どもに対するしつけの欠陥，すなわち情緒表出的なしつけの欠如と過保護を考えることができる。共感性や「思いやり」をもつという子どもの情緒的な発達は，幼児期からの情緒表出的なしつけによって促される。子どもがよいことをした時に喜び，悪いことをした時に悲しみ，幼い者・弱い者へ思いやりを示すなど，親が感情を表出しながら身をもって手本を示すというしつけが情緒表出的しつけである。また，わが国における現代の過保護は，集団よりも個を，義務よりも権利を，欲求の延長よりも即時的充足を優先させ，子どもの問題を社会や他者のせいにし，その解決を社会や他者に要求するという性質をおびているので，過保護に育てられた子どもは，わがままで，自己統制がきかず，自己中心的であり，安定した人間関係を長く維持できないという性格を身につけやすい。

　これらのことが，日常よく遊んだり話したりしている友だちの間でのいじめをしばしばひき起こしていると見られる。

⑤いじめの被害者から加害者へ，加害者から被害者へという立場の変化は，わが国では，比較的少なく，被害者，加害者はそれぞれに固定化する傾向があり，学年がすすむにつれて，この固定化傾向はしだいに強まると見られること。

　このことは，いじめの被害者と加害者に，それぞれ異なる特性があることを予想させる。被害者については，友人が少ない，孤立している，異質的あるいは個性的である，温和であるなどのほか，いじめられていることを保護者に話さない，いじめられていることを保護者に知られたくないと思っているなど，保護者との信頼関係が必ずしも強固ではない（森田ら，1999，pp.62-65，72-73），という特徴が見られている。他方，加害者には，自己中心性，クラスや教師に対する反発，「クラスで好かれていない」という自己概念，保護者への反発などが認められている。

　このようなそれぞれの特性が，被害者，加害者の固定化に寄与していると見

られるが，この他に，固定化を促す要因として，いじめを見た児童生徒の傍観者的態度をもあげることができる。いじめが起こった時の児童生徒の反応のしかたとしては，関わりをもたないようにした，というものがもっとも多く，これにおもしろかった，というものを加えると半数を超える（森田ら，1999，pp.100-101）。このような反応は，小学生より中学生に多い。いじめを見た時，それに関わらないようにしたり，おもしろがって見たりする児童生徒には，親子関係が良好ではない者が多く，逆に，いじめを阻止しようとして介入する児童生徒には，親子関係が良好である者が多くなっている（森田ら，1999，pp.242-247）。

　いじめの被害者－加害者関係の固定化には，不介入主義をとる児童生徒の多さが寄与しているが，その根底には，子どもに対する親のしつけの不十分さを見ることができる。

⑥親しい友人が少ない子どもほど，被害を受ける傾向があること。

　これは，クラスで孤立している子どもほど，いじめられているということを意味している。親しい友人がいない，あるいは少ないということは，いじめを阻止し，被害者をかばい助ける友人が少ないという状況を必然的にもたらすし，その子どもに対するいじめを未然に防止する装置が欠けているという状況をもつくりだす。友人とのコミュニケーションや人間関係の維持の点で，当の子どもに対する訓練がなされてこなかったということのほか，異質な者，個性的な者への連帯感が，クラスで培われてこなかったということが，孤立している子どもを生み，いじめの被害者として位置づける要因である。

⑦連帯感に乏しいクラスで，いじめの加害経験者率が高いこと。

　クラスの連帯感の乏しさは，クラスを準拠集団とする成員の少なさ，集団目標の欠落，成員相互間の共感性の不足，成員の価値観・目標・関心の分化など，集団自体のもつ問題や成員の対人関係上の問題に起因することがふつうである。教師の学級経営の拙さに帰せしめうる部分も少なくない。

　連帯感が乏しければ，いじめへの無関心，いじめ阻止のための介入の少なさ，いじめに関与しないと自分が被害者になるかもしれないという怖れなどがもた

らされるので，いじめはいきおい許容され，放任されるようになりやすい。

　逸脱行動に対する許容的なクラスの文化と，クラスを準拠集団とする成員の少なさは，逸脱行動による被害を増大させるよりも，逸脱行動を形成することに加担する。クラスの成員は，逸脱行動によって，クラス内での評価を低下させ，排斥されるかもしれないということに，ほとんど配慮しなくてすむ条件がととのうからである。

⑧規範意識の水準が低いクラスで，いじめの加害経験者率が高いこと。
　クラスの個々の成員の規範意識の水準はさまざまであることがふつうであるが，逸脱防止的な介入がなされなければ，集団全体の規範意識は低いところに平準化される傾向がある。大都市のように，規範水準を異にする人々が1つの空間に集まっている場合，人々は，それに同調するために格別の努力をしなくてすむ水準に，同調しがちになるからである。
　クラスの規範意識が低いと認知している児童生徒は，そのことによって，逸脱の自己統制も他者の逸脱への統制もしなくなりやすい。ここでは，いじめの加害者が極めて生じやすくなる。

⑨クラス内の自分の立場について，「好かれていない」と認知している者が，いじめの被害者にも加害者にも多いこと。
　クラスで「自分は好かれていない」と見ている児童生徒にいじめの被害者が多いことは，各国に共通する現象である。「好かれていない」と思うことがいじめの原因であれ結果であれ，このことは当然だと見られる。他方，わが国では，いじめの加害者にも，自分はクラスで「好かれていない」と認知している者が多い。これは，加害者もクラス内での疎外感をいだいていることを示唆する。いじめの被害者も加害者も，クラスの連帯感や情緒的な相互関与の乏しさの産物であり，これは，都市的な人間関係が，成人の社会のみならず，子どもの社会でも普遍化してきているためだと見られる。

参考文献
森田洋司　1999　「いじめ／校内暴力に関する国際比較調査」　平成8－10年度科学

研究費補助金　研究成果報告書.
森田洋司総監修　1998　『世界のいじめ——各国の現状と取り組み』　金子書房.
森田洋司，滝　充，秦政春，星野周弘，若井彌一編　1999　『日本のいじめ——予防・対応に生かすデータ集』　金子書房.

第5章 いじめられた時の行動と気持ち

竹 村 一 夫
Takemura Kazuo

はじめに

　この章では，いじめの被害者がいじめられた時にどのような対応をとるのか，また，いじめられたことにより，その後，気持ちや考え方がどのように変化したかについて特徴を検討することで，いじめの被害者がどのような状況におかれるのか明らかにする。また，いじめられた時の対応と気持ちの変化との関係を検討したうえで，いじめの被害者が傷ついていくのを防ぐ方策について考察する。

1節　いじめられた時の行動

1　各国に共通して見られる消極的行動

　いじめが生じたときに，いじめの被害者は，どのような対応をとりうるのであろうか。いじめ状況を想定するとき，とりうる可能性のある対応の仕方は次の4点に集約できるであろう。①その場で泣くなどの何らかの直接的な反応を示す。②いじめの場から離れる（逃げる）。③誰かに助けを求める。④特に反応を示さない（無視する）。

　この4点を中心に，いじめられた時の対応を8項目とりあげ，いじめられた時にとった行動について回答を求めた。このいじめられた時の行動については，ノルウェーの質問票にはないので，それ以外の3か国について比較を行った（図5－1）。

　イギリスでは，「いじめられるままにした」という消極的な対応が66.5％で飛び抜けており1位である。2位以下は「やり返した」，「やめてくれと言っ

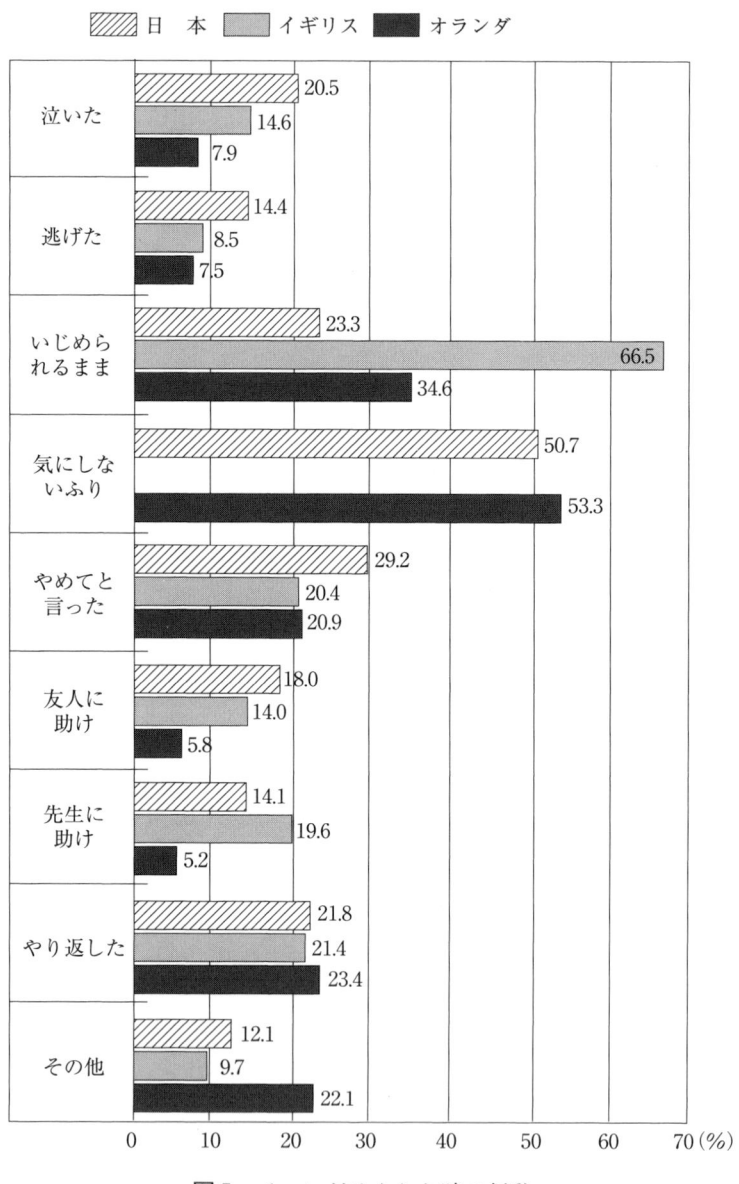

行動	日本	イギリス	オランダ
泣いた	20.5	14.6	7.9
逃げた	14.4	8.5	7.5
いじめられるまま	23.3	66.5	34.6
気にしないふり	50.7		53.3
やめてと言った	29.2	20.4	20.9
友人に助け	18.0	14.0	5.8
先生に助け	14.1	19.6	5.2
やり返した	21.8	21.4	23.4
その他	12.1	9.7	22.1

図5−1　いじめられた時の行動

た」といった直接的対応が続いており,「先生などに助けを求めた」がそれに続いている。

　オランダでは,「気にしないふりをした」が半数を超えて第1位であり,「いじめられるままにした」が34.6％とこれに次いでいる。3位以下は「やり返した」「その他」「やめてと言った」の順で,その他の項目は少ない。

　日本では,オランダと同じく「気にしないふりをした」という消極的対応が,ほぼ半数でもっとも多く,「やめてくれと言った」という直接的反応がそれに次いでいる。3位以下は「いじめられるままにした」,「やり返した」,「泣いた」の順である。

　「いじめられるままにした」は,国別でかなり差が大きい。イギリスでは3人に2人がこの項目を選択しており,特徴的である。しかしながら,オランダと日本でもっとも多い「気にしないふりをした」はイギリスでは選択肢に含まれていない。そのため,この項目に近い内容が「いじめられるままにした」の回答に含まれている可能性があり,イギリスの子どもはいじめられた時にいじめられるままにする場合が多いと単純に判断することはできない。

　「いじめられるままにした」と「気にしないふりをした」この2項目いずれかを選択した被害者の割合を算出してみたところ,日本は61.6％,オランダは67.1％,イギリスは66.5％となり,わずかに日本の値が低いものの,3か国とも似たような値であり,いずれの国でもそのほかの項目より高い値となった。

　つまり,いじめられた時の対応としては,積極的に何らかの反応をするのではなく,そのままやり過ごすという消極的対応が,3か国に共通して見られる傾向であるということになる。

2　いじめを訴えない,消極的な対応をとる被害者

　このように,消極的な対応が各国共通に見られたわけであるが,次の図5－2は,いじめられていることを誰にも言わなかったという回答の割合を,いじめられた時に,いじめられるままにしたかどうかで比較したものである。

　オランダでは,いじめられるままにしたかどうかで,いじめられていることを誰にも言わなかったという回答比率に差は見られないが,日本とイギリスで

```
      ■ いじめられるままにした被害者    □ それ以外の被害者
```

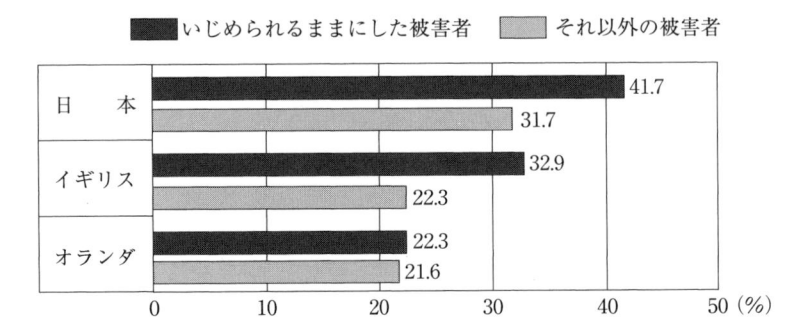

日本	41.7 / 31.7
イギリス	32.9 / 22.3
オランダ	22.3 / 21.6

図5－2　いじめられていることを誰にもいわなかった者の割合

は，いじめられるままにした被害者のほうが，いじめ被害を誰にも言わなかった比率が高くなっている。特に日本では，いじめられた時にいじめられるままにした被害者のうち4割がいじめ被害を誰にも訴えていない。いじめられるままにするということは，ひどく自尊心を傷つけられる対応の仕方であることは想像がつく。このデータはそのような自分を他者に対して呈示することを躊躇してしまうということを示しているのであろうか。

3　積極的な行動をとる被害者の特徴

同じいじめの被害者であっても，いじめられるままにするような消極的な対応をとる者と大人（先生）に助けを求めるなどの具体的な対応をした者とでは，いじめに対するその後の対処の仕方が大きく異なることが予想される。図5－3は，いじめられた時に，先生に助けを求めたかどうかで，いじめられていることを担任の教師に話した者の割合がどのように異なるか見たものである。「助けを求める」ということは，当然，自分がいじめられていることを明らかにしないわけにはいかないであろうから，教師に助けを求めることと担任にいじめ被害を話すこととの間には明確な関連がある。

ところが，教師に助けを求めるような積極的な反応をする被害者の場合には，その他の積極的な対応をとることも多くなっているのである。たとえば，図5－4は，教師に助けを求めたかどうかと，いじめられていることを保護者に話したかどうかとの関係を見たものであるが，これもグラフから明らかなよう

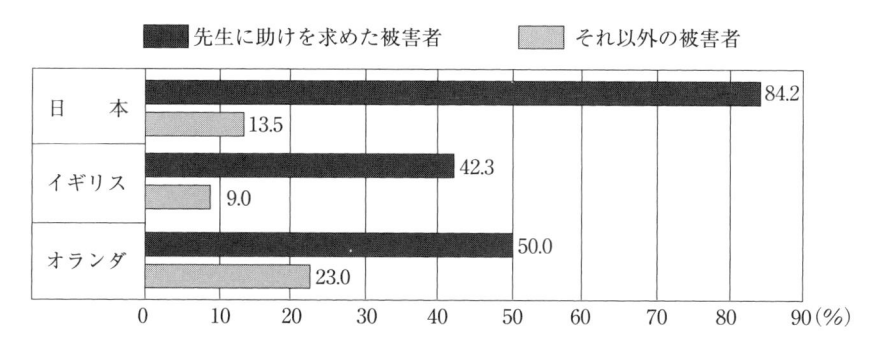

■ 先生に助けを求めた被害者　□ それ以外の被害者

日本 84.2 / 13.5
イギリス 42.3 / 9.0
オランダ 50.0 / 23.0

図5－3　いじめられていることを担任の先生に話した者の割合

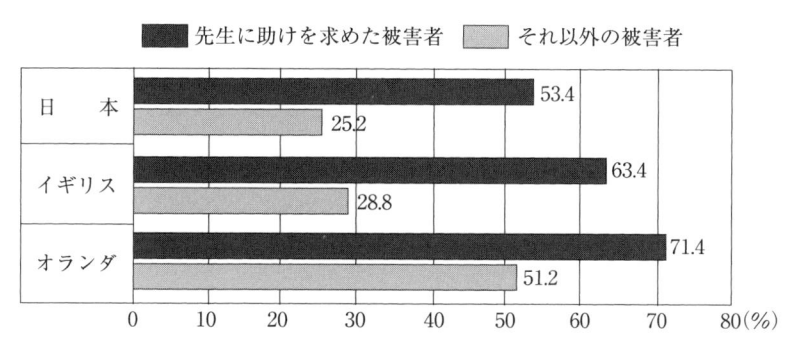

■ 先生に助けを求めた被害者　□ それ以外の被害者

日本 53.4 / 25.2
イギリス 63.4 / 28.8
オランダ 71.4 / 51.2

図5－4　いじめられていることを保護者に話した者の割合

に，教師に助けを求めたいじめ被害者の場合，教師だけでなく保護者にも話しているようである。

4　消極的な行動をとる心理

　それでは，なぜいじめられた時に消極的な対応を示してしまうのであろうか。
　まず考えられるのは，いじめの被害者にとって，もっともとりやすいいじめへの対抗手段が消極的対応ということであろう。自分から他者に働きかける必要もなく，他者との関係において，説明したり，勇気を奮って直接対抗するよりも，煩わしさは少ない。その意味では，自分一人で問題を抱え込むことで，とりあえずの「解決」を与えようとするものと考えることもできる。もちろんそれは，本来の意味で解決になっているわけではない。しかし，自分自身を守

れると考えられる手段が他にない場合や，いじめがエスカレートすることを防ぐためには，消極的な対応も有効なものであろう。

　エリオット（Elliott, M.）も，『いじめと闘う99の方法』の中で，「いじめなんか無視する」という方法をあげており，「いじめへの効果的な対処法のひとつは，いじめをまったく無視して，動揺していないふりをすることだ」と述べている（エリオット，1997/1999，邦訳 p.55）。また，いじめに対処する方法として，多くの論者がいじめの被害者に対し，自信をもたせることや自尊心をもたせることをあげている[1]。そのためのひとつの方法として「気にしないふり」というのがあるのではなかろうか。つまり，いじめを気にしなければ，自尊心を傷つけずにすむということである。

　いじめを受けたことのある，ある中学生は次のように被害者に呼びかける。

　　（前略）私も昔，いじめとゆーか，無視された事あったよ。学校へ行きたくなかった。（中略）たまに根性悪い奴が陰口たたくけど，馬鹿相手にしてても仕方ないし，放っとけばいい。"いじめ"が無視される程度なら，無視しなよ。下手に出るから余計駄目なんだよっ。強くなりなよ，いじめられている奴は!!　暴力とか受けてる奴はもう学校行くな!!

　　親が，先生が文句言っても行くな。あんたがそこまで辛い思いしなきゃいけないこともない。勉強なんてどうしたってできる。（後略）（「進研ゼミ」中学講座編，1997，p.224）

　もちろん，消極的対応だけで，いじめが解決に向かうわけではないだろうが，取り得るひとつの方策として考慮し得るものでもある。

2節　いじめられた後の気持ちの変化

　いじめられた後にどのように気持ちや考え方が変化したかについて，いじめの被害者にたずねてみた。いじめられた後の気持ちの変化については，イギリスとノルウェーの質問票にはない。そのため，ここで取り上げられるデータはオランダと日本の2か国のものである。

　次の図5－5は，オランダと日本で，いじめられた後の気持ちや考え方の変化としていじめの被害者があげた項目を比較したものである。

第5章　いじめられた時の行動と気持ち　99

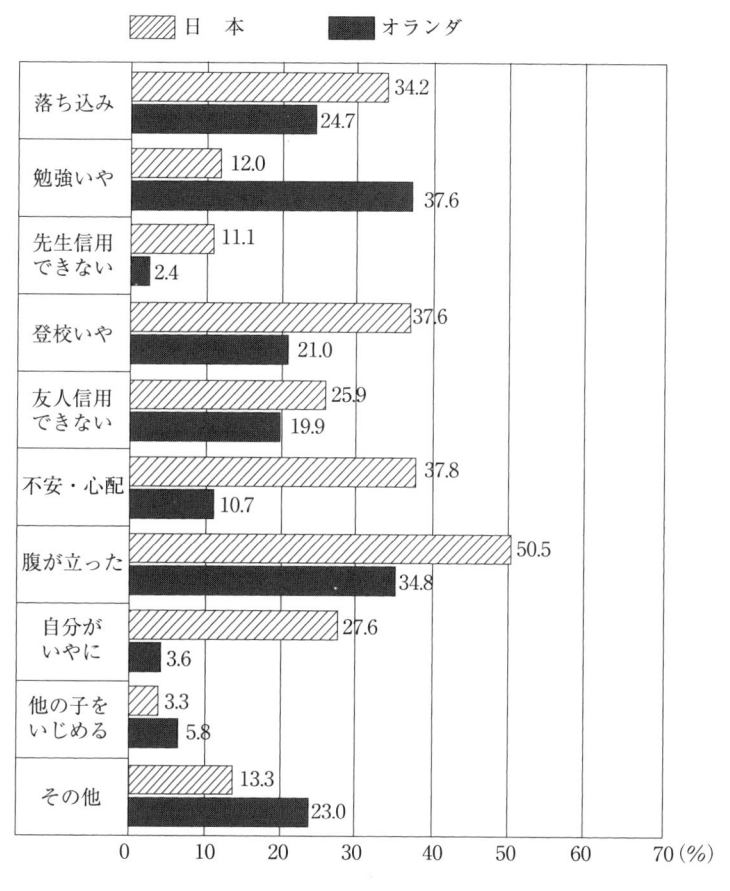

```
         日本    オランダ
落ち込み        34.2
               24.7
勉強いや   12.0
               37.6
先生信用   11.1
できない   2.4
登校いや        37.6
               21.0
友人信用   25.9
できない   19.9
不安・心配      37.8
               10.7
腹が立った             50.5
                     34.8
自分が     27.6
いやに     3.6
他の子を   3.3
いじめる   5.8
その他     13.3
               23.0
```

図5－5　いじめられた時の気持ちの変化

　オランダでは，「勉強をする気がなくなった」と回答した子が37.6％でもっとも多く，いじめの加害者に対して「腹が立ち，憎らしくなった」と回答した子が34.8％とこれに次いでいる。3割を超えて被害者があげているのはこの2項目だけであり，この2つがオランダの被害者の代表的な気持ちの変化といえるであろう。3位以下は「落ち込んだ」「その他」「学校に行きたくなくなった」「友だちが信用できなくなった」という順である。その他の項目は比較的少ない。

　これに対して，日本でもっとも多かったのは「腹が立ち，憎らしくなった」

の 50.5％であり，他の項目に比してかなり多く，ほぼ半数である。これに次いで多いのが，「不安，心配になった」と「学校に行きたくなくなった」，「落ち込んだ」の 3 項目で，いずれも被害者の 3 人に 1 人以上があげている。また，「自分がいやになった」と「友だちが信用できなくなった」も 25％以上になっており，比較的多くの被害者があげている。

　図からわかるように多くの項目で差が見られるが，その中でも「勉強をする気がなくなった」は，オランダではほぼ 4 割でもっとも多い項目となっているのに対して，日本ではわずかに 12.0％であり，その差はかなり大きい。「勉強」に対する両国の子どもの意識の違いが反映しているのであろうか。日本の子どもは，学校の勉強に関しては，いじめとは別で，いじめられても勉強はしたい，あるいはすべきと考えているのかもしれない。

　その他の項目では基本的に日本のほうが多く，特に「自分がいやになった」という子は，日本では 27.6％とかなりいるのに対して，オランダでは，わずかに 3.6％であり，オランダと比べると，いじめられたことの責任が自分にあると考える自分を責める子が，日本の子どもに多いことは，気になる点である。このことは「不安，心配になった」という回答や「落ち込んだ」という回答がかなり多いことからも理解できる。

　このように，日本の子どもでは，いじめられることで自分の人格を傷つけられている子が多いことがわかる。また，変化した項目を多くあげていることも日本の子どもの特徴である。

3 節　いじめられた時の行動と気持ちの変化

　それでは，いじめられた時にとった行動と，その後の気持ちや考え方の変化の間には，どのような関係があるのであろうか。

　表 5 - 1 は，日本とオランダという国別で，いじめられた時にとった行動・対応のうち，どのような項目が，その後の気持ちや考え方の変化をどの程度説明するかについて，要約したものである。分析手法としては，重回帰分析を採用した。いじめられた時にとった行動の各項目を説明変数，いじめられた後の気持ち・考え方を従属変数とし，全説明変数を一括してモデルに投入した。こ

第5章 いじめられた時の行動と気持ち　101

表5-1 いじめられた時の行動を説明変数とした気持ちの変化に対する重回帰分析の結果

日　本	落ち込み	勉強いや	先生信用できない	登校いや	友人信用できない	不安・心配	腹が立った	自分がいやに
泣いた	<u>0.2139</u>	<u>0.1204</u>	0.0142	<u>0.1417</u>	0.0746	0.1030	0.0281	<u>0.1130</u>
逃げた	<u>0.1280</u>	0.0596	0.0362	0.0917	0.0439	0.0684	0.0045	0.0788
いじめられるまま	<u>0.2067</u>	<u>0.1638</u>	<u>0.1110</u>	<u>0.1199</u>	<u>0.1113</u>	<u>0.1447</u>	0.0932	<u>0.1545</u>
気にしないふり	0.0589	0.0566	0.0625	0.1010	<u>0.1386</u>	<u>0.1444</u>	<u>0.1565</u>	<u>0.1142</u>
やめてと言った	-0.0139	0.0524	0.0209	-0.0482	0.0104	0.0317	0.0977	0.0194
友人に助け	<u>0.1105</u>	0.0797	0.0873	0.1354	<u>0.1192</u>	<u>0.1875</u>	0.0044	<u>0.2020</u>
先生に助け	0.0659	0.0646	<u>0.1161</u>	0.1071	0.0744	0.0819	0.0162	-0.0342
やり返した	-0.0646	0.0022	0.0508	-0.0371	0.0307	-0.0897	<u>0.1611</u>	-0.0577

オランダ	落ち込み	勉強いや	先生信用できない	登校いや	友人信用できない	不安・心配	腹が立った	自分がいやに
泣いた	<u>0.1547</u>	<u>0.2086</u>	0.0086	<u>0.2406</u>	0.0954	0.0886	0.0063	-0.0083
逃げた	0.0251	0.1072	0.0828	<u>0.1571</u>	0.0960	0.1051	-0.0273	-0.0091
いじめられるまま	<u>0.1468</u>	0.0776	-0.0205	0.0594	<u>0.1492</u>	0.0101	0.0819	0.1394
気にしないふり	0.0897	0.0777	-0.0331	0.0871	0.1008	0.0770	0.0499	0.0437
やめてと言った	0.0619	0.0638	-0.0352	0.0437	0.0834	0.0482	0.0716	-0.0504
友人に助け	0.0863	0.1014	0.0326	0.0110	0.0365	0.1094	0.0603	-0.0516
先生に助け	0.0878	0.1206	<u>0.1706</u>	0.1100	0.1359	0.0074	-0.0417	0.0754
やり返した	-0.0308	0.0006	0.0273	-0.0149	-0.0290	-0.0025	<u>0.1556</u>	0.0488

れを，国別に，いじめられた後の気持ち・考え方の各項目ごとに繰り返した。

　表5-1の数値は，それらの分析結果の中から，標準回帰係数を抜き出して，一覧表にしたものである。標準回帰係数のうち，t検定の結果，説明変数として0.1％水準で有意であったものに下線を付してある[2]。

　数値の大小にとらわれずに表を見ると，下線が付された項目が多くついている説明変数，つまり，いじめられた時にとった行動があることがわかる。オランダでは全体的に下線が付された項目が少ないが，「泣いた」が「落ち込んだ」「勉強する気がなくなった」「学校に行きたくなくなった」の3項目で説明変数として有効であったことがわかる。

　しかし，日本の分析結果のほうが項目による違いがよりはっきりと出ている。「いじめられるままにした」という対応は，「腹が立ち，憎らしくなった」以外のすべての項目において，説明変数になっている。

　つまり，一見すると同じ消極的な対応として見える，「いじめられるままに

した」と「気にしていないふりをした」とは，いじめの被害者の気持ちや考え方の変化に対しては，ずいぶん異なる影響を及ぼすことがわかる。「気にしていないふり」をすることは，前述のように場合によっては，いじめの被害者の自尊心を保つ方策として有効なことがある。その意味では，「自分がいやになった」を説明する変数としてあげられてはいても，「腹が立ち，憎らしくなった」という項目で，積極的な対応である「やり返した」と同様に説明変数として機能している。

ところが，「いじめられるままにした」に関しては，「落ち込んだ」「勉強する気がなくなった」「学校に行きたくなくなった」「自分がいやになった」などの多くの深刻な気持ちや考え方の変化を主要な変数として説明している。

このように，消極的な対応の中でも，「いじめられるままに」することは，いじめの被害者の自尊心を大きく傷つけ，重大な影響を与える可能性があることをこの結果は示している。

4節　いじめられた時の行動と気持ちの変化から見えてくるもの

1　傷ついている，いじめを訴える子ども

まず，自分がいやになったという回答から見えてくるのは，いじめられたことの責任が自分にあると感じてしまったり，いじめに対してきちんと対応できなかった自分に対する情けなさのようなものである。多くのいじめの被害者は大なり小なり自尊感情を傷つけられ，それが激しい子では，いじめの後遺症として自分を肯定的にとらえることができなくなったりする場合もあると報告されている（榎戸，2000）。

また，いじめが比較的「仲のよい」集団の中で行われることが多いという事実（竹村，1998）を考慮すると，いじめの被害者によっては，集団の中で自分の居場所を確保するために，他者との関係において，〈いじめられ役割〉のようなものを自ら引き受けてしまい，そのような役割を引き受けざるを得ない自分を「なさけない」とか「つまらない」と評価してしまうこともあるのではなかろうか。このような場合では，つらくて落ち込んだり，自分がいやになった

りするのも当然である。その意味では，被害者の自尊心は非常に傷ついてしまっている。

　自分自身をダメな奴と思う必要はまったくない。もちろん，その子の容姿や成績などの特徴がいじめのきっかけになっているということはありうるだろう。しかしながら，それはその子がいじめられてよいということには決してならない。すでにさまざまなところで指摘されていることであるが，われわれは，いじめは人権に関わる重要な問題ということをもう一度確認しておく必要があるだろう。

2　いじめの訴えと被害者の気持ち

　次にいじめの解決に向けての第一歩となる，いじめられていることを誰かに訴えることといじめられた時の行動や気持ち・考え方の変化との関係について，考察しておこう。

　図5-6は，いじめられて落ち込んだと回答したかどうか別に，担任の教師や保護者にいじめられていることを話したと回答した被害者の比率を比較したものである。

　いじめられて，「つらくて落ち込んだ」被害者の場合には，そうでない被害者と比べて担任の教師や保護者などにいじめられていることを訴える率が高く

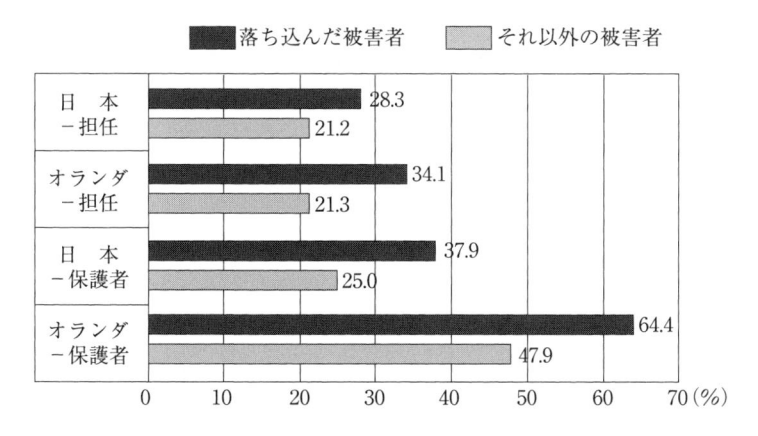

■ 落ち込んだ被害者　　□ それ以外の被害者

	落ち込んだ被害者	それ以外の被害者
日本－担任	28.3	21.2
オランダ－担任	34.1	21.3
日本－保護者	37.9	25.0
オランダ－保護者	64.4	47.9

図5-6　いじめられて落ち込んだかどうか別，いじめられていることを担任／保護者に話した者の割合

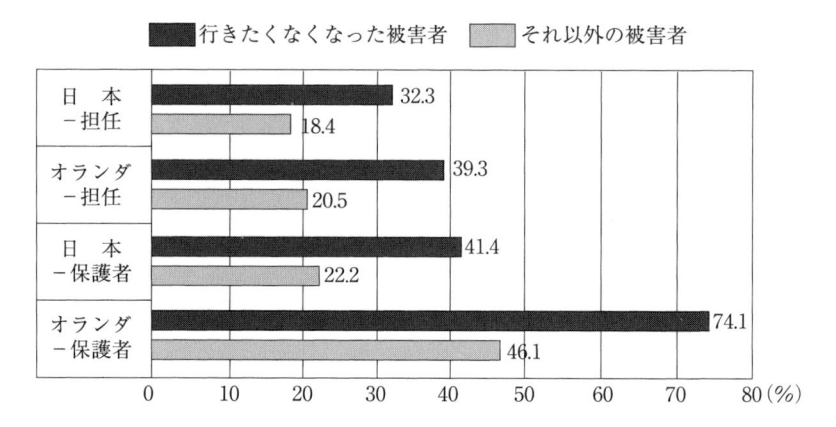

```
■ 行きたくなくなった被害者    ■ それ以外の被害者

日  本
－担任      32.3
            18.4

オランダ
－担任      39.3
            20.5

日  本
－保護者    41.4
            22.2

オランダ
－保護者    74.1
            46.1
```

図5－7　いじめられて学校に行きたくなくなったかどうか別，いじめられていることを担任／保護者に話した者の割合

なる。教師に対しては，日本で28.3％，オランダで34.1％の被害者が訴えているにすぎないが，それでも，つらい思いをしている被害者ほどいじめの被害を訴えるものだということは，忘れてはならない。

　また，いじめられて，「学校に行きたくなくなった」という被害者の場合，教師や保護者に訴える割合はより高くなる。図5－7は，それをグラフ化したものであるが，いじめられて学校に行きたくなくなったと回答した被害者では，それ以外の被害者と比較して，明らかに担任の教師や保護者に話すケースが多くなっている。学校に行きたくなくなるくらいのいじめを受けた場合には，やはり「なんとかしてほしい」という思いから，いじめの被害を訴えるのであろう。これについては，日本でもオランダでも比率こそ違うが，傾向は明らかに同一である。

3　不適切な対応が教師不信につながる

　ここで問題となるのは，一般的にはあまりいじめの被害を教師や保護者には話したがらない子どもたちが，その被害を訴えてきた時の教師や保護者の対応である。特に子どもたちは，教師には話したがらない傾向がある。次の手紙は，「デブ」とか「ブス」などと言われていじめられているといういじめの被害者の投書に対して，同年代の子どもが投書で答えたものの中の1つである。この

投書の著者のような感覚が，現代の子どもたちに共有されている感覚ではないだろうか。

　　（自分も言われていたが，ダイエットしてやせたらいわれなくなったので）ダイエットをしてみるのもいいと思います。が，まず「なんでそういうふうに言うのかを聞く」のもいいと思います。（中略）絶対（たぶん）先生には言わない方がいいと思います。先生に言っても注意するぐらいで，なにも解けつしないからです。それに先生にちくったとか思われると，ちょうしにのってもっとというやつがでてくるからです。（福島県13歳）
　　（米原康正＋nicola編集部編，1999，p.58）

このような感覚をもっている子どもたちがあえて相談してきた時に，どのような対応をするかは非常に重要である。対応の仕方によっては，いじめの被害者に回復不可能な心の傷を与えてしまう可能性もあるからである。

しかし，データからは気がかりな傾向が見られる。図5－8は，いじめられて，先生や友人が信用できなくなったと回答しているかどうかと，担任や友人にいじめられていることを話したかどうかの関係を見たものである。

オランダの結果はひとまず置いておくとして，日本の回答結果を見ると，いじめられて，先生が信用できなくなったと回答しているいじめの被害者のほうが，担任の教師に自分がいじめられていることを話したという比率がかなり高

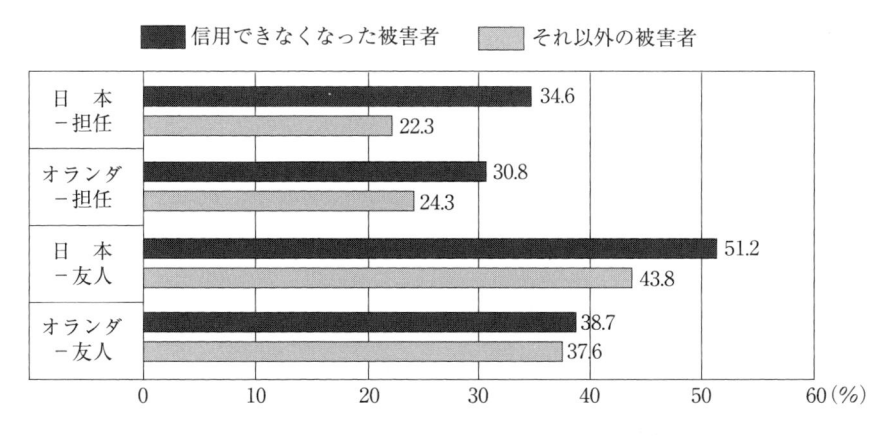

図5－8　いじめられて先生／友人が信用できなくなったかどうか別，いじめられていることを担任／友人に話した者の割合

くなっているのである。担任の教師にいじめられたことを話した被害者の比率は、被害者全体では23.5％であるから、先生が信用できなくなったと回答している被害者の比率がかなり高いことがわかる。信用していない先生に、いじめられていることを訴えにいくとは論理的に考えにくいので、この結果は、担任の教師に話した結果、先生が信用できなくなってしまったと解釈するのが妥当であろう。

類似のことは、次のようないじめの被害者の切実な訴えにも見ることができる。

> 私は、今いじめられている。机の上に、いたずら書き、バカ、死ね、殺す…。友達にもいろいろ言われた。一度、二年生の時、担任の先生に言ってみた。しかし、先生は「先生のいる前でやらないなら、いいじゃないか」と言われた。先生は、結局何も考えてはくれない。三年生になり、ますますひどくなってきた。(中略) 先生に言ってもだめなら、いったい私は誰に言ったらいいんだろう？
>
> 信頼できる友達もいない。先生は何もわかってはくれない。
>
> だれも信頼できない。ぜったいにいじめはなくならない。なくならないんだよ。だれも助けてくれない。いじめをなくそうなんて呼びかけたって、なくならないんだよー。ぜったいに、ぜったいに、ぜーったいに、この世からいじめなんてなくならない。ないたって、わめーたって、自殺して死んだって、この世からいじめなんてなくならない…。(中3・女子)(「進研ゼミ」中学講座編、1997, p.58)

次の図5－9は、いじめられて、先生が信用できなくなったと回答したいじめの被害者と、それ以外のいじめの被害者で、学校の教師がとった対応がどのように異なるのか見たものである。調査データからも、「なにもしてくれなかった教師」に対する被害者の気持ちを見ることができよう。「先生が信用できなくなった」という被害者では、「なにもしてくれなかった」という回答が31.1％ともっとも多くなっており、それ以外の被害者の7.0％と際立った違いを見せている。「なくそうとしてくれたが、いじめは変わらなかった」や「なくそうとしてくれたが、いじめはひどくなった」も、先生が信用できなくなった被害者のほうで多くなっているが、これほどの差ではない。

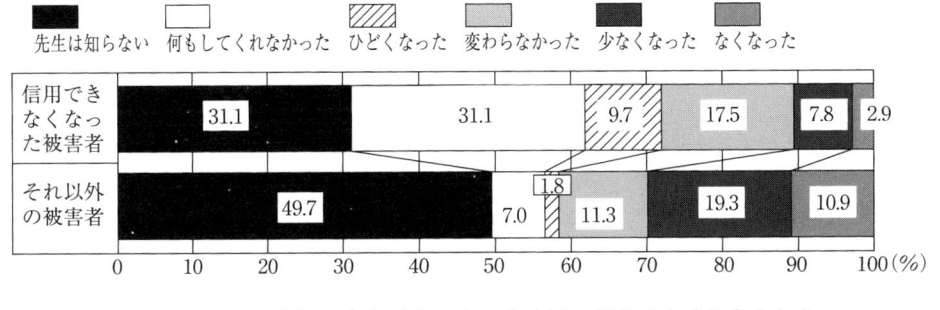

	先生は知らない	何もしてくれなかった	ひどくなった	変わらなかった	少なくなった	なくなった
信用できなくなった被害者	31.1	31.1	9.7	17.5	7.8	2.9
それ以外の被害者	49.7	7.0	1.8	11.3	19.3	10.9

図5－9　先生が信用できなくなった×先生はいじめをなくそうとしたか

　これらのデータからは，どちらかといえば，いじめられていることを教師に積極的に訴えようとは思っていないいじめの被害者が，いじめられることがつらいなどの理由で，教師に話をし，しかし，きちんと対応してもらえなかったという，被害者のもつ絶望感のようなものをうかがうことはできないだろうか。その結果，いじめの被害者たちは「先生が信用できなく」なってしまったのではなかろうか。

4　いじめの被害者における学校管理職の位置

　現在の学校・学級が置かれている状況を考える時，教師がいじめを発見し，指導していくということには，しばしば困難がともなうであろうことは，理解できないわけではない。しかし，自分から訴えてきたいじめの被害者に対しては，せめて不信感・絶望感を抱かせないような形の対応が望まれる。
　いじめへの対応を担任の教師個人が抱え込むには，負担が大きい場合もあり，個人の技能・力量にまかせておくのではなく，学年全体，あるいは学校全体でその被害者と教師をサポートし，いじめに対応するシステムを確立しておく必要もあるだろう。
　あるいは，学級という単位に縛られずに行動することができる校長や教頭などの管理職が，いじめ対策の専門家として，教師・生徒のいずれからも相談にのれるようなありかたも考えられてよかろう。実際にこれは別のところでも指摘したことであるが（竹村，1999，pp.147-167），いじめを止めてほしい人として，「校長・教頭先生」をあげるいじめの被害者は，オランダでは38.3％と

4割近く,「担任の先生」と同じくらい多くなっており,いじめを止めてくれる人としての期待の大きさを示している。ところが日本では,「校長・教頭先生」はわずかに8.4％であり,被害者たちには,ほとんど期待されていない。

この調査結果は,オランダよりも,日本の学校における校長や教頭と子どもたちの距離が遠いことを示しているのではなかろうか。あえていうならば,子どもの安全を保障する存在としての「校長・教頭先生」が,オランダではその職務として期待されるだけでなく,ある程度現実に対応していることを示しており,いじめの被害者にとってもそのような存在として映っているということであろう。少なくともオランダのいじめの被害者のほうが,日本の被害者よりも,校長先生や教頭先生が,いじめをなんとかしてくれると考えていることは,この調査結果から言うことができる。

これに対して,日本においては,校長や教頭が,いじめが校内に存在した時に実際にどのように対応しているかはともかく,調査結果を見る限りでは,日本のいじめ被害者にとっては,校長・教頭先生は他の先生とは別格の少し遠い存在として意識されているようにも思える。データに見るオランダの「現実」は,日本の管理職にとって,あるべき選択肢のひとつを示しているのではなかろうか。

5 被害者の心を癒すには

さて,上記のように,いじめの被害者が,いじめられていることを訴えてきた場合ではなく,全般的には,親や教師にはいじめられていることを話さないという調査結果からすると,いじめられた子の自尊感情が傷つき壊れていくのを食い止める方法はあるのだろうか。

それには,まず,被害者自身あるいは加害者などいじめに関わるメンバーの直接的な利害が関係してくる学校の先生や保護者ではなく,いじめられていることを相談できる第三者機関の存在が重要であろう。その重要性はすでに認識されつつあるが,今後はより一層の充実が望まれる。特に最初は自ら名乗る必要なく,匿名で相談できる電話による相談はよい手段だと思われる。匿名であれば,自尊心が傷つく恐れは少なくてすむからである。この方法の問題は,いじめの被害者に電話をかけるようにしむけることと,どこに電話すればよいか

をどのように伝えるかということである。

　実際に電話をかけて相談するかどうかはともかく，いざという時には，ここに電話すれば相談にのってもらえるという安心感を与えるような存在としてこれらは機能すべきである。そのためには，学校の掲示板に掲示したりするだけでは，情報の伝達としては不十分であろう。たとえば，「いじめ相談ダイアル」などと書いたカードなどを作成し，全家庭に配布したり，コンビニエンスストアにおいておくなどの方法がとられてもよいのではなかろうか。

　全家庭に配布したり，コンビニエンスストアに配布したりすることで，さまざまな経路でいじめの被害者の手にわたることが可能になると思われるし，カードであれば，それを持ち歩くこともできるだろう。そのことで，いじめの被害者が，少しでもいじめに対して，ひとりで闘わなくてもよいという安心感をもってくれれば，それで充分効用があると思われる。

　相談窓口も，都道府県レベルでは，「いじめ110番」や「いじめ電話相談」のような専用の相談窓口をもっている自治体も増加しており，半数弱の自治体で実施されているようである。これに，いじめを前面に打ち出しているわけではないが，子ども向けの相談窓口が設置されているところを加えると，半数を超える。しかし，財政上の問題からか，電話での相談窓口としては，一般的な子育て相談や「いのちの電話」などが他の相談とともに受け付けている自治体もあり，そのような場合，いじめの被害者に「ここに電話すればいい」というのが，どの程度，どのような形で伝わっているのか気になるところである。

　また，教師でも保護者でもない第三者としてのスクールカウンセラー制度も，いじめ被害が目に見える形で深刻なものでなくても，いじめの被害者が気軽に相談できるような体制がつくられ，先生に知られたくない，親に知られたくないなどの彼らのさまざまな懸念に対処できるように制度化されれば，いじめに対して，有効な対策となりうるであろう。

おわりに

　ここまで見てきたように，現代の子どもたち，いじめの被害者たちは，20年くらい前までの子どもたちとは異なり，いじめのような問題が生じた時に，周囲の大人（先生や親）にある程度依存して解決していこう，守ってもらおう

とするのではなく，いじめという行為とその結果が自分に及ぼすであろう影響のリスクを自分で背負い込んでいく傾向がある。

そのため，子どもがいじめについて相談に来るということは，それだけで重大な意味があると考えるべきであるし，相談を受けた時に大人たちが，どれだけのことをしてくれ，どれだけのことができたかということも，彼らにとって，また，大きな意味があるというべきだろう。

教師・親・第三者機関，それぞれが相談を受けた時の対応について，いじめの被害者の自尊心をいかに傷つけることなく，人間不信に陥らせることもなく，解決し得るのかということに重点を置いて考えていくべきであろう。そのためには，本章ではふれなかったが，いじめの加害者の処遇のあり方についても，充分考慮される必要があるとおもわれる。いじめを何とかするために，加害者ではなく，被害者のクラスを移したり，転校させたりする対策は，被害者の自尊心を傷つけることにもつながりかねず，大人や人間に対する不信感を抱かしかねない側面があるからである。

注

1) たとえば，尾木直樹は，いじめられやすい子を「丸ごと受容」することで，自信をもたせ，そのことがいじめの撃退につながる可能性を述べている（尾木，1997）。
2) なお，決定係数は省略したが，当然のことながら，いずれもそれほど大きなものではなかった。しかし，すべてのモデルにおいて，回帰式は有意であったことを付記しておく。

引用文献

Elliott, M. 1997 *101 Ways to deal with bullying: A guide for parents.* London: Hodder & Stoughton（ミッシェル・エリオット　1999　『いじめと闘う99の方法』　講談社）.
榎戸芙佐子　2000　「いじめとPTSD」『臨床精神医学』29(1), 29-34.
尾木直樹　1997　『いじめ防止プログラム』　学陽書房.
「進研ゼミ」中学講座編　1997　『学校で起こっていること　中学生たちが語る，いじめの「ホント」』　ベネッセコーポレーション.

竹村一夫　1998　「いじめ場面における関係の親密性－「仲のよい友だち」からのいじめ」『社会システム論集』3号．
竹村一夫　1999　「いじめられた後の気持ちといじめ被害後の被害者の意識と行動」『いじめ／校内暴力に関する国際比較調査』平成8－10年度科学研究費補助金（国際学術研究）研究成果報告書（研究代表者森田洋司），pp.147-167．
米原康正＋nicola編集部編　1999　『ラヴ＆ファイト－おしゃべりくらぶに届いた"ニコラたち"のホントの言葉』　新潮社．

第6章　被害者の人間関係

松　浦　善　満
Matsuura Yoshimitsu

はじめに

　いじめ問題に関して国際共同研究が行われるようになったのは，日本をはじめ欧米諸国でもいじめによる被害が甚大になり，社会的に看過できない状況に立ち至ったからである。

　特に日本においては，いじめが原因とされる生徒の自殺はマスコミで取り上げられただけでも数十件にのぼる。また自殺という痛ましい事態に至らなくとも，不登校や神経症におちいる被害者も少なくない。日本でのいじめ研究はおよそ20年が経過する。したがって現在求められているのは，いじめ問題の本質論議や正確な現状分析のための研究とそれに基づく，いじめを克服するための具体的な施策や効果的な対応マニアルである。

　本論では，今回の国際調査データから日本のいじめの特徴を明らかにするとともに，いじめの被害者に焦点をあて彼らの人間関係を考察する。その際，今回の国際調査データの分析はもとより，近年のいじめの特徴である，学級集団を飛び越えたいじめグループ内のいじめ問題にも言及したい。

1節　いじめの被害――日本の特徴

　まずはいじめ被害の特徴について，各国と日本のデータを比較し概括しておこう。

　いじめの被害経験率については，イギリス（39.4％），オランダ（27.0％），ノルウェー（20.8％），日本（13.9％）の順になる。一方，いじめの加害経験率もオランダ（48.3％），ノルウェー（27.0％），イギリス（25.0％），日本

(18.0％) となる。このように見ると，日本が他の国よりもいじめの発生率が比較的低いように読み取れる。しかしながらいじめの被害経験者に立ち入って聞くと，日本の場合は他国よりも「高頻度で長期」にわたるいじめの発生が高いのが特徴である。4か国調査によると，「高頻度で長期」にわたるいじめは，日本（17.7％），ノルウェー（17.1％），イギリス（12.4％），オランダ（11.7％）の順になる。また日本の場合，1人の被害者に対して何人もの加害者がいじめに関わっている割合が高い（第4章参照）。

　また，この間の国際研究では各国のいじめにいくつかの共通性が見つかったことである。そのポイントの一つは，いじめの本質に関わる問題である。それは各国のいじめが，生徒間の「力の不均衡」による心理的，精神的攻撃行動という共通の特徴をもつことである。たとえば，ノルウェーでは「力のアンバランス（非対称的な力関係）（Olweus, 1993）という指摘がなされるが，日本では「力の優位に立つ者が精神的・身体的苦痛をあたえるもの」（森田，1985）というように人間関係におけるパワーポリティックス（power politics）の問題として捉えられている。

　しかしながらそのような共通性を有しつつも，日本のいじめは欧米諸国との異質性も有しているのである。たとえば，オルヴェウスの行ったノルウェーでの調査では異年齢間で，主として男性によって，運動場で起きるいじめが比較的多いのに対して（Olweus, 1993），日本では主に，①同一年齢間，②同性間，③教室空間で発生している。スミスがオルヴェウスの調査票を使って実施したシェフィールド調査でも小学校段階では日本と同様の傾向が見られるが，中学校段階ではノルウェーの結果と近似する傾向にある（Smith, 1994）。

　このように日本のいじめが「学級の病」（森田洋司）あるいは「集団の病理」（深谷和子）といわれるのに対して欧米諸国では「小さな暴力」という捉えられ方がされており，いじめの異質性が区別できる。また，いじめの異質性はいじめの対応策の違いになっても現れてくる。すなわち欧米では生徒間の暴力行為（violence）に対する対策の範疇に「いじめ対策」が含まれるが，日本の場合は人間関係的対応や学級集団内の力学（パワーポリティックス）に対する生徒指導のあり方が求められるのである。

2節　いじめの被害を誰にも言わない（言えない）

いじめの被害者の相談相手は誰かを問う前に，いじめの被害者はさらにいじめが酷くなるのを恐れ，いじめられても誰にも相談しない場合が多いのである。

そこでまず，いじめられても我慢している子どもについて，4か国の比較を行った。図6-1に見るように，日本の子どもは3割以上が「いじめられても誰にも言わなかった」と回答している。

ちなみにオランダは約2割と少ない。このように日本の子どもは「誰にも言わない」というより「言えない」，あるいは「言える状況におかれていない」と考えられる。

それではなぜいじめの被害者は誰にも相談しないのか。その理由の第一は先ほども触れたように，日本のいじめが学級やグループ内で起こりやすいために，いじめの申告がチクリ（密告）となり，被害者が仕返しを恐れるためである。第二は，第一の理由とも関連するが，日本の子どもの自己主張が弱いからである。さらに小学校高学年ごろから自尊感情が高まり，自分が他者から「弱虫」として見られることをはばかるからである。

しかしながら，このように子ども自身の内面の問題に帰してしまえば，彼らに自己主張できる能力や強さを要求し訓練することがマニアル化されなければならないだろう。もちろん，このようなマニアルも必要であることは否定しない。だが，いじめの被害者が相談相手を気軽にもてる環境が，現在の学校や家

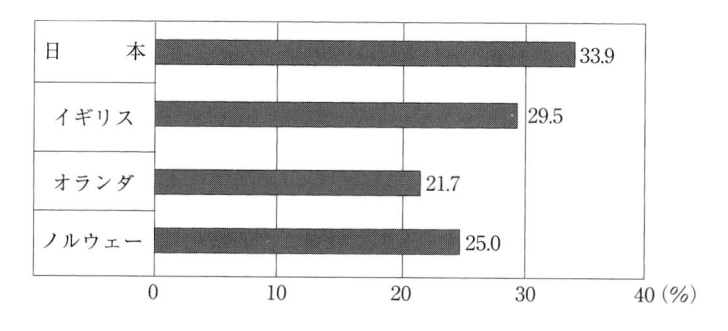

国	%
日　　本	33.9
イギリス	29.5
オランダ	21.7
ノルウェー	25.0

図6-1　いじめの被害を誰にも言わなかった（4か国比較）

庭には十分整備されていないことが問題なのである。そこで，マニアルで述べるように，いじめの被害者に援助する仲間や第三者によるサポートシステムの構築の課題が浮び上がるのである。

3節　いじめを止めてほしい人——オランダでは校長に

それでは，いじめの被害者は誰にいじめを制止してほしいと思っているのであろうか。この点に関して日本とオランダとの興味深い調査結果がある（図6－2）。

これによると学級担任に止めてほしいとする者は，オランダの4割に対して日本の被害者は3割である。また校長や教頭といった学校の管理者への要望もオランダが4割であるのに日本は1割と少ない。他方，友人に制止してほしいと望むものは日本では6割に達するのに，オランダは約1割と少ない。他方，友人に制止してほしいと望む者は日本では6割に達するのに，オランダは約1割と少ない。

このことからいくつかのことが推察できる。まずはオランダの場合は被害者は学級担任の教師や学校の管理者にいじめの制止の役割を求めているが，日本の場合は学校の管理者への期待は高くない。このことは欧米諸国の校長と日本

	日本	オランダ
学級担任	29.8	40
教科担任	5.3	8.8
校長・教頭	8.4	38.3
保護者	12.9	9.3
きょうだい	3.3	0.7
友人	60.2	9.2
その他	7.8	20.6

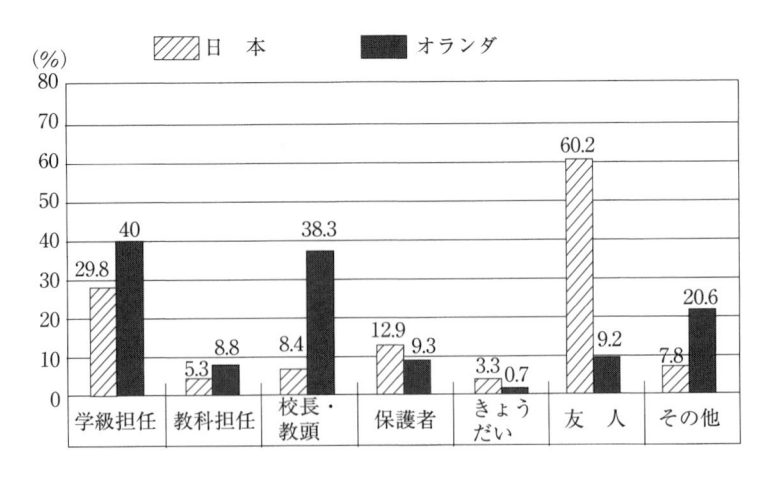

図6－2　いじめを止めてほしい人

の校長との役割の違い，あるいは生徒との関係を見てもわかることである。欧米の校長は，まずは自校の生徒の顔と名前とを覚えるのは当然の仕事と考えており，管理職の多くは生徒の性格や能力を把握している。他方，日本の管理職は小規模校ではそのような校長も見られるが，大方は何人かの特徴のある子どもしか把握していない。すなわち「オランダよりも日本の学校における校長や教頭と子どもの距離が遠い」（竹村，1999）のである。

　また日本では，いじめの被害者のうち，かなりの人数（60.2％）が，友だちにいじめを止めてほしいと考えており，教師や管理職より多いのが特徴である。この点，竹村は「オランダの調査票には《自分自身》（34.4％）がいじめを止めるという調査項目が独自に設定されていたが，日本の調査票にはなかったので割愛した」と断りながらも，「日本とオランダの子どもがおかれている状況や発生してくるいじめの形態が違うのではないか，また友だちという概念についても両国の子どもたちの間でかなり異なっているのでは」と推察している。

　このように見ると，日本とオランダとのいじめの形態や捉え方の違いに気づくとともに，日本においては管理職の役割の再検討が必要になっている。さらに友だち関係の改善を進める上で，具体的にどのように手立てを立てればよいのかといった生徒指導のあり方や，友だち関係の再構築の課題が浮かび上がってくる。

4節　身内にはいじめの被害を知られたくないか

　われわれは，「子どもはいじめられていることを他人に知られたくないだろう」との常識をもっているが，それは日本の子どもにかぎって言えることであって国際的な通念ではない。というのは今回の調査では，図6－3に見るようにオランダの子どもの5割以上（53.0％）は「誰に知られてもよい」と回答しているのである。他方，日本の子どもは24.8％であり，オランダの半分にも満たない。しかもオランダの場合は，学級担任にも親やきょうだいなどにも「知られたくない」との回答は相対的に低率である。

　一方，日本の子どもの場合は「親に知られたくない」（48.0％）が高く，次

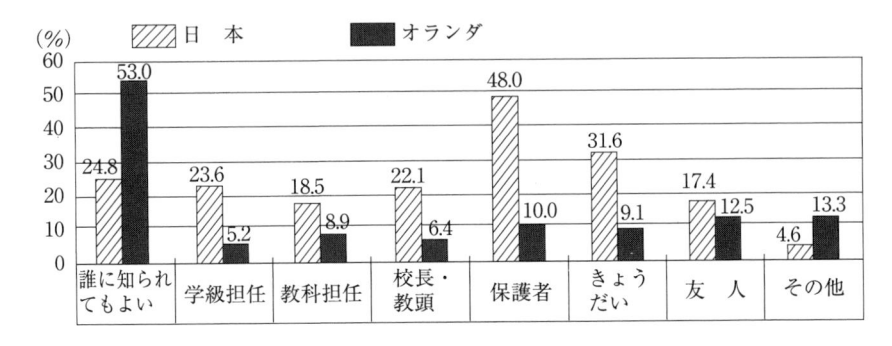

図6-3　いじめを知られたくない人（日本・オランダ比較）

に「きょうだいに知られたくない」（31.6％）と回答している。このことは親やきょうだいに対して「余計な迷惑をかけたくない」という配慮からだろうか，それとも弱虫だと思われたくないとの自尊心からなのか，またいじめの仕返しを恐れての防衛なのか一概に言えないが，日本の子どもはとりわけ身内にはいじめられている自分を知られたくないと思っているのである。このことは，オランダではいじめは暴力や喧嘩の範疇として捉えられていること，さらに日本のいじめが子ども同士の集団関係，親や教師との人間関係と深く関わっているからだと推察できるのである。

5節　子どもの相談相手をつくる

　日本の場合，いじめの被害者は「友だちに止めてほしい」と願い，親やきょうだいには知られたくないと思っていることがわかったのであるが，このことは実際に被害者が誰に相談したかという調査結果によっても裏付けられる。
　図6-4に見るように，4か国に共通しているのは教師よりも親や友だちのほうがいじめの相談相手になっている点である。しかしながらオランダ，ノルウェーの子どもは，半数が親に相談しているにもかかわらず，日本の子どもは3割であり，教師には2割しか相談していない。また校長や管理職に相談する子どもはほとんど見られないのが現実である。このように見ると日本では，いじめ問題の解決には教師（管理職も含め）や親がどのように子どもと関われば

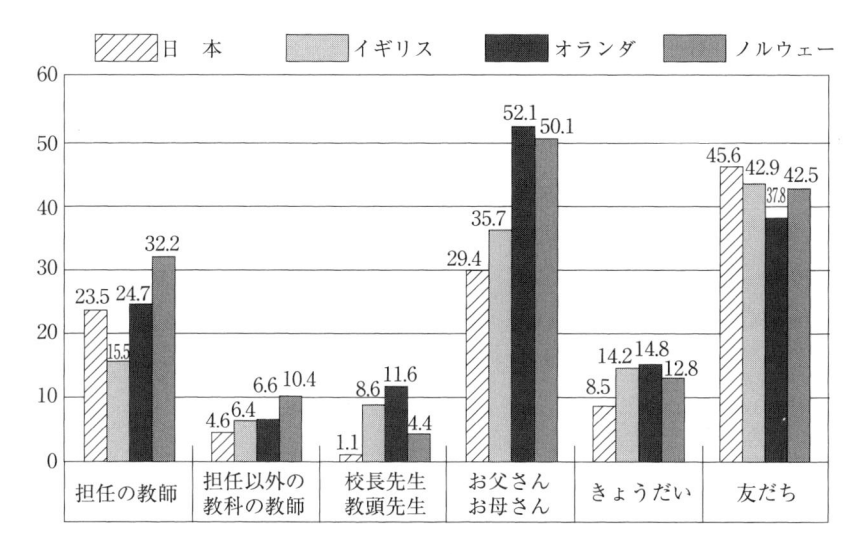

図6－4　いじめの相談相手

凡例：日本／イギリス／オランダ／ノルウェー

担任の教師：23.5／15.5／24.7／32.2
担任以外の教科の教師：4.6／6.4／6.6／10.4
校長先生 教頭先生：1.1／8.6／11.6／4.4
お父さん お母さん：29.4／35.7／52.1／50.1
きょうだい：8.5／14.2／14.8／12.8
友だち：45.6／42.9／37.8／42.5

よいのかが問われているといっても過言ではない。

そこで諸外国のいじめ対応策を参考に，被害者の相談相手をどのようにつくればよいのかについて考えてみよう。

〈子どものなかにピア・サポートを創る〉

いじめの被害者が，誰にも相談しない，あるいはできないのは彼らの消極的な性格であるよりも，むしろ彼らの周りにサポートする人がいないからである。そこで近年日本では，イギリスのキッドスケープの「いじめ防止事業」に倣って，チャイルドラインによる電話相談などが各地で取り組みだされている。もちろん学校でも「いじめ110番」などの電話相談のカードや案内を子どもに配布している。

このようにいじめが起きても学校外に相談場所があるので被害者には「安心感」をもたらす効果はある。しかしながら子ども同士がいじめ問題に向き合い解決する方向が基本であり，そのためには仲間による相互扶助，相互援助の仕組みをつくることがいじめ防止の最善の方法である。子どもはそのような実際的な経験を通してこそ，いじめの解決力を身につけるのである。

イギリスなどのピア・サポートにもカウンセリング技法を利用した方法，学習友だちをつくる方法，そして友だちづくりによるサポートなど様々な方法が実施されているようであるが，日本の学校システムとの対応からすると，後者の二つの方法が実施しやすいだろう。

日本の学校でも，ピア・サポート（相談仲間）という言葉を使用しなくても，従来から異年齢のお兄さんお姉さんによるバディ（二人組）をつくっているところは結構多い。この活動を学級活動や学校行事の中に積極的に取り入れつつ，ある時点で「いじめをなくすためのバディ」を募集し，応募してきた子どもの積極面を評価するとともに彼らの活動を教師側が支援することである。このような取り組みはどの学校でもすぐに取り組める方法である。

また学習場面でも支援者を募集しバディによって両者の学習の向上を総合的に評価することが他のバディにも好影響を及ぼすのである。いずれにしても今日子どもの同輩集団は地域社会から消滅しつつある。したがって学校の場で，この同輩関係や同輩集団のもつ機能をうまく活用すべきなのである。具体的には，お菓子を作ったり，食事したり，音楽を楽しんだり，子どもの遊び文化を中心に活動を同輩にまかせていくのである。やがてこれらの活動からいじめを抑止する共同の力が形成されるのである。

〈校長が子どもと向き合う〉

いじめの解決にかかわらず，いま小中学校は子どもの「荒れ」，「学級崩壊」，あるいは不登校問題などに直面している。そういう点では，問題のまったくない学校や学級は皆無といってよく，むしろ少々の問題を抱えながら学校は運営されていくものである。しかしながら個々の問題の基本的な解決方向については，教職員全体の合意が図られていることが肝要であり，そのためには，学校長のリーダーシップ（主導性）が発揮されなければならないだろう。

しかし，いじめ問題が起こるとしばしば教師と保護者との対立関係が生じるのは，子どもの実態を土台にした学校としての基本方針が明確でなく，保護者や地域社会との合意が取れていないからである。この弱点は言うまでもなく，学校の管理・運営の責任者である校長の学校経営の力量に負うところが大きい。そのことはデータからも垣間見られたように，欧米諸国の子どもと比較して日本の子どもは教師との距離は近いものの，校長や教頭との距離は相当離れてい

る点からも指摘できるのである（図6－3を参照）。

　わが国の場合，校長は自校の子どもの実態を摑むのに担任の教師を通すことがほとんどである。それは教師の立場を尊重し，管理上有効であるかもしれないが，実質的な指導力を発揮するにはむしろ桎梏になる場合が多い。

　欧米の小中学校の校長は少なくとも子どもの名前と特技まではすべて把握しており，教員へのアドバイスや時には処遇をも子ども把握の事実に則して実行する。もちろん相対的に学校規模が小さく，また人事権も校長や評議会が確保しているからでもあるが，校長自身がつねに教室にはいって子どもと接触しており，そこから得た教育的真実をつかんでいるから主張に重みがあり教職員や保護者が納得するのである。その点，日本の学校経営のあり方や管理職のリーダーシップについても，理想面はもとより制度面からも検討を要するであろう。

参考文献

森田洋司　1985　「いじめ集団の構造に関する社会学的研究」大阪市立大学社会学研究室．

Olweus, D.　1993　*Bullying at school: What we know and what we can do.* Oxford: Blackwell（松井・角山・都築訳　1995　『いじめ　こうすれば防げる』川島書店）．

Smith, P. K., & Sharp, S. (Eds.)　1994　*School bullying: Insights and perspectives.* London: Routledge.

竹村一夫　1999　「いじめられた後の気持ちといじめ被害後の被害者の意識と行動」『いじめ／校内暴力に関する国際比較調査』平成8－10年度科学研究費補助金（国際学術研究）研究成果報告書．

第7章 いじめ対応とその効果

秦　政春
Hata Masaharu

はじめに

　かりに，ちょっとしたいじめが起こったとしても，子どもたち自身がこれにうまく対応できれば，それがもっとも好ましい。しかし，いまのところ，これに期待することもむずかしい。とすれば，教師や親がこれに対応するしかない。なかでも，教師である。親が子ども同士のいじめに直接的に対応することは，かなり困難さがつきまとう。親であれば，どうしても感情的になってしまうということもある。それ以上に，親の立場では，いくらいじめに対応するといっても限界がある。

　そうしたことを考えると，やはり中心は教師である。しかも，いま子どもたちのいじめは，その大半が学校の中で生じている。そして，その主たる舞台は教室である。それだけでも，いじめ問題に関して教師が重要なキーパーソンであることは否定できない。そのうえ，いじめに対する対応というのは，たんにいじめが起こった時だけのことではない。子どもたちにこれを起こさせないようにするためにも，かりにこれが起こったとしてもうまく対応させるためにも，教師の日常的な指導が必要である。

　ところが，いじめに対する教師の日常的な指導と一言にいっても，これまであまり明らかにされてこなかった。いじめに対して，現実に教師がどんな対応や指導をしているのか，実際にはあまりよくわからない。多くの場合，いじめに対する教師の対応や指導のありかたが話題になるのは，大きな「いじめ事件」が発覚した時くらいのものである。しかし，こんな場合であっても，なぜ教師はいじめに気づかなかったのかという議論に終始することが少なくない。

　いや，そのことよりも，いじめに対する対応や指導というのは，はたしてど

れくらいの効果があるのか。そのこともふくめて、ここではいじめに対する対応や指導の実態と、その効果について具体的に見ていくことにしたい。

1節　いじめに対する対応

1　教師の対応

最初に、いじめを受けている子どもたちに対する教師の対応の状況を、日本、イギリス、オランダ、ノルウェーそれぞれについて見ておきたい。これを示した結果が図7－1である。カテゴリーは、順に「いじめられていることを知らない」、「知っていたがなにもしてくれなかった」、そして「なくそうとしてくれた」という基本的には3種類である。やはり、よく指摘されているように「いじめの事実」に多くの教師が気づいていない。イギリスは56.1％、日本でも47.8％、そしてオランダでは35.3％がいじめの事実に気づいていない。

それ以外の教師は、いじめの事実に気づいたということになるが、そうした教師の大多数はなんらかの対応を行っている。しかし、そのいっぽうでいじめの事実に気がついていながら、何もしなかったという教師のいることも明らかである。日本、イギリス、オランダでは、いじめの事実に気づいている教師のうち、ほぼ2割程度が何もしなかったということになる。そして、ノルウェーになると、なんと4割をこえる教師が、何もしなかったという。もっとも、ノ

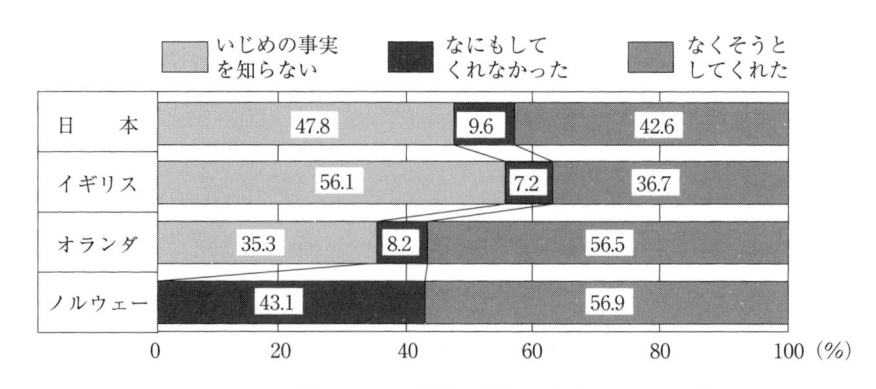

	いじめの事実を知らない	なにもしてくれなかった	なくそうとしてくれた
日本	47.8	9.6	42.6
イギリス	56.1	7.2	36.7
オランダ	35.3	8.2	56.5
ノルウェー		43.1	56.9

図7－1　教師の対応の有無

注1：ノルウェーは、「いじめの事実を知らない」というカテゴリーを設定していない。

ルウェーの場合は、「いじめられていることを知らない」というカテゴリーが設定されていないため、この4割という数値はあくまでも参考の域を出るものではない。

ノルウェーについてはともかく、それ以外の国ではいじめに気づいた教師の大多数が、なんらかの対応を行っている。しかし、いくら大多数といっても、いじめに気がついていない教師がかなりの割合をしめている。そのことを考えると、あくまでも全体的に見るかぎり、いじめになんらかの対応をした教師はそれほど多いわけではない。いじめを受けている子どもたちの中で、日本の場合はその42.6％に対応したにすぎない。この数値は、イギリスでは36.7％、オランダが56.5％、ノルウェーは56.9％である。いじめに対する対応そのものの問題以上に、いじめの事実に気づくということが強調される所以である。

2 親の対応

続いて、親の対応である。図7-2に示した結果は、「あなたのおうちの人は、あなたが受けたいじめをなくすために、学校の先生と話をしましたか」ということに対する回答をまとめたものである。順に「いじめのことを知らない」、「知っていたが、なにも話をしなかった」、そして「話をした」という3種類のカテゴリーである。

この結果を見ると、教師と同様に、子どもがいじめられていることを知らな

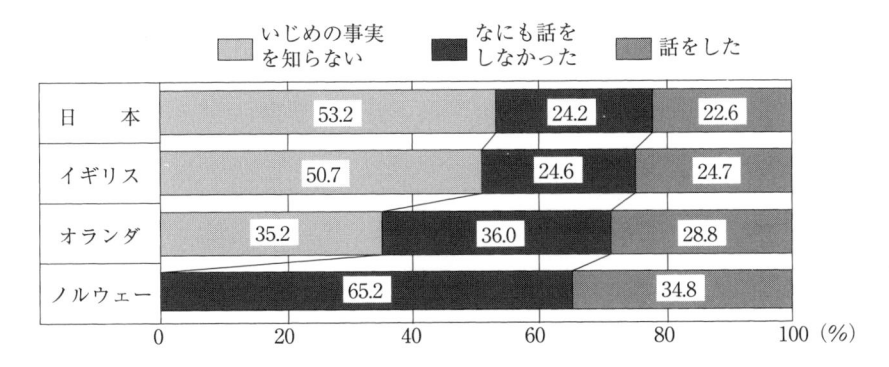

	いじめの事実を知らない	なにも話をしなかった	話をした
日本	53.2	24.2	22.6
イギリス	50.7	24.6	24.7
オランダ	35.2	36.0	28.8
ノルウェー		65.2	34.8

図7-2 わが子のいじめをなくすために親は先生と話をしたか
注1：ノルウェーは、「いじめの事実を知らない」というカテゴリーを設定していない。

い親がかなり多い。特に日本の場合はこの割合が高く，いじめを受けているケースの53.2％を数えている。これに続いて，イギリスも高い割合を示しており50.7％である。これに対して，オランダはすこし低いが，それでも35.2％である。「いじめの事実」を知らない親の多いことはこれまで再三にわたって指摘されてきたが，このデータを見るとその深刻さがよりいっそう浮き彫りになる。

そして，それ以上に重大な問題状況は，かりに気づいていたとしても，学校の先生に「なにも話をしなかった」という割合の高いことである。「なにも話をしなかった」という割合が，「話をした」という割合を上回るほどである。こうした傾向は，どの国にも，ほぼ共通して当てはまるパターンである。

こうした背景に，いったいどんな事情があるのだろうか。「いじめの解決」ということに関して，親は教師を「信用していない」ということになるのだろうか。もし，「いじめの解決」に関してなんらかの期待感があるのなら，まちがいなく親は教師に話をするはずである。やはり，話さないのは，期待感がないからとしか考えられない。むろん，話すことによって事態が悪くなってしまうという危惧の念をいだいている可能性もある。

これについてはともかく，結果的に，教師に「話をした」という割合はごくわずかにとどまっている。いじめを受けている子どもたちの中で，親が教師に「話をした」という割合は日本では22.6％，イギリスが24.7％，オランダも28.8％，ノルウェーが34.8％である。この中で，日本が最低の割合である。

また，日本の場合は，いじめを受けている子どもたちのうち，この事実すら親が知らないというケースが5割以上にのぼる。残りの子どもたちのうち，半数は親が教師に話をしているが，残りの半数は話をすることもない。これだけの結果を見ても，今後のさまざまな課題が浮かび上がってくる。子どもがいじめられているという事実に，親はどうやって気づけばよいのか。それに気づいた親が教師に相談するようになるには，どんな状況が必要なのか。いじめの解決にむけての「第一歩」という意味でも，きわめて重要な課題である。

3　クラスの子どもたちの対応

そして，クラスの子どもたちの対応である。図7－3に示した結果は，クラ

スの子どもたちが、いじめに対してどんな対応をしたのか示したものである。ここでのカテゴリーは、「いじめのことを知らない」、「なくそうとしなかった」、そして「なくそうとした」という3種類である。まず、いじめの事実を知らないという割合が、日本でかなり高い。この割合は34.9％を数えている。これに続いて、イギリスが30.6％、そしてオランダが17.0％である。

いっぽう、いじめの事実を知っているという子どもたちの対応である。日本の場合、「なくそうとしなかった」と「なくそうとした」という子どもたちの割合が、ほぼ半々である。これに対して、イギリスの場合は「なくそうとした」という割合が高いが、オランダでは逆に「なくそうとしなかった」という割合が高い。

特に、日本の場合、「いじめのことを知らない」、「なくそうとしなかった」、「なくそうとした」という3つが、それぞれ3分の1ずつをしめている。いじめの事実を知っていながら、「なくそうとしなかった」子どもたちの心情については、これだけのデータではわからない。おそらく、その中身は、かなり多様であることが予想できる。

「観衆」と呼ばれる子どもたち、あるいは「傍観者」の中でも加害者性の強い子どもたちは、「積極的に」いじめを「なくそうとしなかった」のかもしれない。そして、なくそうと思ってはいるが、結局のところ「消極的に」いじめを「なくそうとしなかった」という可能性もある。それとも、いじめには「関

	いじめの事実を知らない	なくそうとしなかった	なくそうとした
日本	34.9	31.1	34.0
イギリス	30.6	22.1	47.3
オランダ	17.0	44.8	38.2
ノルウェー		55.2	44.8

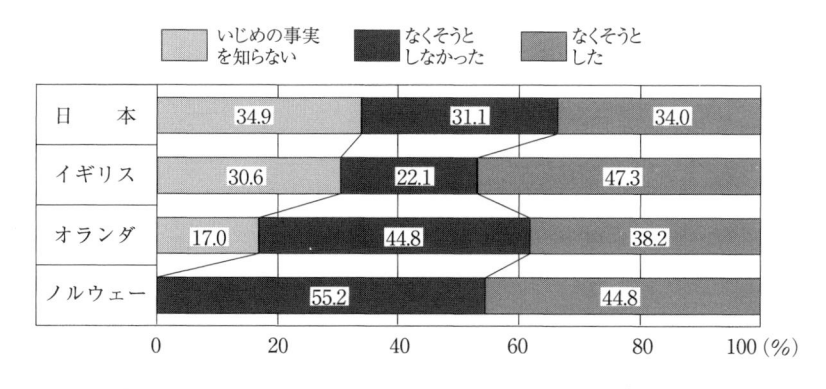

図7-3 クラスの子どもたちはいじめにどう対応したか
注1：ノルウェーは、「いじめの事実を知らない」というカテゴリーを設定していない。

与」したくないという意味で「なくそうとしなかった」ともいえる。

このうち，最初の「積極的に」いじめを「なくそうとしなかった」子どもたちをのぞけば，いじめの解決にむけて，まだまだ教育可能性のある子どもたちである。その意味では，いじめを「なくそうとしなかった」という事実だけをとらえて問題にするより，より積極的な展望を求めていくことの重要性を感じる。

2節　対応による効果

1　教師の対応による効果

いじめに対する教師のなんらかの対応は，いったいどんな効果をもたらしたのだろうか。図7－4に示したように，カテゴリーはポジティヴなものから順に，そのいじめが「なくなった」，「少なくなった」，「変わらない」，そして「ひどくなった」という4種類である。これを見ると，どの国においても，教師の対応がそれなりの効果をあげていることがわかる。

日本の場合，「なくなった」23.2％，「少なくなった」42.1％，あわせると65.3％に達している。イギリスでもあわせて62.8％，オランダが54.4％，ノルウェーは66.8％である。いじめに対する教師の対応による効果は，国の

	いじめがなくなった	少なくなった	変わらない	ひどくなった
日　本	23.2	42.1	28.2	6.5
イギリス	36.3	26.5	22.9	14.3
オランダ		54.4	36.2	9.4
ノルウェー	24.1	42.7	25.9	7.3

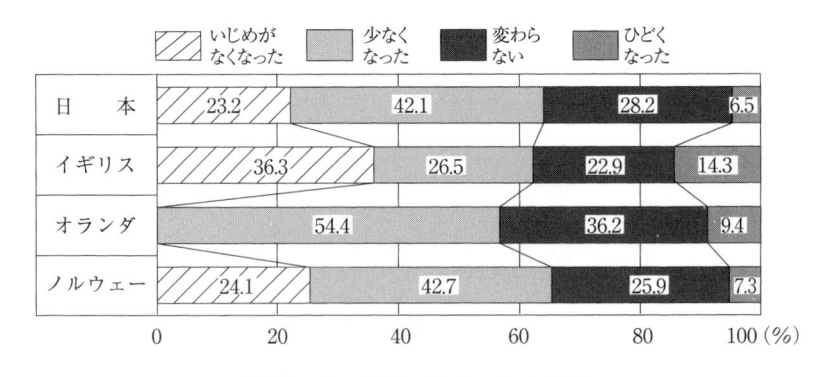

図7－4　教師の対応による効果

注1：オランダのデータでは，「いじめがなくなった」というカテゴリーの数値は「少なくなった」というカテゴリーにふくまれている。

違いをこえて，全体のほぼ6割程度ということになる。これはかなり高い割合である。この割合から考えると，教師がどんな対応をするかということより，まず教師がなんらかの対応をすることの重要性を示唆している。

むろん，どの国を見ても，教師の対応にもかかわらず，「変わらない」，そして中には「ひどくなった」ということもある。しかし，これは対応のまずさというより，そのいじめ自体の深刻さによるところが大きいと考えられる。特に，「変わらない」という場合，まだ対応の効果が顕在化していない可能性もある。教師の対応による効果が全体の6割ということからすれば，いまのところ「変わらない」ようであっても，解決の可能性はけっしてゼロではない。

2 親の対応による効果

では，親の対応による効果はどの程度だろうか。ここでは，「あなたのおうちの人は，あなたが受けたいじめをなくすために，学校の先生と話をしましたか」という質問に対して，「話をした」という対応の効果について問題にしたものである。その結果を，図7－5のように，いじめが「なくなった」，「少なくなった」，「変わらない」，そして「ひどくなった」という4種類に分類した。

これを見ると，ここでも一定の効果のあることが認められる。日本では，「なくなった」23.6％，「少なくなった」36.8％，あわせて60.4％になる。イ

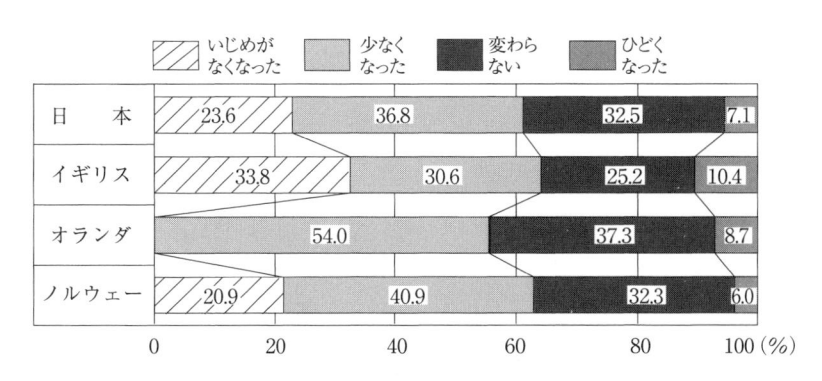

図7－5 親が先生に話をした結果どうなったか

注1：オランダのデータでは，「いじめがなくなった」というカテゴリーの数値は「少なくなった」というカテゴリーにふくまれている。

ギリスはあわせて 64.4％、オランダ 54.0％、ノルウェーが 61.8％である。ここでの親の対応は、いじめの事実を教師に話したかどうかということである。そして、さきほど教師の対応による効果が、全体のほぼ 6 割であることを示した。この 2 つの事実を総合すると、教師がなんらかの対応をしさえすれば、全体の 6 割ほどのいじめは解決にむかうとみてよい。したがって、どんな方法であっても、教師がまずいじめの事実に気づくということの重要性を感じる。

3 クラスの子どもたちの対応による効果

次に、クラスの子どもたちの対応による効果について見ておきたい。さきほどからの結果と同様のものを図 7 － 6 に示しておいた。これを見ると、子どもたちの対応によっても、一定の効果のあることがわかる。日本では、「なくなった」21.5％、「少なくなった」36.8％、あわせると 58.3％になる。イギリスでは 54.7％、オランダが 50.5％、ノルウェーは 59.9％である。

オランダはほぼ半数にとどまっているが、日本、ノルウェーでは全体の 6 割ほどが解決の方向にむかっている。そうすると、クラスの子どもたちが対応することによって、全体の 6 割ほどのいじめは解決の方向にむかう可能性がある。これは、教師の対応以上に、重要な結果である。教師の気づかないところで、いくらでもいじめは起こる。しかし、かりに教師が気づかなくても、子どもた

	いじめがなくなった	少なくなった	変わらない	ひどくなった
日　　本	21.5	36.8	34.3	7.5
イギリス	24.3	30.4	38.0	7.3
オランダ		50.5	42.5	7.0
ノルウェー	15.8	44.1	33.9	6.3

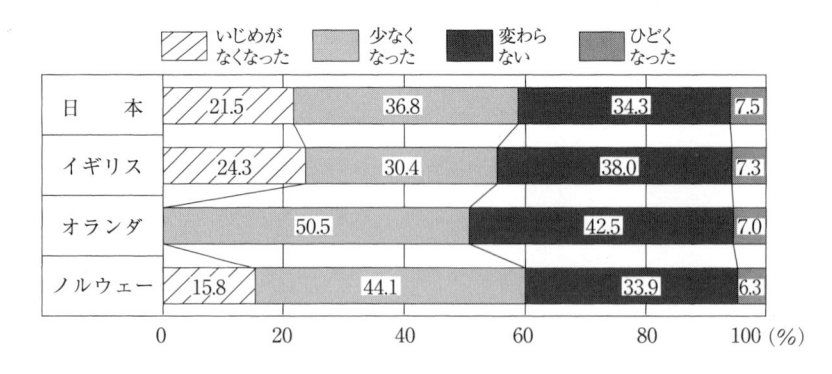

図 7 － 6　クラスの子どもたちの対応による効果
注 1 ：オランダのデータでは、「いじめがなくなった」というカテゴリーの数値は「少なくなった」というカテゴリーにふくまれている。

ち自身がなんらかの対応をすることによって，いじめを防止できるという可能性を示唆している。

したがって，教師のいじめに対する指導は，これが生じた時の対応というだけではなく，より多くの子どもたちに対する日常的な指導がきわめて重要である。子どもたちだけでも，十分にいじめの防止や解決は可能である。それを実現するためにも，いじめに対する教師の日常的な指導が必要不可欠である。

3節　いじめに対する教師の対応の具体的内容

1　クラスで起こったいじめに対する教師の対応

もはや指摘するまでもなく，いじめ問題の解決には，教師はきわめて重要な存在である。特に，いじめに対する教師のなんらかの対応や指導が，一定の効果をもたらしていることは，明らかな事実である。ところが，実際には，いじめに対して教師は日常的にどんな対応や指導をしているのか，あまり明らかにされていない。そこで，ここからは主として教師の立場から，いじめに対する対応や指導の状況をはじめとして，さまざまな具体的な実態について明らかにしていきたい。特に，教師と子どもたちとの関係や教育実践レベルにまで踏みこんで，より具体的で日常的な実態を明らかにしたいという意図から，ここでは筆者が行った調査の結果をもとにして検討することにした[1]。

この調査は，福岡県内の小・中学校教師を対象にして，1996（平成8）年8～9月に郵送法で実施したものである。サンプル数は，小学校教師が423，中学校教師は344である。また，子どもを対象にして実施した同様の調査の結果も，必要に応じて使用している。これは，福岡県内の小・中・高校生を対象にして，1996（平成8）年10月～1997（平成9）年1月に実施した調査の結果である。サンプル数は小学生（5・6年生）が712，中学生（全学年）449，高校生（全学年）は1366である。

まず，いまのクラスで，どのくらいいじめが生じているのか，教師の回答を見ておきたい。小学校教師では，よくある0.2％，ときどきある22.5％，あまりない36.4％，そしてまったくないという割合が33.3％である。中学校教師の場合は，順に4.4％，33.1％，35.5％，そして17.1％になる。小・中学

校教師の回答で見るかぎり，さすがによくあるという割合は少ないが，それでも子ども同士のいじめがかなりの頻度で生じていることはまちがいない。ごく単純に考えて，小学校では全体のほぼ59.1％の教師のクラスで，そして中学校では73.0％の教師のクラスで，程度の差はあれいじめが生じている。

つぎに，いじめが生じた時に，教師が具体的にとった行動について見ておきたい。なお，ここでは，いまのクラスでいじめが生じたことがあるという教師に対して，その中でもっとも顕著ないじめ行為について回答してもらったものである。表7－1の結果がこれである。この中で，左側が教師がとった対応，そして右側がそのうち最初にした対応である。左側のほうを中心に見ていくと，パターンとしては，いじめられた子ども，ないしはいじめた子どもに対応したというものがもっとも多い。続いて，クラスみんなで話しあわせた，いじめられた子どもの家庭訪問，いじめた子どもの家庭訪問，そして当事者同士で話しあわせたといった順序で並んでいる。

全体的に見ると，いじめに対して多くの教師はそれなりに対応しているという印象である。しかし，むしろ問題は，これ以降にどんな対応をしたのかということである。特に，いじめ問題というのは，いわゆる「被害者」はある程度特定できるが，「加害者」については，だれを，そしてどこまでの範囲を指しているのかという，きわめてわかりづらい側面がある。したがって，どんないじめであったとしても，当事者（「いじめっ子」と「いじめられっ子」）に対応するだけではなく，潜在的な加害者を想定した指導が特に必要だと思われる。ここでは，クラスみんなで話しあわせたということが，これに類することになる。そのことを考えると，これの割合がもっと高くなってもよい。

これ以外の対応としては，全職員の問題として，職員会議で話しあったというものがある。いじめというきわめてやっかいな問題であるうえ，しかもこれの解決には教師集団の協力体制が不可欠であるにもかかわらず，この割合があまりにも低すぎる。むろん，これに関しては，その教師の問題というより，その学校における教師集団の人間関係に関する問題，校長・教頭といった管理職のリーダーシップ能力に関する問題が，かなり大きな要素である。

そして，いま一つの問題として，他の機関にゆだねたという割合がかなり低い。他の機関にゆだねるほど，深刻ないじめではなかったということも考えら

第7章 いじめ対応とその効果　133

表7-1　クラスで起こったいじめに対する教師の対応（いじめが生じたことがあるという教師に限定）　単位：％（左側は M.A.）

対応 \ とった対応と最初にした対応・学校段階	教師がとった対応(M.A.)			最初にした対応		
	小学校教師	中学校教師	計	小学校教師	中学校教師	計
なにもしなかった	0.0	0.8	0.4	0.0	0.0	0.0
しばらく様子をみていた	21.2	17.1	19.2	4.4	4.0	4.2
いじめられた子どもに対応した	58.4	67.7	63.1	31.6	44.2	37.9
いじめた子どもに対応した	63.6	66.1	64.9	18.4	9.6	14.0
当事者同士で話しあわせた	28.4	29.5	28.9	4.8	0.4	2.6
クラスみんなで話しあわせた	45.6	40.2	42.9	5.2	4.4	4.8
いじめた子どもの家庭を訪問して、保護者と話しあった	22.8	33.5	28.1	2.8	1.6	2.2
いじめられた子どもの家庭を訪問して、保護者と話しあった	31.2	42.6	36.9	2.8	2.4	2.6
保護者同士で話しあわせた	4.0	8.4	6.2	0.4	0.0	0.2
全職員の問題として、職員会議で話しあった	14.8	22.3	18.6	0.4	0.0	0.2
他の機関(PTA、家裁、児相など)にゆだねた	1.6	1.2	1.4	0.0	0.0	0.0
その他	2.4	0.4	1.4	0.8	1.6	1.2
D.K., N.A.				28.4	31.9	30.1
計 (N)	100.0 (250)	100.0 (251)	100.0 (501)	100.0 (250)	100.0 (251)	100.0 (501)

注1：左側は、クラスで起こったもっとも顕著ないじめ行為に対して、教師がどのような対応をしたのか示したもの（M.A.）。また、右側は、いちばん最初にした対応について示したもの。
　2：いまのクラスで、子どものいじめが生じることが「まったくない」というサンプル、およびこれに関して無記入のサンプルは、集計から除外した。
　3：いまのクラスで起こったもっとも顕著ないじめ行為について回答してもらったもの。

れる。しかし、これまでの一連の事実から考えると、担任教師がいじめ問題を自分1人でかかえこんでしまっているという実態がある。いじめ問題が起こっても、学校における全職員の問題として話しあうわけでもなく、他の機関にゆだねるわけでもなく、担任教師が1人で対応しているという状態である。

なお、そのいじめのいまの状態については、つぎのような結果である。小学校教師の回答では、完全に解決した28.4％、やや解決した41.6％、あまり解

決していない 8.0％，そしてまったく解決していないが 1.6％である。中学校教師では，順に 29.5％，45.0％，5.2％，1.2％になる。これを，子どもたちを対象に実施した同様の調査の結果と比べると，教師のほうがやや楽観的である。したがって，教師から見て解決していると思っているいじめでも，再燃する可能性はかなり残されている。というより，いじめという行為を考えてみれば，「鎮静化」しているように見えても，いつまた「再燃」するともかぎらない。まして，いまだ完全に解決していないいじめであれば，再燃の可能性はかなり高い。

2 いじめの早期発見のための教師の取り組み

さきほどの教師の対応は，実際にいじめが生じた時のことである。では，多くの教師は，日常的にどんな対策を講じているのか。まず，表7－2に示した結果である。これは，いじめの早期発見のための教師の取り組みをまとめたものである。左側が教師の取り組みの内容，そして右側はそのうちもっとも力をいれている内容である。左側の結果を中心に割合の高いものをあげておくと，

表7－2　いじめの早期発見のために取り組んでいること

単位：％（左側は M.A.）

取り組み	取り組みの内容（M.A.）			もっとも力をいれている内容		
	小学校教師	中学校教師	計	小学校教師	中学校教師	計
日記(個人，班，学級など)を書かせている	51.5	66.3	58.1	22.2	38.7	29.6
投書箱を置いている	3.3	3.5	3.4	0.7	0.6	0.7
朝の会や帰りの会で話をさせる	40.0	14.5	28.6	7.3	2.6	5.2
クラスでの話し合い活動を充実させている	20.8	24.4	22.4	2.1	4.1	3.0
なんでも話せる雰囲気をつくっている	78.5	64.8	72.4	41.1	21.8	32.5
子どもと接する時間を多くもつようにしている	69.3	70.6	69.9	21.5	23.8	22.6
家庭への連絡網をつくって，情報をキャッチしている	11.6	9.6	10.7	0.9	1.2	1.0
家庭訪問を行い，連絡を密にしている	9.9	20.3	14.6	0.2	1.2	0.7
その他	4.0	4.4	4.2	1.7	2.0	1.8
D.K., N.A.				2.1	4.1	3.0
計 (N)	100.0 (423)	100.0 (344)	100.0 (767)	100.0 (423)	100.0 (344)	100.0 (767)

小学校教師の場合は，なんでも話せる雰囲気をつくっている，子どもと接する時間を多くもつようにしている，日記（個人，班，学級など）を書かせている，朝の会や帰りの会で話をさせるといった順序である。中学校教師では，子どもと接する時間を多くもつようにしている，日記（個人，班，学級など）を書かせている，なんでも話せる雰囲気をつくっているといったようなものである。

多くの教師がいじめの早期発見のために，それなりの取り組みをしようとしている姿勢は感じられる。しかし，なんでも話せる雰囲気をつくっているといった回答に代表されるように，いささか抽象的で曖昧な印象がぬぐえない。そして，いじめの早期発見に関して重要な家庭との情報交換，家庭訪問といったことには，あまり積極的ではない。むろん，家庭訪問については，時間的な制約もあり，むずかしい側面もある。しかし，家庭との連絡網については，かならずしも困難な課題ではない。ところが，これについても割合はかなり低い。

いじめ問題は多くの人たちの協力がなければ，解決はとても困難である。さきほどの教師集団の協力体制や連携，そして家庭との連携はまさに必要不可欠である。いじめ問題に関して，家庭との連携が不可欠なことはつぎの結果からも明らかである。いじめられた時，まっさきに相談しようと思っている人は，小学生では友人32.3％，母親29.6％，先生9.8％，父親6.6％，そして兄・姉が4.1％である。中学生でも，順に友人44.1％，母親13.6％，先生10.2％，兄・姉3.3％，そして父親1.8％といったような結果である。なお，参考までに，だれにも相談しないという割合は，小学生が13.5％，中学生は20.5％である。

子どもたちがまっさきに相談しようと思っている相手は，友人であり，母親である。教師に相談しようと思っている割合は，この両者より明らかに低い。この結果を見るだけでも，いじめ問題に関して家庭との情報交換，連携，そしてできることなら協力体制が不可欠である。ところが，家庭との連携に積極的な教師はあまり多くない。さきほど，いじめ問題に関して担任教師が1人でかかえこんでいる実態があると述べた。こうした状況が，ここでも明らかである。

3 いじめを起こさせないための教師の取り組み

今度は，いじめに対する教師のより日常的な指導の実態である。いじめを起

こさせないために，どんな取り組みをしているのか見たものである。小学校教師では，もっとも割合の高いものが人権学習の教材を取りいれている83.0％，ついで学級での話しあい活動80.9％，命の尊重に関する教材を取りいれている70.0％，いじめに関する文学教材を取りいれている23.6％，さらにロールプレイによる体験活動7.6％，子どもの行動を観察し人間関係を把握する4.3％といった順位である。これ以外では，「道徳」の授業の充実，学級全体での活動を取りいれ人間関係づくりを行う，班活動の充実，自主性を育てる，ストレスの自覚と発散，などといった多様な取り組みが見られるが，いずれも割合は低い。

中学校教師でも順位にまったく違いはない。順にあげていくと，人権学習の教材80.8％，学級での話しあい活動70.9％，命の尊重に関する教材59.3％，いじめに関する文学教材29.9％，そしてロールプレイが3.8％である。これ以外にもさまざまな試みが見られるが，いずれも割合はかなり低い。こうした状況から考えると，多くの教師が個人的にさまざまな取り組みを摸索していることは十分に理解できる。しかし，そのどれを見ても具体性に乏しいうえ，あまり「特効薬」になりえていない現実がうかがえる。その結果，いじめに対する「一般的な」指導としての人権学習，学級での話しあい，命の尊重に関する教材，そしていじめに関する文学教材といったものだけに集中している。

今度は，こうした取り組みのなかで，もっとも力をいれている内容について見ておきたい。小学校教師では，学級での話しあい活動40.0％，人権学習の教材24.6％，命の尊重に関する教材18.9％，子どもの行動を観察し人間関係を把握3.3％，そしていじめに関する文学教材が2.4％である。中学校教師では，人権学習の教材37.8％，学級での話しあい活動27.3％，命の尊重に関する教材14.5％，いじめに関する文学教材が4.9％になる。小学校教師の場合は，人権学習やいじめ，そして命の尊重に関する教材を取りいれることに力をいれている教師と，学級での話しあい活動に力をいれている教師が，ほぼ半々といったところである。中学校教師になると，学級での話しあい活動より，人権学習やいじめ，命の尊重に関する教材を取りいれることに力をいれている教師が多い。

ところで，いじめに対する指導は，たんなる「知識注入型」の実践だけでな

んとかなるものではない。身をもって教える，態度で教える。これに依存すべき部分がほとんどといっても，過言ではない。一般に，こうした指導は，学校の主要な機能としての道徳的社会化（moral socialization）の領域に属する。これは，知識・技術の指導を主とする認知的社会化（cognitive socialization）と異なり，そこに適切な規範的（道徳的）環境が整えられていなければ，これのよりよい指導はむずかしい。なかでも，特に教師一人ひとりの，そして教師集団のもつ姿勢や態度，行動といったものが重要な意味をもつ。

　かりに，教師が人権学習やいじめ，命の尊重に関するさまざまな教材を使って，いじめに対する指導を充実させたとしても，その教師みずからがそれに逆行するような態度や行動をとっているとすれば，その教育効果はほとんどない。おそらく，子どもたちはその「知識」そのものは学んだかもしれないが，それを自己の中に内面化するにはいたっていない。そのことを考えると，教師が実際にどんなことに取り組んでいるかということ以上に，その教師自身の日常的な姿勢や態度，行動といったものがきわめて重要である。

4節　いじめ問題と教師

1　教師－子ども関係といじめ

　いじめの事実を教師に言わないということが，よく話題になる。しかし，現実にはいじめの事実だけではなく，どんなことに関しても子どもたちはあまり教師に相談をしていない。教師に相談することが，よくあるという小学生は7.9％，ときどきあるという割合でも29.9％にすぎない。中学生の場合は，それぞれ8.0％と19.2％である。

　しかも，それは相談しても意味がないと思っているだけではなさそうである。それ以前に，教師に対する信頼感を喪失してしまっているような状況がある。たとえば，教師の八つ当たりが，よくあるという小学生は7.0％，ときどきある16.6％といった状態である。中学生でも，順に5.3％と18.0％である。そして，教師がえこひいきをよくするという小学生は9.7％，ときどきするという割合が15.9％である。中学生になると，それぞれ8.7％と19.2％を数えている。

八つ当たりであれ，えこひいきであれ，本来からすれば皆無であることが好ましい。しかし，けっして少ない割合ではない。これ以外にも，その日の気分で授業のしかたが変わる，わけもなくおこる，急におこりだす，日によって言うことが違うといった教師の行動に関して，まったく同様のパターンである。

　そのうえ，教師が子どもたちをどう呼んでいるのかということに関する問題もある。小学生は，「くん」37.6％，「さん」37.4％，「ちゃん」28.1％，「ニックネーム」21.5％，いっぽう「呼びすて」16.0％，「おい・おまえ」2.7％，「きさま」が0.3％である。中学生では，もっとも多くなるのが「呼びすて」で53.9％，「さん」34.3％，「くん」24.9％，「ちゃん」12.5％，「ニックネーム」9.8％，そして「おい・おまえ」4.5％，「きさま」が1.1％である。高校生になると，「呼びすて」74.2％，「さん」16.3％，「くん」6.6％，「おい・おまえ」4.2％，「ニックネーム」3.1％，「ちゃん」2.2％，そして「きさま」が1.2％である。「おい・おまえ」，「きさま」の類いは論外だとしても，「呼びすて」が中・高校生になると，かなり多くなる。「呼びすて」に関しては，親密感ということもある。しかし，これまでの一連の状況，最近の教師と子どもたちとの関係，さらには「人権」という側面を総合して考えると，やはり問題がありそうである。

　そして，さらに日常的に生じている問題もある。教師に言われた言葉で傷ついたというものである。傷ついたことがあるという割合を示しておくと，小学生が4.4％，中学生は7.8％，高校生が12.7％である。子どもたちが傷ついたという教師の言葉を見ていると，とても教師の言葉とも思えないものが数多くある。教師にすれば，思わず使ってしまったということであろう。しかし，そのいっぽうで子どもたちは深く傷ついている。かりに，思わず使ってしまったとしても，あまりに悪質な言葉が多い。というより，こんな悪質な言葉を思わず使ってしまうところに，子どもという存在をどう見ているのかという教師の意識や感覚が象徴されている。こんな状態では，子どもたちが教師に相談しないのも無理はない。相談するしないというより，もはや教師に対する信頼感がかなり失われている可能性もある。

　それにしても，これまで見てきたような一連の状況は，ある種のいじめに類する行為といえなくもない。八つ当たり，強い立場からの「呼びすて」や「お

い・おまえ」，そして言葉によって傷つけられるといった行為は，いずれもいじめの手口に似たものである。そうすると，いじめ行為を容認するような論理と風土を，教師みずからがつくりだしているということになる。

それどころか，実際に教師に「いじめられた」と感じている子どもも少なくない。表7－3に示したように，教師に「いじめられた」と感じている子どもはかなりいる。むろん，いじめといっても意図的であるとは考えられない。しかし，意図はともかく，子どもたちから見て「いじめ」と感じられる，なんらかの行為があったことだけはたしかである。事実，表7－4の教師自身の回答を見ても，学校で子どもを「いじめた」と思うことがあるという[2]。もはや，子どもたちがいろいろなことを教師に相談しないというだけの問題ではない。これまでの状況を見ると，教師自身がいじめを誘発するような環境をつくっているとしかいいようがない。これでは，「人権学習」をいくらやっても意味が

表7－3　先生に「いじめられた」と感じること　　　　　単位：％

学年＼「いじめられた」	よくある	ときどきある	あまりない	まったくない	D.K., N.A.	計（N）
小学校5年生	5.2	6.3	19.2	68.5	0.7	100.0 (286)
6年生	3.5	9.2	19.0	66.9	1.4	100.0 (426)
計	4.2	8.0	19.1	67.6	1.1	100.0 (712)
中学校1年生	5.2	6.5	19.5	68.8	0.0	100.0 (77)
2年生	4.6	9.7	18.0	67.3	0.5	100.0 (217)
3年生	3.9	7.1	21.3	67.1	0.6	100.0 (155)
計	4.5	8.2	19.4	67.5	0.4	100.0 (449)

表7－4　学校で子どもを「いじめた」と思うこと
　　　　（小・中学校教師の回答）　　　　　　　単位：％

学校段階＼子どもを「いじめた」と思う	よくある	ときどきある	あまりない	まったくない	D.K., N.A.	計（N）
小学校教師	0.7	13.7	32.9	44.7	8.0	100.0 (423)
中学校教師	0.3	10.2	35.2	48.0	6.4	100.0 (344)
計	0.5	12.1	33.9	46.2	7.3	100.0 (767)

ない。

2　教師の態度・行動といじめ

こうした状況を，多くの教師は気づいているのかもしれない。表7－5に示したように，教師の言動が子どもたちのいじめに，おおいに関係しているという小学校教師は36.9％におよんでいる。中学校教師の場合は24.4％である。特に，小学校教師にこの割合が高い。小学校では学級担任制ということもあり，1人の教師と子どもたちが密着した関係を形成している。したがって，子どもたちにとっては，その教師の態度・行動の影響をより受けやすい。

実際に，小学校における結果を見てみると，こうした状況を象徴しているようないくつかのデータがある。たとえば，クラスでいじめがよく生じている場合，担任教師がその日の気分によって授業のしかたが変わるという割合が明らかに高い。つまり，その日の気分によって授業のしかたが変わるような教師のクラスでは，いじめが生じやすいということになる。類似したパターンは，教師の八つ当たりやえこひいきについても同様に見られる。

クラスでいじめがよくあるという場合，教師のえこひいきがよくある10.7％，ときどきある25.0％，あわせると35.7％になる。いっぽう，クラスでいじめがまったくないという場合では，それぞれ6.8％と13.4％を数えており，あわせて20.2％である。教師のえこひいきについても，クラスでいじめがよくあるという場合，よくする28.6％，ときどきする25.0％，これをあわせると53.6％にも達する。ところが，クラスでいじめがまったくないという場合，それぞれ5.2％と10.7％にとどまっており，あわせても15.9％でしかない。

表7－5　教師の言動がいじめに関係していると思うこと
（小・中学校教師の回答）　　　　　　　　　単位：％

教師の言動と いじめ 学校段階	おおいに関 係している	すこしは関 係している	あまり関係 していない	まったく関係 していない	D.K., N.A.	計（N）
小学校教師	36.9	50.8	9.0	2.1	1.2	100.0 (423)
中学校教師	24.4	48.5	18.9	6.1	2.0	100.0 (344)
計	31.3	49.8	13.4	3.9	1.6	100.0 (767)

また，教師に言われた言葉で傷ついたという子どもほど，明らかにいじめ経験の割合が高い。同様の結果は，教師に「いじめられた」と感じている子どもたちについても，そのままあてはまる。これに関しては，小・中学生ともに明らかな関係性が認められる。いわば，いじめに関する「連鎖の構造」である。そして，より深刻な状況もある。というのは，クラスでいじめがよく生じている場合，教師からの「いじめ」が多いという事実がある。たとえば，クラスでいじめがよくあるという小学生の場合，教師に「いじめられた」と感じることがよくあるという割合は25.0％，ときどきある10.7％，あわせると35.7％に達している。ところが，クラスでいじめがまったくないという小学生になると，それぞれ1.3％と7.1％で，あわせても8.4％にとどまっている。

中学生の場合も，まったく同様である。クラスでいじめがよくあるという場合，「いじめられた」と感じることがよくある18.2％，ときどきある27.3％，あわせると45.5％にもなる。いっぽう，クラスでいじめがまったくないという場合では，それぞれ2.9％と5.3％，あわせてもわずか8.2％である。したがって，教師に「いじめられた」と感じている子どもたちが，いじめに走っているというだけではない。それと並んで深刻な事態は，子どもたちから見て「いじめられた」と感じさせるような態度・行動をとっているような教師のクラスでは，いじめがよく生じているという状況がある。

3　教師の教育活動といじめ

いじめを誘発してしまうような状況をつくっているのは，たんに教師の態度・行動だけではない。教師の日常的な教育活動の中にも，これに類することがある。たとえば，班競争や，連帯責任で罰をあたえるという活動である。なお，これについても，やはり小学校においてより明らかなパターンが認められる。そこで，ここでも小学校における状況を中心に見ていくことにしたい。班競争や連帯責任で罰をあたえるという教育活動については，その是非をはじめとして，さまざまな議論がある。しかし，実際には，多くの教師がこの種の教育活動を行っている。班で競争させることが，よくあるという小学校教師は3.1％，ときどきある31.9％，あまりない43.5％，まったくないという割合が20.3％である。連帯責任で罰をあたえるということでも，よくあるという

ことから順に 0.7％, 14.7％, 45.6％, そして 38.5％といった具合である。

ところが, こうした教育活動が, いじめに結びついているという傾向もないわけではない。たとえば, クラスでいじめがよくあるという小学生の回答では, 班競争がよくあるという割合は 10.7％, ときどきあるという割合が 39.3％になる。ところが, クラスでいじめがまったくないという場合になると, 班競争がよくある 5.8％, ときどきある 32.5％といった状況である。むろん, それほど大きな結びつきではない。しかし, 班競争といじめとの間に, 一定の関係性のあることだけはたしかである。

このパターンは, 連帯責任で罰をあたえるということになると, さらに明確になる。表7－6に示したように, いじめがよく生じているクラスほど, 連帯責任で罰をあたえるという教育活動がよく行れている。そして, 連帯責任で罰を加えられた子どもほど, クラスの中で他の子をいじめることがよくあるという割合が高い。この結果を示しておくと, クラスの中で他の子をいじめることがよくあるという小学生の場合, 連帯責任というかたちで罰を受けることが, よくある 16.7％, ときどきある 50.0％, あわせると 66.7％になる。いっぽう, 他の子をいじめることが, まったくないという子どもたちの場合は, 順に 3.7％と 10.1％で, あわせても 13.8％にすぎない。この結果を見ただけでも, 班競争や連帯責任で罰をあたえるという教育活動が, 結果論とはいえ, 子どもたちのいじめを誘発しているという事実はやはり否定できない。

表7－6　「連帯責任」というかたちで罰を受けたこととクラスでいじめが生じること（小学校5・6年生の回答）　　単位：％

「連帯責任」で罰を受けたこと / クラスでいじめ	よくある	ときどきある	あまりない	まったくない	D.K., N.A.	計（N）
よくある	17.9	28.6	21.4	32.1	0.0	100.0（ 28）
ときどきある	13.8	21.1	28.4	33.9	2.8	100.0（109）
あまりない	7.4	21.1	36.0	34.9	0.6	100.0（175）
まったくない	3.1	11.5	37.2	47.1	1.0	100.0（382）
D.K., N.A.	0.0	11.1	33.3	50.0	5.6	100.0（ 18）
計	6.3	16.0	34.8	41.6	1.3	100.0（712）

また，クラスでいじめがよくあるという場合，担任の先生が話をよく聞いてくれるという割合が明らかに少ない。子どもたちには，教師と話をしたい，教師に話を聞いてもらいたい，そして中には教師に対するなんらかの要求もあるかもしれない。しかし，それが阻害された状態が続けば，ある種の欲求不満が生じる。それが，結果的にいじめを誘発してしまう状況を生みだしているともいえる。子どもたちの話をよく聞いてやる。教師として当然の責務である。しかし，多忙な日常性の中で，こんな当然のことすらおろそかになっているのかもしれない。ところが，その背後でいじめが生じている可能性も，けっして少なくはない。

5節　いじめ問題の解決と教師－子ども関係

すでに明らかにしたように，いじめに対して教師がなんらかの対応をすれば，解決の可能性は高い。いじめの解決の可能性は6割にもおよんでいる。そのことからすれば，いじめの事実に気づく教師が増えれば増えるほど，いじめ問題も解決の方向にむかう。日本の場合，いじめの事実に気づいていない教師が，全体のほぼ半数である。そうした半数ほどの教師がいじめの事実に気づけば，単純に計算しても，かなりの件数のいじめを解決できる。

これまで，いじめの事実に気づくということに関して，ともすれば子どもたちのサインの有無，それに気づくかどうかといった教師のセンスだけが強調されてきた。それはそれとして大切なことかもしれない。しかし，それ以上に，子どもたちがなんでも教師に話すことができる，なんでも相談できるという，もっとも基本的な事実の重要性を忘れていたような気がする。

こんなこと，学校現場においては当然のことである。しかし，その当然のことが，教師のさまざまな日常性の中で，いつのまにか阻害されてきた。教師のちょっとした八つ当たり，えこひいき，無神経な言動によって，子どもたちは確実に教師に対して距離をもってしまう。「いじめ対応」，「いじめ対策」とあえて言わなくても，教師と子どもたちとの間に「正常な」関係さえ確立できれば，いじめ問題はおのずと解決できる。

注

1)　詳細については，以下の論文を参照のこと。秦政春　1998　「いじめ問題と子ども－いじめ問題に関する調査研究（Ⅰ）」『福岡教育大学紀要』第47号，pp.15～68。秦政春　1999　「いじめ問題と教師－いじめ問題に関する調査研究（Ⅱ）」『大阪大学人間科学部紀要』第25巻，pp.237～258。

2)　どんな時に子どもを「いじめた」と思ったのか，教師一人ひとりの自由記述の回答を見てみると，つぎのような記述がある。「必要以上に叱ってしまった」，「なにげなく子どもが傷つくようなことを言ってしまった」，「みんなのまえで皮肉を言った」，「特定の子どもだけ集中的に叱ってしまった」，「いじわるな言いかたをして叱った」，「子どもが負担になるほどの課題を与えた」，「体罰を行った」，「相手にしなかった（無視）」，「口で威圧的に問い詰めた」，「事情を聞かずに説教をした」，「感情的になってしまった」，「昔のことをほじくり返して説教しなおした」，「比較したり陰険な叱りかたをした」，「自分がイライラしていて，あたってしまった」，など。

第8章 いじめ見聞と見聞時の態度

米里 誠司
Yonezato Seiji

はじめに

　いじめという現象の中では，いじめの被害を受ける者，いじめという加害行為を行う者以外に，いじめという行為に直接には関わらない「傍観者」の重要性が指摘されている。そもそも，発生しているがまだ明確に「いじめ行為」だと認識されていない行為を見て，「これは『いじめ』だ」として自分の中で意味付けること，すなわちいじめを「見聞する」ということは，そもそもいじめ行為に対して「傍観する」ということの始まりでもある。いじめの見聞なくして，「傍観」はあり得ない。

　換言すればいじめの見聞は，具体的ないじめ対策の出発点でもある。そして，そのいじめを見聞きした者がいじめに対してとった行為が，そのいじめ行為の継続やいじめ行為の再発に大きく影響すると考えられるのではなかろうか。

1節　いじめ行為の見聞

1　いじめ見聞に関する調査項目

　そこで，今回の調査では，いじめ見聞時にとった態度をたずね，その項目から，いじめ見聞の有無を論理的に判断することを行った。当該調査項目を表8－1に示す。

　選択枝の「1　2学期に学校でいじめは起こらなかった」に回答した者は「見聞なし」とし，選択枝の2から6のいずれかに回答した者は「見聞あり」とした。日本とイギリスにおいては，この調査項目への回答を，「あてはまるものすべてに〇をつけてください。」と，複数回答方式で求めているので，回

表8-1　調査項目「あなたは，2学期に学校でいじめが起こったとき，ふつう，どのようにしましたか」

```
1    2学期に学校でいじめは起こらなかった
2    いじめなかったが，その人がいじめられているのを見ておもしろかった
3    いじめに関わりを持たないようにした
4    いじめている人にやめるよう注意した
5    学校の大人の人（先生など）に助けを求めた
6    その他
```

表8-2　「いじめ見聞」に関する分析対象者

	合計	男子	女子
日　本	6,396	3,245	3,151
イギリス	2,267	1,219	1,048
オランダ	1,968	951	1,017

答に矛盾があるものは分析対象から除外した。オランダにおいては，選択枝の「1　2学期に学校でいじめは起こらなかった」が設けれられていない。したがって，オランダにおいては，いじめ見聞の有無についての分析ができない。

以上のことから，本章での分析は，日本・イギリス・オランダの3国間で，表8-2に示す対象者に限定して行うこととする。

2　回答についての判断

見聞時の態度については，日本とイギリスについては，「見聞あり」とした対象者について，複数回答方式で回答されたものを，以下のとおりの方法で4つにカテゴライズした。

①介　入　：「4　いじめている人にやめるよう注意した」または「5　学校の大人の人（先生など）に助けを求めた」に回答した者
②面白がり：上の2つの項目に回答せず，「2　いじめなかったが，その人がいじめられているのを見ておもしろかった」に回答している者
③不干渉　：上の3つの項目に回答せず，「3　いじめに関わりを持たな

いようにした」に回答した者

　④その他　：「6　その他」にのみ回答した者

　オランダについては，もともと単一回答方式であるので，回答が該当するカテゴリーを与えることとした。また，オランダのデータには，「中学3年生」に該当する学年のデータが含まれていないこともあり，後に行う比較の際には，注意が必要となる。

2節　いじめ見聞および見聞時の態度といじめ防止との関連

　各国のデータの分析に先立ち，いじめ見聞の有無および見聞時の態度といじめ防止，抑止との関連を，犯罪学の視点を導入しながら検討することとしたい。

1　いじめ見聞の有無といじめ防止

　「いじめを見聞した者の割合が少ないと，いじめの発生も少ない」。この言い方は正しいであろうか。

　いじめを見聞したと回答した者の割合は，もちろんいじめの発生件数を直接に示すものではない。前者は人間の数であり，後者は件数であるので，数字の性質が明らかに異なる。しかしながら，いじめの発生が多くなれば，それだけ他の人に見聞される機会も増えるわけであり，見聞と件数との間に一定の関連があることは指摘できる。

　また，いじめという現象の性質から考えると，いじめを見聞する者のいじめに対する認識や知識が，いじめの見聞には大きく影響している。一見，「ふざけている」と映るやりとりが，実は当事者同士の間では「いじめ」に他ならなかったということは，よくある「誤解」である。

　これは，いじめという現象に，当事者以外には「いじめ」だと捉えにくい側面があることを意味している。しかし，「いじめ」というものの中にはどういったもの（いじめの手口）があり，それは周囲から見るとどのように見えるかということについての知識が不足しているから，いじめを見聞したと回答しないということも，十分に考えられる。

いじめが見聞されることを増加させることは、いじめの防止、抑止に直接に結び付くものではない。しかし、いじめが見聞されることなしには、後述する「いじめ見聞時の態度」そのものが形成されないし、いじめの防止、抑止に向けての対策も始まっていかないのである。したがって、発生しているいじめができるだけ見聞されるように、周囲の者がいじめについての知識を身につけ、いじめに対する意識を敏感にしていく必要がある。

具体的には、学校教育の中で「いじめ」を正面から取り上げ、その中で、情意的、情緒的に「いじめは止めましょう」と言うだけではなく、「いじめには、かくかくしかじかの行為（手口）が含まれ、それは悪いことなのです」といったような、いじめの「定義」についての知識を、児童・生徒に与える方策が考えられよう。

このことは、「かえって、いじめのやり方を教えるだけ」という負の側面を必ず伴うものであるが、いじめの見聞を増加させるためには不可欠な方策であると思われる。

2 いじめ見聞時の態度といじめ防止

先に示した、いじめ見聞時の態度の4つのカテゴリーのうち、「その他」を除いた3つのカテゴリー、すなわち、「介入」・「面白がり」・「不干渉」のうち、いじめの防止、抑止に結び付くものは、言うまでもなく「介入」である。

それでは、教師が児童・生徒に向かって、「いじめを見かけたら注意するか、先生にすぐに言いなさい」と言って、「介入」という態度が確保されるであろうか。それは極めて疑問である。ましてや、いじめ見聞時のこうした態度を、児童・生徒個人の「性格特性」に還元して説明しようとするのは、明らかに誤った方向での発想であろう。

上記の3つの態度の中でも、特に「介入」と「不干渉」はトレード・オフの関係にあると考えられる。それは、教室内、あるいは学校内で、「いじめ行為」という不正義がきちんと処理され、正義が実現されているかということに大きく依存するものである。

「介入」という態度を児童・生徒の間で確保するメルクマールは、「あるいじめの発生に介入すれば、そのいじめの再発および別のいじめの発生が抑止され

るか」ということであろう。その具体的な方策として,「介入した時に,周囲の児童・生徒のサポートがあるか」が挙げられる。そして何よりも「児童・生徒による介入を,教師がきちんと受け止めて,さらなるいじめの防止,抑止に実績を作っているかどうか」ということが重要である。

仮に,こうした正義が実現されていない空間で,「介入」がなされたとする。するとその介入者は,「仕返し」という形で,次のいじめの被害者になる可能性が生じるのである。周囲の者も,「教師に告げ口した」,「いい格好をしている」と捉え,「介入」することが逆にいじめを誘発することにつながってしまう。

そこで極めて重要なことは,先に触れたように,教師の毅然とした態度であろう。すなわち,介入者の「介入」という行為をきちんと受け止めて,いじめの加害者になんらかのサンクションを与え,かつ介入者を「仕返し」というさらなるいじめから護り,「介入者が『介入』したことで,いじめが解決につながった。『介入』はみんなにとっていいことなのである」と,児童・生徒に向かって喧伝することで,「介入」という態度を擁護するとともに,教室内,ならびに学校内での正義を確保しなければならない。

これがなされない場合,「介入者は『介入』したからかえって『バカを見た』」という雰囲気を醸成することになる。この雰囲気を,児童・生徒だけの力で逆転させることは極めて難しい。そうした中で,児童・生徒が自分自身をいじめから護るために身につける態度が,「不干渉」に他ならないのである。「面白がり」も,いじめが不正義であると,繰返し繰返し喧伝されない空間で生じる態度であろう。

このように見た場合,いじめ見聞時においてとる態度がいかなるものかによって,その時の教室内,学校内におけるいじめ問題の扱われ方,いじめに関する正義の実現のされ方が示されると考えられるし,同時にすでに述べた方策が必要となるかどうかについても示唆されると思われる。

3節　いじめ見聞と見聞時の態度の国際比較

1　いじめ見聞の国際比較

　本節では，いじめ見聞者の比率を，日本とイギリスそれぞれについて男女別に示し，比較を行う。

　図8－1では，分析対象者全体について，いじめを見聞した者の比率を男女別に示している。図からもわかることであるが，日本とイギリスとの間には，いじめ見聞者の割合にかなりの差が見られ，全体では日本は4割強であるのに対し，イギリスでは3分の2強にまで至る。

　男女差については，イギリスではほとんど男女差は見られない。日本では，男子で40.1％，女子で48.4％と，女子のほうで多くなっている。

　図8－2では，いじめ見聞者の比率の学年ごとの推移を示している。イギリスでは，小学5年生と中学1年生で，女子での比率が男子より若干高くなっているが，他の学年では男女ほぼ同じである。男子では若干，女子ではそれよりも多くであるが，小学6年生での見聞者の割合がその前後の学年と比較して落ち込んでいる。

　日本では，男女とも中学1年生までゆるやかに上昇するが，その後は低下する。その際，女子での割合が顕著に低下し，中学3年生では男子とほぼ同じ割合となっている。

　日本とイギリスの見聞者の比率の差については，両国間のいじめ被害経験率においても，イギリスのほうが日本よりも高いということから，いじめの発生

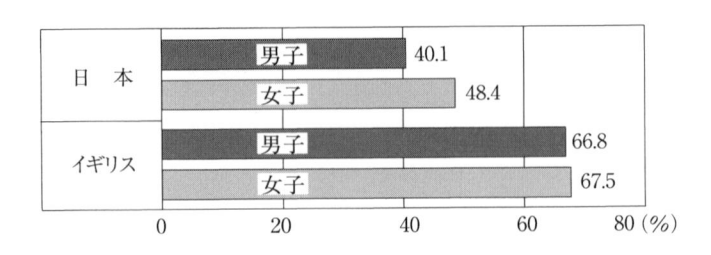

図8－1　いじめを見聞した者の比率

第 8 章　いじめ見聞と見聞時の態度　151

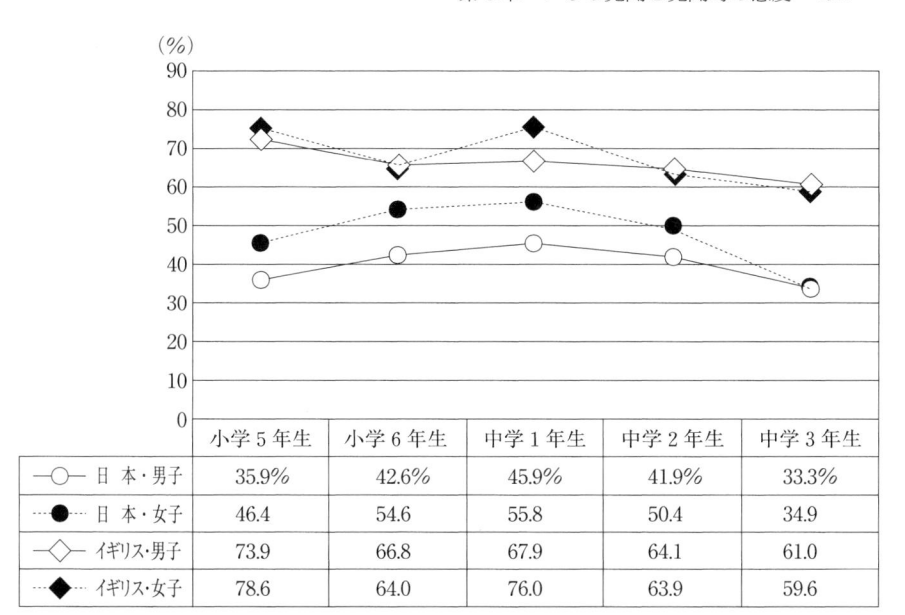

	小学 5 年生	小学 6 年生	中学 1 年生	中学 2 年生	中学 3 年生
─○─ 日 本・男子	35.9%	42.6%	45.9%	41.9%	33.3%
‥●‥ 日 本・女子	46.4	54.6	55.8	50.4	34.9
─◇─ イギリス・男子	73.9	66.8	67.9	64.1	61.0
‥◆‥ イギリス・女子	78.6	64.0	76.0	63.9	59.6

図 8 － 2　学年ごとのいじめ見聞者の比率

　件数そのものがイギリスのほうで多いということが，見聞者の割合およびいじめ被害経験率に反映していると言うこともできる。しかし，いじめ見聞と同様に，いじめ被害についても，児童・生徒のいじめ問題に対する意識やいじめについての知識，つまり，いじめ問題に関する教育のなされ方の度合を反映する部分がある。そうした意識の高まりは，他人が受けているいじめ被害のみならず，自分が受けた被害についても敏感にするからである。日本とイギリスとの比較については，もう少しデータを見ることとしたい。
　日本において，見聞者の割合に男女差が見られるというのは興味深い傾向である。同じクラスメイトであっても，男子が見るいじめ問題と女子が見るいじめ問題とは異なっていることを示唆するからである。日本では，女子のほうが男子よりもいじめ被害経験が若干高いことや，女子のほうが同性の集団で凝集し，その凝集度も高い傾向があることなどが，見聞者の比率の高さに反映しているかもしれない。

2 いじめ見聞時の態度の国際比較

本節では、オランダも加えて、いじめ見聞時の態度を男女別に示し、比較を行う。いじめ見聞者に分析が限られるので、本節での分析対象者は、表8－3のとおりである。

図8－3では、見聞時の態度の4つのカテゴリーの比率を、日本、イギリス、オランダについて男女別に示している。

「介入」はイギリスで、特に女子で多くを占めている。また、イギリスでは、他の国よりも「不干渉」が男女とも少ない。日本とオランダとでは、日本のほうが若干「介入」が多く、「不干渉」が少なくなっている。しかし、これらの差は、顕著に大きなものではない。

男女間の差については、どの国でも女子のほうで「介入」が多くなっている。しかしながら、「不干渉」が男子より少ないわけではなく、「不干渉」の割合も

表8－3 「いじめ見聞時の態度」に関する分析対象者

	合計	男子	女子
日　本	2,824	1,300	1,524
イギリス	1,520	813	707
オランダ	1,968	951	1,017

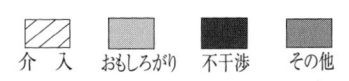

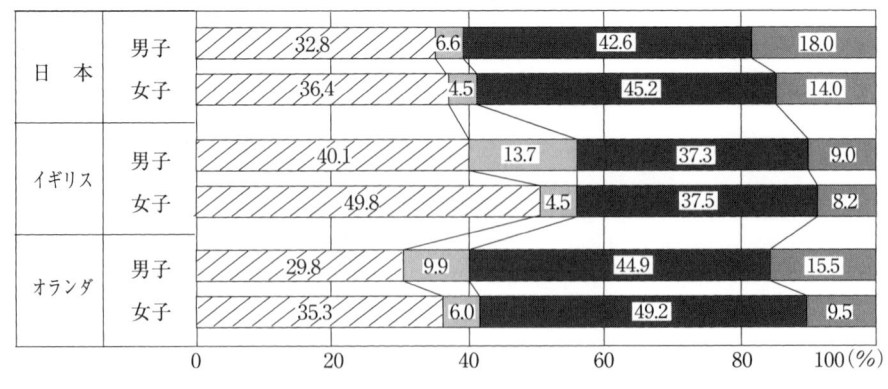

凡例：介入／おもしろがり／不干渉／その他

		介入	おもしろがり	不干渉	その他
日本	男子	32.8	6.6	42.6	18.0
日本	女子	36.4	4.5	45.2	14.0
イギリス	男子	40.1	13.7	37.3	9.0
イギリス	女子	49.8	4.5	37.5	8.2
オランダ	男子	29.8	9.9	44.9	15.5
オランダ	女子	35.3	6.0	49.2	9.5

図8－3 いじめ見聞者における見聞時の態度

男子より若干であるが多くなっている。その分「面白がり」および「その他」の割合が，男子よりも少なくなっていることがわかる。「面白がり」は，4つのカテゴリーの中でももっとも露悪的なので，女子のほうで少なくなっているのであろう。

いずれにしても，多くの場合，「介入」と「不干渉」に，いじめ見聞時の態度が分かれると言っても過言ではない。そこで，この2種の態度について，学年の上昇による推移を見てみることにする。

図8－4から図8－7までは，「介入」ならびに「不干渉」についてそれぞれ男女別，学年ごとに比率を算出し，プロットしたものである。

日本は，「介入」と「不干渉」の両方について，男女とも明確に，学年が上がるごとに「介入」の比率が減少し，「不干渉」の比率が上昇する。特に女子における「不干渉」の上昇は顕著であり，中学2年生で53.7％，中学3年生では68.0％にまで至る。

イギリスにおいては，小学校段階では日本と同じ傾向を示すが，中学校になると日本とは大きく異なる。男子の「介入」は中学3年生で増加に転じ，「不干渉」は中学2年生と中学3年生ではほぼ同じ値である。一方，女子の「介入」は中学1年生を底にしてV字を描いており，中学に入ると日本とは逆に「介入」が増加に転じていることがわかる。「不干渉」は中学2年生までは日本と同じく学年が上がるごとに上昇しているが，中学3年生になると減少に転じている。

オランダは中学3年生のデータを欠いている。「介入」も「不干渉」も，小学校段階では日本，イギリスと同じ傾向を示すが，中学生になると，「介入」ではほぼ横ばい，「不干渉」では減少に転じている。

すなわち，イギリスもオランダも，「介入」おける減少，「不干渉」における増加が，中学生になると鈍るか逆転するのに対して，日本だけが中学生になってもそのままリニアな形で「介入」においては比率が減少し，「不干渉」においては増加しているのである。

このことは，1節で検討した，いじめ見聞時においてとる態度と，教室内，学校内におけるいじめ問題の扱われ方およびいじめに関する正義の実現のされ方や実現のための方策との関連に照らし合わせると，極めて興味深いものであ

	小学5年生	小学6年生	中学1年生	中学2年生	中学3年生
―〇― 日　本	48.6%	36.1%	32.1%	26.5%	22.2%
……●…… イギリス	56.6	46.1	33.5	29.3	35.1
―◇― オランダ	39.7	38.0	25.3	25.4	―

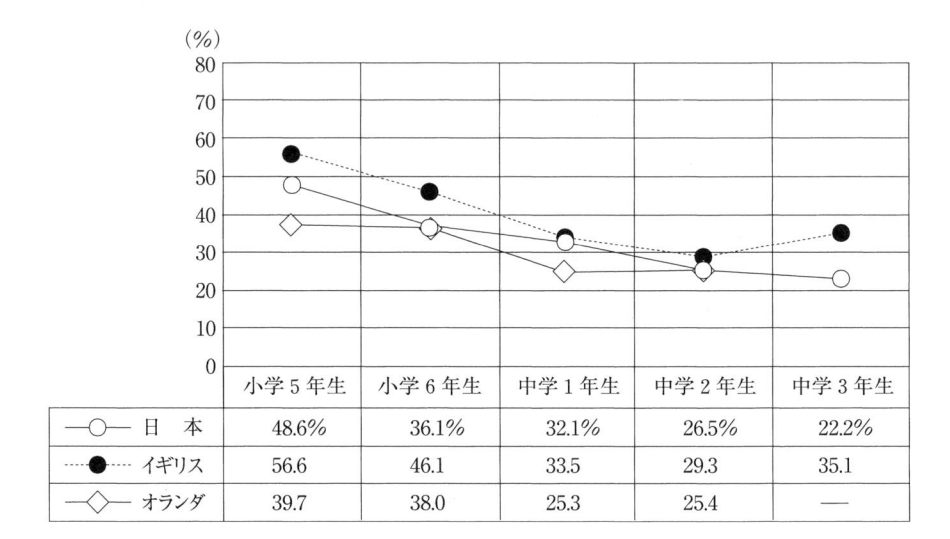

図8－4　学年ごとの「介入」群の比率（男子）

	小学5年生	小学6年生	中学1年生	中学2年生	中学3年生
―〇― 日　本	57.3%	38.9%	37.3%	25.8%	21.3%
……●…… イギリス	60.2	53.8	40.5	44.6	55.9
―◇― オランダ	51.8	36.4	32.0	32.5	―

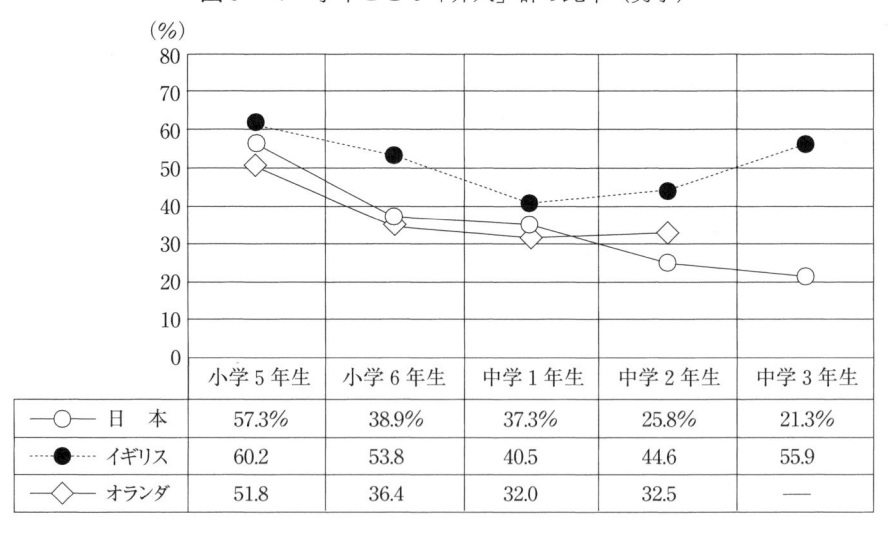

図8－5　学年ごとの「介入」群の比率（女子）

第 8 章　いじめ見聞と見聞時の態度　155

		小学 5 年生	小学 6 年生	中学 1 年生	中学 2 年生	中学 3 年生
—○—	日　本	29.2%	34.6%	43.9%	49.5%	55.1%
⋯●⋯	イギリス	21.3	35.3	39.2	45.6	45.7
—◇—	オランダ	30.1	39.1	51.6	41.8	—

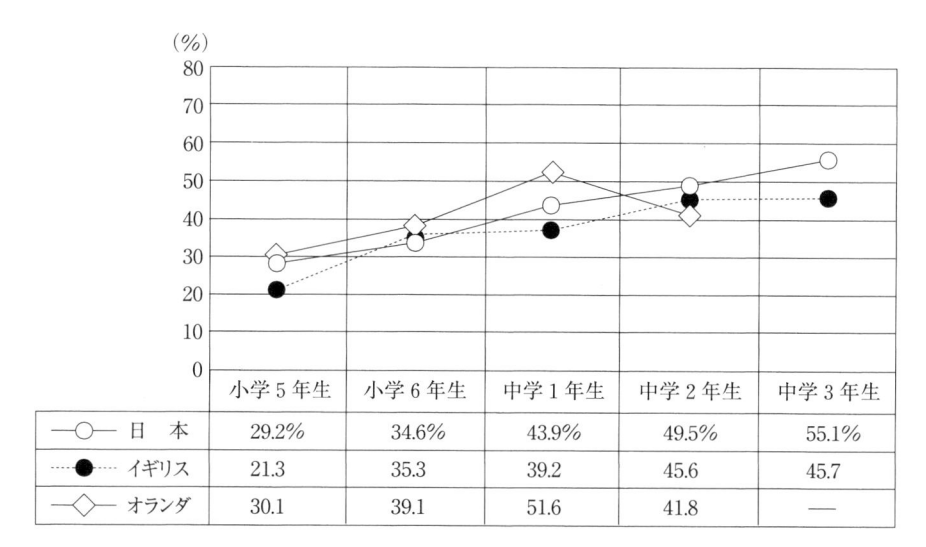

図 8 − 6　学年ごとの「不干渉」群の比率（男子）

		小学 5 年生	小学 6 年生	中学 1 年生	中学 2 年生	中学 3 年生
—○—	日　本	24.1%	37.4%	46.3%	53.7%	68.0%
⋯●⋯	イギリス	23.3	32.5	39.2	48.6	38.2
—◇—	オランダ	32.1	50.0	53.7	47.1	—

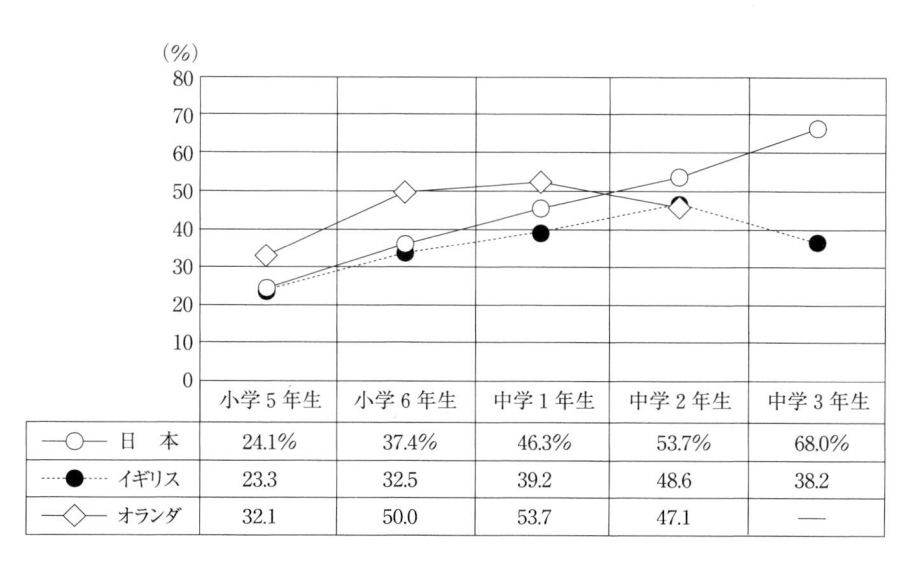

図 8 − 7　学年ごとの「不干渉」群の比率（女子）

3 イギリスと日本,「介入」と「不干渉」の相違

ここでは,2節での結果とも照らし合わせるので,日本とイギリスとの2国間だけの比較としたい。

日本において,男女とも一貫していじめ見聞時の「介入」が減少し,「不干渉」が増加しているということは,小学5年生から中学3年生までの間,いじめ問題に関しては教師の問題解決能力が一貫して低下していること,ならびにクラスの友人関係が一貫して冷たく希薄な関係になっていることを示唆している。一方イギリスでは,小学生のうちは日本と同じ傾向であるが,中学生になるといじめ問題に関して教師の側の働きかけが成功し,友人関係がいじめを抑止する方向で干渉し合うような関係になってきていることを示唆している。

このことのみをもって,日本ではいじめ問題については取り組みがなされていないか効果が上がっておらず,イギリスではその逆だと断じるつもりはない。また,日本では,学年が上がるごとに,徐々に不正義が蔓延し,イギリスはそれを食い止めているという単純な結論を出すつもりもない。しかし,今一度,2節の結果ならびに,いじめ被害に関する結果を概観してまとめてみると,表8-4のようになる。

イギリスのいじめ被害の割合は,いずれの学年でも日本より高く,その点だけを捉えればイギリスのほうが日本よりもいじめが蔓延していると言える。しかし,高頻度長期被害経験者の割合になると,イギリスのほうが低くなる。

以上のことから,次のことだけは導き出せそうである。すなわち,イギリス

表8-4 「いじめ見聞・被害」の日英比較

	日本	イギリス
いじめ見聞者の割合	低い	高い
いじめ見聞者の学年ごとの推移	中学生で減少に転じる	目立った変化なし
いじめ被害者の割合	低い	高い
いじめ被害者の学年ごとの推移	一貫して減少	一貫して減少
高頻度長期被害経験者の割合	中学生で高い	中学生で低い

では，中学生になると，生徒の中でいじめ問題への関心が変化し，いじめ問題の存在に敏感になるとともに，見聞した場合の態度として「介入」が増えることで，いじめの高頻度長期被害者の発生を抑止している。このことと，イギリスにおける中学校段階のいじめ防止対策との関わりについてまでは，ここでは断言できない。

一方日本では，加齢とともに希薄になりがちな友人関係が中学になっても変化しないため，いじめ問題への関心が薄れるとともに，見聞した場合に「不干渉」を選択しがちとなる。このことが，相対的に少ない被害体験者の中で高頻度長期被害者の割合が高いことに影響しているのではないか。

おわりに

もちろん，解釈はこうした方向だけではないであろう。しかし，わが国において，

①希薄な友人関係によるいじめ問題への関心の薄さが根底にあること
②このことがいじめ見聞時の「不干渉」の増大を生み，教室の中でいじめの防止，抑止となる雰囲気が醸成されていないこと
③教師の取り組みが子どもに浸透しないことにより，いじめの防止，抑止を実現する雰囲気の醸成には至らないこと
④この状態を放置すれば，いじめについてはほんとうに「野放し状態」となってしまうこと

という，不幸な因果の流れが生じる可能性があることを念頭に置いて，いじめの防止策を発想するということは，意義深いことであろう。

そのためには，1節の最後で述べた，児童・生徒のいじめ見聞時での「介入」を増やすための積極的な働きかけが望まれる。すなわち，児童・生徒に対して，いじめ問題の存在を前提としたその実態の説明，いじめに対する知識，「介入」の意義などについて教育し，いじめ問題について敏感になってもらうことが大切である。

加えて，教師に対しては，いじめ問題に対しては「正義の実現者」たる自覚を養成しなければいけないであろう。教師は，教室内での出来事をすべて把握することなどできないのだから，いじめがあるという児童・生徒の訴えには真

挚に対応し,「介入」者が不利益を蒙ることのないように,教室内の状況をコントロールする必要がある。このことが,いじめ問題への児童・生徒の側の「介入」という態度の動機づけとなり,ひいては教室全体がいじめ防止,抑止に結び付く雰囲気をもつことにつながるであろう。

第9章 いじめ加害の実態と問題点

竹川 郁雄
Takekawa Ikuo

はじめに

ヨーロッパにおけるいじめ研究の先駆者であるオルヴェウス（オルウェーズ）は『いじめ こうすれば防げる』(Olweus, 1993) の中で，いじめっ子の追跡的研究より，「学校でいじめをしていた生徒が青年期に達した時に，公式の犯罪記録に載るような深刻で常習的な犯罪を犯す割合は，普通の子どもの4倍」だと述べている。アメリカでのいじめ問題も，いじめっ子と後の犯罪との関連が重視されていることを矢部が紹介している（矢部, 1997）。彼によれば，ミシガン大学のエロンはニューヨーク州の小学3年生（8歳）の中から攻撃性の強い児童25人と弱い25人を選んで30歳までモニターを行い，その結果，攻撃性の強い児童は30歳になるまでに犯罪者になる確率が高いだけでなく，学問的，社会的，経済的，職業的な達成度が他の児童より低いことを示したという。

このように，欧米ではいじめた者の犯罪との関連性が大きく問題視されている。いじめ加害の行動が社会的に悪と位置づけられ，将来の犯罪行動に発展するのではないかと考えられているのである。いじめとしてとらえられる現象が加害側の一方的な攻撃行動である限り，そのように考えるのは当然のことであるが，日本においては必ずしもいじめ加害を悪と考え，犯罪との関連性について考慮されていない。日本では加害側であれ被害側であれ，日常生活において世間をお騒がせするという意味で，秩序を乱す者が問題視される。このことが，日本と欧米諸国とのいじめのとらえ方の大きな違いであろう。

本章では，このようないじめ加害側の問題について考える。いじめの国際比較調査のデータは文化圏の相違を示す有力な情報であり，ここではいじめ加害

経験の割合と手口，およびいじめをする時の人数について検討する。

そして，それらをふまえつつ，日常生活における攻撃性の表出という観点からいじめ加害をとらえ，いじめを生む優位的関係性がつくられる状態とその背後にある常識的思考について言及したい。

1節　いじめ加害の実態

1　いじめ加害経験の割合について

まず，いじめ加害経験の割合について見ておこう。

表9－1は国際比較調査においていじめたと回答した者の各国別比率である。日本がもっとも少なく，次に少ないのがイギリス，以下順にノルウェー，オランダとなっている。

いじめたと自ら記入することは，実際に対人関係のもめごとが生じて，それをいじめだと認識し，その中で自分が加害行為を行ったことを自覚していることが必要である。したがって，日本で低いのは，対人関係のもめごとそのものの発生が少ないか，ある状況をいじめだと認識するのが少ないか，いじめる側がいじめたと意識する者が少ないということになる。日本ではいじめ問題がマスコミによって頻繁に報道されており，また学校でも先生や保護者がいじめ問題に神経をとがらせており，その点からいじめだと認識する機会や自分がいじめていることを意識する機会は多いと考えられるので，いじめ現象そのものの発生が少ないとみなせるだろう。このことは，本書で論じられているいじめ被害の実態からもうかがえる。

いじめ加害は他者への不当な攻撃行動であり，暴行，傷害，恐喝といった犯罪に結びつく場合も多い。日本のいじめ加害経験の割合が他の国に比べて低いということは，日本が先進諸国の中でも犯罪の少ない国であることと関係していると考えられる。

表9－1　各国別いじめ加害経験の割合　　単位：％

日　本	イギリス	オランダ	ノルウェー
18.0	25.0	48.3	27.0

欧米社会に比べて犯罪の少ない社会を生み出した要因について瀬川は種々の要因を指摘しているが（瀬川，1997），その中でいじめ加害の発生と関連すると考えられるのは，日本において家族関係の絆や地域社会の結びつきが強く，また学校や職場で拘束される時間が長いために，自制心や相互監視や帰属心が強く，インフォーマルな社会統制が機能しているということであろう。この点に関して，インフォーマルな統制の中で特に親の愛着を通じての統制が非行抑制に有効であり，津富宏の調査によっても確認されていると宝月は指摘している（宝月，1999）。いじめ加害経験の割合が低いことについては，ひとまずこのような要因をあげることができようが，なお探求を要する問題であろう。

2　いじめの手口について

　次に，それぞれの国ではどのようないじめの手口がとられているのか，見てみよう。5種のいじめ加害の手口の比率について，男女別に示したのが表9－2である。各国別に見ると，いじめ手口の回答頻度には大きな違いが見られる。
　オランダはいじめ加害経験の割合が4か国中もっとも高かったのだが，いじめ加害の手口においてはすべてが高いというわけではなく，かなりのかたよりが見られる。それについて見ると，オランダの児童生徒が4か国中でもっとも高い比率を示している手口は，「金品をとる・こわす」と「悪いうわさを流す・持ち物に落書きをする」である。「金品をとる・こわす」は，男子で29.2

表9－2　男女別いじめの手口　　　　単位：％

		日本	イギリス	オランダ	ノルウェー
悪口・からかい	男子	88.9	88.1	71.0	72.7
	女子	76.1	90.7	72.6	63.1
無視・仲間はずれ	男子	41.5	32.8	29.2	34.9
	女子	68.7	50.0	41.2	48.1
たたく・ける・おどす	男子	41.8	40.3	27.5	31.5
	女子	12.4	24.1	15.3	11.2
金品をとる・こわす	男子	7.4	5.5	29.2	5.3
	女子	2.8	5.1	22.4	1.9
悪いうわさ・持ち物に落書き	男子	16.2	25.0	34.1	17.6
	女子	18.2	25.1	55.0	17.1

％と他の国と比べて非常に高い。いじめたと回答している者の中で約3割が，恐喝や器物損壊のいじめをしたと回答しており，犯罪的いじめの多発をうかがわせる。

　オランダでの比率の低いほうを見てみると，「無視する・仲間はずれにする」において男女ともにもっとも低くなっている。また，男子だけであるが，「悪口を言う・からかう」と「たたく・ける・おどす」の比率が4か国中もっとも低くなっており，いじめ頻度の全般的に高いオランダでは，いじめ加害は限られた手口により行われているようである。

　ユンガ・タスとケステレンは，オランダでの調査票に非行行動に関するものを7項目加えて，いじめと非行行動との関連性を探っている。彼らによると，「いじめ加害者は非加害者と比べ，犯罪を犯すことがかなり多く，タバコ，酒，マリファナを使うことも多い。この調査結果は，いじめはより広義な意味での反社会的傾向の一部を成すということを示唆している」（ユンガ・タス，ケステレン，1999），このように，いじめ加害が非行や犯罪との関連性が強いことを指摘している。

　前述したように，日本においてこのような関連性の有無はほとんど問題視されていない。そもそもそのような視点がないともいえる。いじめ自殺が発生しいじめ加害の少年が特定されて彼らの経歴を調べても，非行経験のない場合が多く，いじめ加害の攻撃性や犯罪性を一過的なものとみなす傾向がある。

　日本において，4か国中もっとも高い比率を示しているものは，男子では「悪口を言う・からかう」，「無視する・仲間はずれにする」，「たたく・ける・おどす」であり，女子では「無視する・仲間はずれにする」である。

　日本は男女ともに，「無視する・仲間はずれにする」が4か国中でもっとも高い比率を示しており，いじめによる攻撃を加える際，日本の児童生徒は，無視をしたり仲間はずれにする手口によって行うのが多いことを示している。これはなぐるけるなどの積極的な攻撃行動ではなく，対人関係を平常のとおりふるまわないことによって苦痛を感じさせる消極的な攻撃行動であり，前後の脈絡や対人関係の状態を知らなければなかなか見えてこないいじめの手口である。

　前に見たように，日本のいじめ加害の比率は4か国中もっとも低いので，いじめる側のデータから判断する限り，いじめの発生頻度は低いとみなせるだろ

うが，その中で「無視する・仲間はずれにする」手口などによるいじめ加害が，他の国に比べて高い比率で行われている。このあたりに，日本の児童生徒のいじめ加害の特徴が見られるようである。

全般的に見て，日本の特徴に近いのは，イギリスである。ノルウェーはどの手口の比率も低く，オランダは4か国中もっとも独自の傾向を示し，直接的いじめの多発をうかがわせる。

次に男女差の大きいいじめの手口に注目してみよう。4か国のデータを見てみると，男女間でもっとも差の大きいのは，日本の「たたく・ける・おどす」（29.4％）である。この手口の差はどの国も大きいのだが，日本の男子がきわだって高いためにもっとも差が大きくなっている。次いで男女差の大きいのは，日本の「無視する・仲間はずれにする」（27.2％）である。これは，他の国に比べて女子の比率が高いためにこのような違いとなっている。

3　クラスの中で自分は好かれているか

日本の児童は他の国と比較して，いじめ加害の手口における男女の違いが大きいことがわかる。日本では男子のいじめ方と女子のいじめ方がかなり違っているのである。この男女差について考察するために，クラスの他の人たちにどれだけ好かれているかを男女別に示したのが表9－3である。

これを見ると，好かれていないと思っていることが「まったくない」あるいは「めったにない」と回答している者の多い順は，男子でノルウェー，日本，イギリス，オランダであり，女子でノルウェー，イギリス，日本，オランダである。男子と女子でイギリスと日本の順が異なっているが，それ以外は同じ順になっている。クラスの中で自分は好かれていると思っている者の割合が高いのはノルウェーの男女で，低いのはオランダの男女である。日本とイギリスは

表9－3　クラスの中で自分は好かれているか　　　単位：％

		日　本	イギリス	オランダ	ノルウェー
好かれていないと思うことは「まったくない」と「めったにない」の合計	男子	61.5	59.1	56.3	75.4
	女子	45.6	54.4	42.1	69.5
	男女の差	15.9	4.7	14.2	5.9

その中間に位置している。

しかし，男女間の差をとって各国比較してみると，日本の男女間の差がもっとも大きくなっている。これより，無視をしたり仲間はずれにするいじめの手口だけに限らず，日本の児童生徒の男女間の意識の違いが他の3国に比べて大きいことがわかる。ここでは，クラスの中の対人間の良好度にそれが現れている。女子のほうが，クラスの中で自分は好かれていないという意識をもつ傾向があることを示している。

このような差が生じるのは，文化的な性別意識の違いが大きいために生じるのだと考えられる。日本においては，男の子らしさ，女の子らしさにかかわる行為様式や思考形式にかなり明確な違いがあって，性別役割規範の二重化が生じ，それをふまえて集団内の対人観やいじめの手口が決まってくるのだと考えられる。

4 いじめた時の人数

いじめ加害を行った時の人数について男女別に示したのが表9－4である。4か国の全体では，いじめ加害の際，男女とも半数近くが「2～3人」でいじめたと回答している。その傾向は，ノルウェーの男女でもっとも強く現れている。

男子について見ると，いじめ加害時の人数は日本以外の3か国においてもっとも多いのが「2～3人」，次いで「1人」，そして「4～9人」「10人以上」となっている。特徴が見られるのは，日本の児童生徒のいじめ加害時の人数で

表9－4　男女別各国別いじめ加害時の人数比率　単位：％

	日　本	イギリス	オランダ	ノルウェー
男子1人	33.6	27.1	27.6	25.5
2～3人	32.2	42.1	48.9	56.4
4～9人	29.7	24.3	22.2	17.1
10人以上	4.5	6.5	1.3	1.0
女子1人	14.1	18.5	20.1	14.4
2～3人	36.2	56.7	53.9	63.1
4～9人	40.5	21.8	25.5	19.6
10人以上	9.2	2.9	0.5	2.8

ある。男子は「1人」でいじめたという回答が4か国中もっとも高く、また「4〜9人」でももっとも高くなっている。また、「10人以上」もイギリスに次いで多い。つまり、他の国と比較して、日本の男子児童生徒においては、いじめた人数は分散し、いじめ加害行為は少人数でも多人数でも行われる傾向がある。

それに対して、日本の女子は「1人」及び「2〜3人」で4か国中もっとも低く、「4〜9人」及び「10人以上」でもっとも高くなっている。オランダの女子は、「10人以上」が非常に少なく、またイギリスやノルウェーにおいても「10人以上」でいじめたと回答しているのは少ない。このように、日本の児童生徒の女子は、他の国に比べて多くの人数でいじめる傾向が見られる。

前述したいじめの手口において、日本の男女間で違いが大きいことを指摘したが、いじめ加害時の人数においても男女間の違いが他の国に比して大きく出ている。いじめの手口やいじめる時の人数において、ヨーロッパの国と異なる傾向が見られるということは、いじめの表出の仕方の日本的なことをうかがわせる。以下、そのことを考慮に入れて考察してみよう。

2節　攻撃性と日本のいじめ加害

1　ギルモアの攻撃性議論

いじめ加害はいじめられる側に危害を加えて苦痛を感じさせる行動であるから、攻撃性の表出の一つとみなしうるだろう。人間の攻撃性については種々の説が出されており、日本ではいじめによる自殺や殺人事件が生じた際、より妥当だと考えられている説を当てはめて説明されるのが現状である。

いじめを攻撃性の視点でとらえようとする際、ギルモア（Gilmore, 1987）の議論が参考になる。ギルモアは攻撃性の日常生活への組み込みという視点から、スペインのアンダルシア地方のある小さな町の人々の生活状態を分析している。

ギルモアによると、他のことへ昇華されない攻撃は逆説的に社会的に建設的なものとなりうるのであり、有用な社会的効果をもたらすために攻撃が集団の外に向けられたり気前よさに変えられたりするという。この攻撃行動はそれぞ

れの文化によって特定の内なる標的に誘導され，異常行動や逸脱行為によって集団の自己管理や文化的統一を脅かす人物が標的となる。社会構造や外部にある政治権力が集団の安定を保証し得ないような小さな伝統的な共同体の枠内において，このように発動された攻撃が，重要かつ不可欠な社会的矯正力となっているのだと主張している。

　このような視点からギルモアは，アンダルシアの町における人々の日常行動を詳細に観察し，攻撃の手段として，ビト（罵倒や侮辱），ゴシップ，品位を傷つけるあだ名，カーニバル（儀式的闘争），マチスモ（性的攻撃），まなざし（絶えざる監視）をあげている。たとえば，ビトははずかしめの伝統的儀式であり，再婚したやもめや性的放蕩者など，町の道徳規範や倫理を犯した者たちが風刺セレナーデによって処罰されるのであり，この民衆による愚弄の攻撃的な懲罰儀式は，違反者が屈服したり町を出ていったり息絶えるまで続いたという。

　ギルモアによると，アンダルシアで行使される攻撃行動は，逸脱を抑止し，伝統的道徳秩序を妨害するものを排除する。攻撃は向きを変えられ，転換され，変形されはするが，別物に変えられるわけではない。攻撃は依然として攻撃である。だが，それは集団の矛盾に満ちた愛と集団の価値観・伝統への道徳主義的執着として甘受され表明される。このような形で，攻撃行動は伝統的秩序を維持するために日常生活の中に組み込まれているのである。

　このようにギルモアは，アンダルシアの人々の生活を彼らの文化様式にあった攻撃性の日常化という視点から考察している。アンダルシアの町の人々によって行われるビト，ゴシップ，あだ名の命名は，言葉による比較的軽い攻撃手段であるが，町の大方によって執拗に繰り返されることで，共同体の秩序維持装置として作用することになる。

　日本において無視や仲間はずれによるいじめの手口が多いということは，攻撃性の表出がそうした日本的な様式をとって，秩序維持的に日常の生活の中に組み込まれているととらえることができるだろう。日本の児童生徒により行われることの多い無視や仲間はずれの場合，そこでの行動は積極的な行動ではなく，日常生活の中のあるべきものを欠如させることにより行われる加害行動である。つまり仲間と会話をするとか，一緒に遊ぶとかいった日常の普通の行動

が当然行われるはずだという前提があって，それを意図的に阻止することによって，攻撃行動が表出されるわけである。したがって，そうした攻撃のスタイルは，日常行われる伝統的習慣的に蓄積された人間関係の行為様式や思考習慣にのっとって行われることとなる。

ギルモアのアンダルシアでの分析に従って考えてみるならば，日本の児童生徒により行われることの多い無視や仲間はずれは，共同体や仲間集団の秩序維持装置として機能していると見ることができる。

2　いじめ加害の扱われ方

教室でいじめに対応する時，いじめられる側にも問題があるという意識が教師にも親にも強いといわれている。しかしながら，いじめはいじめる側の不当な攻撃行動そのものを指しているのであるから，いじめる側にこそ問題があると考えなければいけないはずである。「娘をいじめていた子は罪の意識もなくのうのうと過ごし，普通に就職して『立派な社会人』と評価されています。結局悪賢い人間ばかりが得をするようにできているのでしょうか」（朝日新聞1997年5月19日）と扱いの不公平さを嘆く新聞の投書が現れることとなる。

このことは前述したように，海外のいじめの議論を見た時に，その違いが明確になる。いじめ行為は犯罪に連動するものとして危険視され，何よりそれ自体が悪として，いじめ加害を行った者に対して，強制的に転校させるなど厳しい対処がなされている。

ところが，日本では事情はまったく異なり，いじめっ子はその加害行動が犯罪だと認定されない限り，まず処罰されない。いじめられる側の悲鳴は新聞の投書など随所で聞かれるが，それに相応するいじめる側の残虐性や非道徳性は明らかにされることはない。いじめへの対処法として，せいぜいいじめられっ子の転校を認めるとか，毎学年ごとにクラス替えを行うといったことがなされる程度である。

いじめる側は集団の中で優勢な立場にあって，いじめていることを巧妙に隠蔽したり，あるいは全体の雰囲気を自分たちのほうに取り込んで，自分のほうに向けられる非難をかわせる位置を確保していたりする。また，ふざけやからかいの気持ちからかなりの加害行為をしていても罪悪感を感じないなど，いじ

める側の残虐性や暴力性が集団の状況の中で顕在化しないこともある。時には教師や親なども味方に引き入れて，いじめられる側にこそ問題があるという意識を蔓延させてしまうのである。

こうした状態になることの背景に，集団全体の流れにうまく適応でき協調的に活動できるということが何よりも評価され，善悪のけじめをしっかりつけるという発想が弱くなってしまうことがある。

日常生活の中で，いじめを可能にし，そのことを集合的に黙認させてしまう優位的関係性が作られる局面について次に考えてみよう。

3節　いじめを生む優位－劣位関係

1　優位的関係性が作られる段階

いじめ加害がなぜ相応の制裁措置を受けずにやり過ごされてしまうのか，5つの段階に分けて考えてみよう。

(1) 日常生活（普段の対人関係）

普段の生活におけるいじめ発生以前の段階である。学年が同じ子どもたちであっても，個人間の差異は少なからずある。したがって，違った個性をもつ児童生徒が互いに啓発しあって成長していく場合もあれば，いろいろな面で優劣差が生じ激しく競い合う場合もある。

時には圧倒的な優劣差となる場合もあり，強い不均衡関係が生じることもあるだろう。その時に常にいじめが生じるわけではなく，優位な者が劣位なものを支援する援助行動となる場合もあるだろう。優劣関係の視点から見れば，対人関係の状態が時々刻々と変化する中で，優劣関係も変化しつつ，次第に固定的な力関係に収斂していく。親密なグループの中でボス，参謀，兵隊，ピエロ役，使い走りといった役割分担が作られ，強い優劣関係がメンバー内でできあがる場合もある。

(2) いじめの発生（加害者－被害者）

いじめが実際に成立する時である。それは暴力的であれ，心理的であれ，被害側が攻撃行動を受けたと意識し大きな苦痛を感じた時である。日常生活において固定的な優劣関係ができていても，先生に見つけられる，その場をうまく

かわされて逃げられてしまうなど，いじめにならない場合もある。いじめは，標的となる者が大きな苦痛を感じないと成立しないわけである。

対等な関係のもとでは，一方が苦痛を感じてもいじめではなく，けんかやもめごととなる。体力面での優位性であれ，暴力が容認されない集団での話術に秀でていることであれ，一方的な不均衡関係のもとで起こる攻撃行動がいじめである。

(3) いじめの理由づけと継続（加害者－被害者）

加害側が被害側にたとえ荒唐無稽な理屈であっても，理由付けを行っていじめをむりやり納得させ，他の者に助けを求めないようにしたり，いじめられ続けることを受容したりする際の優位的関係である。

いじめられるのは，自分の存在や欠点のせいだと被害側に思いこませることができれば，被害者の声を封じ込めることができる。児童生徒は思春期の自己確立期にあり，自分の欠点や性質に対して過度に自己批判的であるため，不当な攻撃を受けても他者の助けを求めようとせず，自分の内なる問題としてとらえがちである。また，ずっと今の学校生活が続いていくことが予想されると，被害側がいじめを甘受して少しでも苦痛をやわらげたいと考え，加害側の意向にそう行動をとる場合もある。そうなればいじめる側にとっては好都合である。

(4) いじめ加害側の非難防止処理（加害者－周囲）

自分が加害行為をしたことを非難されないよう周囲に配慮する。仲間集団の他のメンバーが受容するだけでなく，先生や保護者に対しても，たとえば顔をマジックで塗られているのはじゃんけんゲームで負けたからだと，ゲームの一種にしてしまう非難回避工作がとられる。

学級集団や仲間集団でボス的存在となっている者は，第1段階の日常生活において，他のメンバーに対し優位な関係を日頃から作っており，先生や保護者にチクったり（告げ口したり）しないよう圧力をかけることができる。仲間集団が緊密であれば，インフォーマルなルールとしていじめを公言しないことといった結束事項が暗黙的にできあがり，いじめ加害への非難防止網ができあがる。

(5) 学校関係者による外部の者への対応（学校関係者－外部）

いじめに関する大人の対応を見てみると，その扱いの経過において意図的に

なされるわけではないが，いじめの加害者に対して被害者よりも慎重に対応し結果的に手厚く扱われがちである。いじめっ子の親はわが子への保護意識からいじめ加害を認めようとしない場合や，けんか両成敗的な主張をして非難をかわそうとする場合がある。

校長を中心とする学校側は，いじめを報道する側の姿勢，学校を監督する教育委員会や文部省の方針，子どもを守ろうとする親やＰＴＡの要求に応じて，いじめ事件への対応を迫られるが，加害者の人権を重視するあまり加害者をかばいすぎるという傾向があった。これは，保護者の強いバックアップによる場合もあるが，いじめ加害側の児童生徒が，いじめ問題に限らず，日頃から学校生活において優位な立場を得ているためだと考えられる。

また，事後的にも，いじめ問題はその地域には醜聞となるので，やっかいごとを提起する者としていじめ被害側に非難の目がいくことも，相対的に加害側が優位に位置づけられる原因であろう。いじめ問題が発生した地域住民は，学校関係者と共にこれ以上世間で騒がれないよう，なし崩し的にいじめ問題を解消しようとする場合が多い。地域の平穏を乱す行為は顰蹙をかうが，いじめ加害側が特に目立たない以上，被害側が沈黙すればそれで収まるではないかという思考がはたらくのである。こうした地域閉鎖主義ともいうべき慣習が，いじめ加害側に応分のサンクションを科すことを妨げている。

2　日常生活における常識的思考の見直しの必要性

以上のいじめに関わる優位的関係性の5段階の中で，第1のいじめ発生以前の普段の生活における優位的関係がもっとも重要であろう。そのことがいじめの成立，継続，周囲の容認と見て見ぬ振り，大人の保護主義と沈静化対策へと連動していくからである。次にそれらについて簡単に言及しておこう。

普段の生活において，いじめ加害のほうに知らず知らずのうちに加担してしまうのは，日常生活における常識的思考が作用しているからで，それに対する自覚的見直しが必要となる。特に清潔，迅速，明朗，饒舌など一般に好ましいと考えられている価値志向について十分に考慮しそれへの一辺倒とならないように注意する必要がある。

清潔は，現代人に強く要請されている価値志向であるといえるだろう。しか

し常に要求されていたわけではなく，クセルゴン（Csergo, 1988）によれば，フランスにおいて18世紀まで皮膚の垢は日常的な風景の一部であり許容されていたという。クセルゴンは身体衛生が人々に強制されるようになったのは，医学的な理由だけでなく社会的，政治的な理由もあったことを論じている。

現代日本においては，過剰とも言えるほど清潔に関する情報や商品が氾濫している。確かに清潔にすることは，病原菌の駆除や身体機能の維持などに有効であるが，1日に何度も洗髪をする朝シャン・ガールや顔の油っ気を異常に嫌う清潔ボーイなど，過敏清潔症候群あるいは不潔恐怖症の状態になるならば，逆に人体にとって有害な志向性となる。鹿島は過剰な清潔へと駆り立てているのは，心の中身が外見とりわけ外部に露出している肉体の清潔度から判断されてしまうのではないかという恐れによるのだと指摘しており（鹿島, 1992），身体への有害性だけでなく，対人関係など社会面においても支障が生じるであろう。

迅速さも，現代人，とりわけ過密化し情報化した都市生活において，強く求められる価値志向である。てきぱきと要領よく物事を処理できることは，それ自体よく評価されることであり，望ましいことだとみなされていると言ってよいだろう。しかしそれが強く志向されると，自分のペースで確実に課題をするといったタイプの者にも早くするよう強要したり，低く評価したりするようになってしまう。

明朗さは，以前にネアカーネクラの見方が流行したように対人関係において人物評価の大きな部分を占めている。他者に明るいと思われることが，仲間との対人関係において何よりも大切なこととなる。暗い印象を周囲に与えると次第に敬遠され，仲間はずれのもとになる。そこで，明るくふるまわなければいけないという思いにとらわれると，何ら実質的な内容を伴わない脅迫的ネアカブリっ子の状態に陥ることとなる。

饒舌は，かつては訥弁であることが日本人の素朴さ，ひたむきさ，信頼感を示すように考えられたこともあり，ただちに好ましい価値志向とはみなされないが，能弁であることで自己の立場をよくしたり，その場の雰囲気を和やかなものにすることができる。したがって，弁舌のたつ者やユーモアたっぷりにしゃべれる者は，周囲の者に重宝されることが多い。現代社会では言葉による表

現の巧みさは，もっとも有利な能力であろう。逆に自己の意志を表現できないことは，何かと不利な状態を招くであろう。

おわりに

これらの価値志向は，一般によいことであるとみなされ，そうした行動を多くとる児童生徒は，先生や保護者から「よい子である」とプラスの評価が与えられやすい。先生や保護者にとって，何かと扱いやすいからである。

それに対して，不潔，のろま，ネクラ，しゃべりべたの行動を多くとる，ないしはそのような印象を与える児童生徒は，そのことによって周囲の大人に嫌悪感を呼び起こし，相互作用におけるマイナスの構えができてしまう。そうなると児童生徒間でもめごとが発生すれば，すでにできている枠組みで対応がなされることとなり，公平な扱いはできないであろう。優位－劣位関係が成立することとなり，いじめの前提条件が構成される。

こうした価値志向を重視するあまり，学校空間内に対人間の優位－劣位関係を発生させてしまい，それにうまくのっかって行われるいじめ加害に対し，厳しく対処できない，場合によってはそちらのほうに加担してしまうといった状態になってしまうのである。

確かにアメリカのような勧善懲悪型の対処法では，いじめ加害行為を悪と決めつけ断固たる処置をとることができよう。しかし，攻撃性が日常生活空間の中に組み込まれており，ごく一般的に不当な攻撃行動が行われる日本の場合，そうした断定型の判断は通用せず，普段の生活そのものを見直すところから出発しなければならないであろう。

上に述べた価値志向はそれ自体望ましいものであるが，行き過ぎて追求されると病的な状態に陥ったり，評価的な判定を行うことで優位，劣位の関係を作り出してしまうことが問題なのである。そうしたことは，一人の担任によって作られる学級王国で発生しやすく，その意味からも複数の教員によって学級運営されるのが望ましいであろう。

参考文献

Csergo, J. 1988 *Liberte, egalite, proprete-La morale de l'hygiene au 19 siecle*（鹿

島茂訳　1992　『自由・平等・清潔－入浴の社会史』河出書房新社）．
鹿島茂　1992　訳者あとがき．前掲書所収．
Olweus, D.　1993　*Bullying at school: What we know and what we can do.*（松井，角山，都築訳　1995　『いじめ　こうすれば防げる』川島書店）．
矢部武　1997　『アメリカ発いじめ解決プログラム』実業之友社．p.95．
Gilmore, D.D.　1987　*Aggression and community.*　Yale University（芝紘子訳　1998　『攻撃の人類学』藤原書店）．
瀬川晃　1998　『犯罪学』成分堂．p.31．
宝月誠　1999　「現代日本社会の逸脱とコントロール」　宝月誠編　『講座社会学　逸脱』東京大学出版会．pp.1～34．
J・ユンガ・タス，J・V・ケステルン　1999　「オランダのいじめ」『いじめ／校内暴力に関する国際比較調査』平成8～10年度科学研究費補助金研究成果報告書．pp.43-95．

第10章　いじめた時の気持ち

添田　久美子
Soeda Kumiko

はじめに

　いじめが発生した時，いじめの被害を受けた子どもを守り，ケアすることが大切であることは言うまでもない。しかしその一方で，いじめた子どもへの対応やケアは十分になされているのであろうか。そもそも，いじめの加害者について，加害者の子どもの気持ちや苦悩の実態をありのままに見，分析することが十分なされてこなかったのではないだろうか。

　いじめの加害者となった子どもの気持ち，さらにはその背景にある彼らが抱える問題や彼らをいじめ行為に走らせる要因は，社会的文化的背景を越えて世界的に，特に先進国で共通するものもあれば，それぞれの国の社会的文化的特性によって強化され表出するものもある。

　そこで，本章では，日本と同様にいじめ問題を抱えるオランダ，イギリス，ノルウェーといった国を取り上げ，各国の現状を比較することによって，いじめの発生のメカニズムを加害者の子どもの視点から明らかにする。さらに，いじめが他の逸脱行為とどのような時に結びつくのか，あるいは，背景的要因として重なるものはあるのかについても視野に入れて分析を進める。

　また，あわせて，教師や保護者が加害者の子どもをどのように見ているのか，どのような指導を行っているのかといった各国のいじめへの取り組みの姿勢についても言及する。

1節　いじめた時の気持ち

1　いじめた時の気持ち

(1) 全体的傾向

凡例：日本／イギリス／オランダ

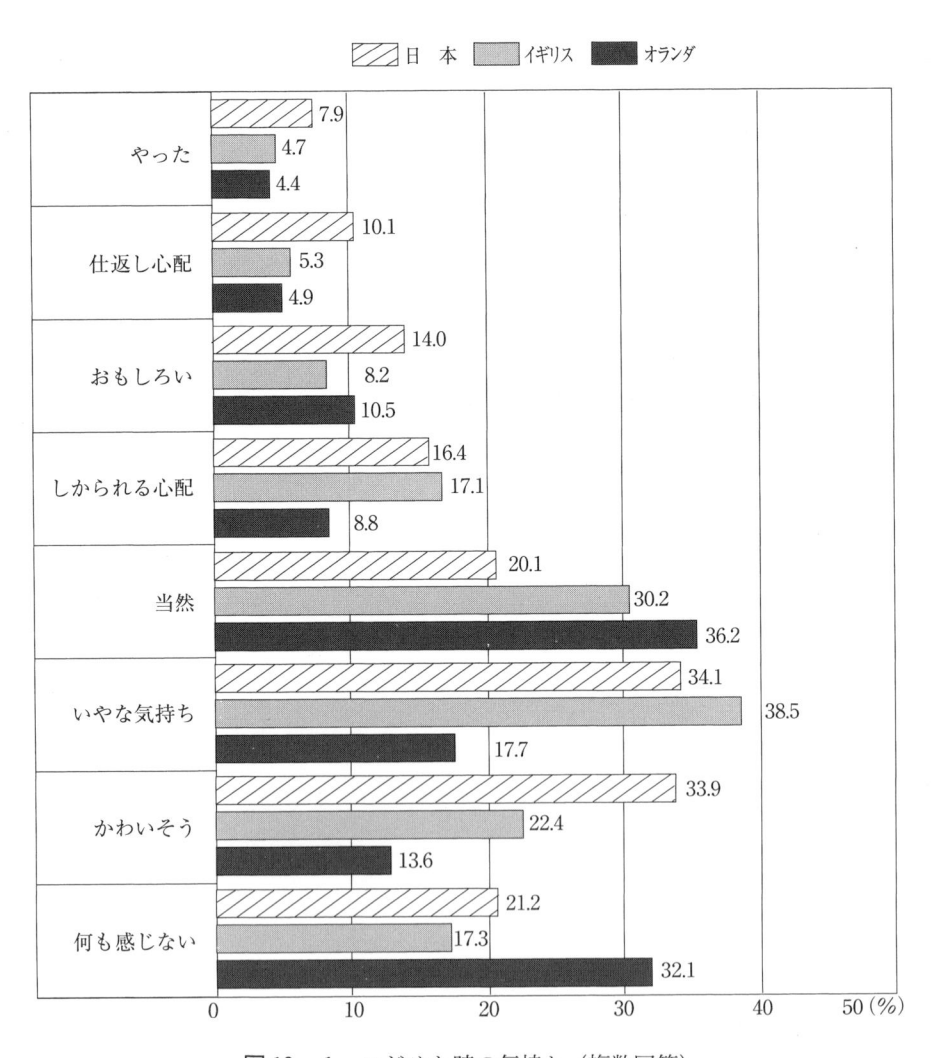

項目	日本	イギリス	オランダ
やった	7.9	4.7	4.4
仕返し心配	10.1	5.3	4.9
おもしろい	14.0	8.2	10.5
しかられる心配	16.4	17.1	8.8
当然	20.1	30.2	36.2
いやな気持ち	34.1	38.5	17.7
かわいそう	33.9	22.4	13.6
何も感じない	21.2	17.3	32.1

図10－1　いじめた時の気持ち（複数回答）

第10章　いじめた時の気持ち　177

　いじめた時に加害者がどのような気持ちになったかを日本，イギリス，オランダ各国別に示したものが図10－1である（複数回答）。3か国を比較すると，日本とオランダはかなり異なった傾向が見られる。日本は「かわいそう」，「いやな気持ち」が高く，「当然」が低いが，オランダは「当然」「なにも感じない」が高く，「かわいそう」や「いやな気持ち」といった気持ちが特に低いことが特徴的である。イギリスは全体としては日本と似通った傾向を示しているが，「当然」が高い点においてはオランダと共通していると言えるであろう。
　以下では加害者が感じた気持ちによっていくつかに分けて分析を進めることにしよう。

(2)　後悔型加害者
　「かわいそう」や「いやな気持ち」といった気持ちを感じた加害者は日本とイギリスで多く見られた。これらの気持ちは，後ろめたく，後味の悪い後悔の気持ちと総称できるであろう。しかし，現実の加害者の気持ちはひとことで言

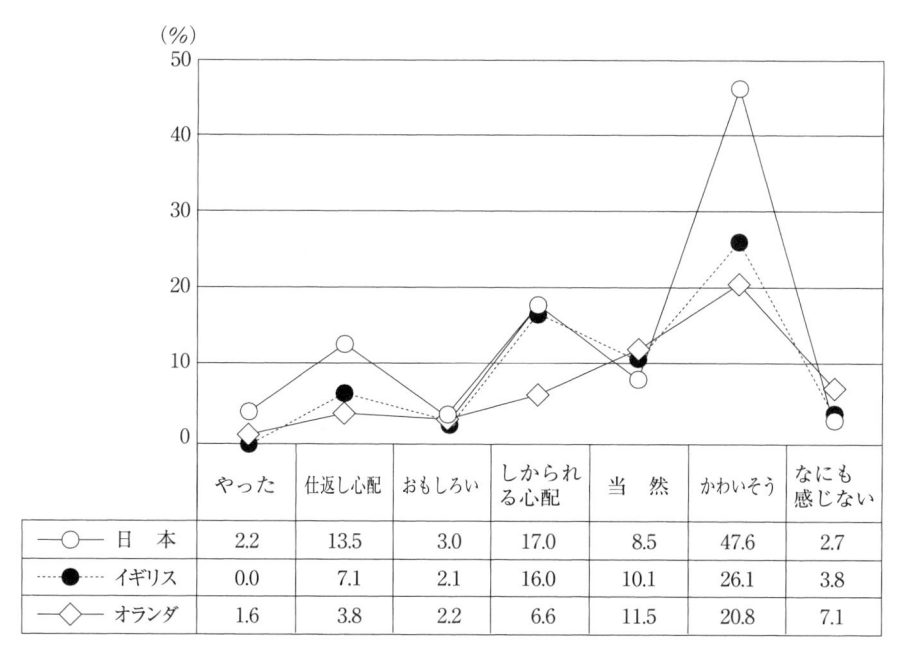

	やった	仕返し心配	おもしろい	しかられる心配	当然	かわいそう	なにも感じない
日本	2.2	13.5	3.0	17.0	8.5	47.6	2.7
イギリス	0.0	7.1	2.1	16.0	10.1	26.1	3.8
オランダ	1.6	3.8	2.2	6.6	11.5	20.8	7.1

図10－2　「いやな気持ち」と回答している子どもが他に感じている気持ち

いあらわせるほど単純なものではなく，いくつかの気持ちが交錯しているとも考えられる。そこで，後悔を感じた加害者が他にどのような気持ちを感じたのかについて見てみよう。

「いやな気持ち」や「かわいそう」と感じたと回答した加害者が他にどのような気持ちを感じたのか，その重複率を各国ごとに示したものが図10－2，3である。図10－1と比較すると各国とも「いやな気持ち」を感じた加害者が「かわいそう」と感じたと回答している割合が高く，「やった」，「おもしろかった」，「当然」といった気持ちとの重複率はひじょうに低いことがわかる。これは「かわいそう」と感じた加害者においても同様の傾向が見られる。

(3) 正当化型加害者

「当然」と感じた加害者はオランダで特に多く，イギリスでも3割と加害者の感じた気持ちとしては2番目に高いが，日本では2割と他の2か国に比較すれば若干低い（図10－1）。「当然」という気持ちは，加害者がいじめたこと

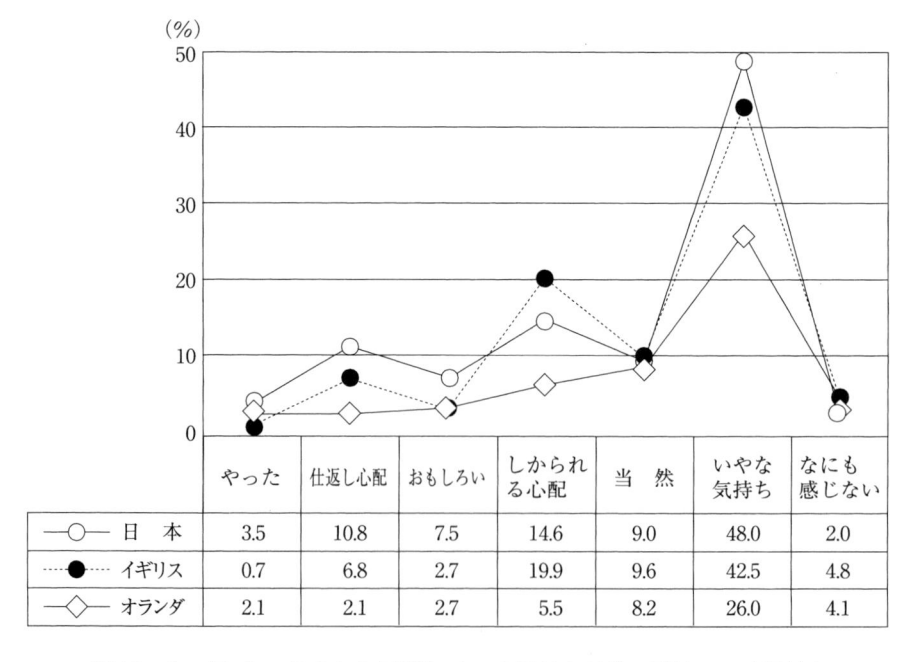

	やった	仕返し心配	おもしろい	しかられる心配	当然	いやな気持ち	なにも感じない
日本	3.5	10.8	7.5	14.6	9.0	48.0	2.0
イギリス	0.7	6.8	2.7	19.9	9.6	42.5	4.8
オランダ	2.1	2.1	2.7	5.5	8.2	26.0	4.1

図10－3 「かわいそう」と回答している子どもが他に感じている気持ち

に対して何らかの理由をつけ「だから当然である」と考えることで自らの罪悪感を合理化する行為であるが，こうした行為は非行や犯罪でも見られる（森田ら，1999）。

では，「当然」と感じた加害者は他にどのように感じたのであろうか（図10-4）。図10-1と比較すると各国とも「いやな気持ち」，「かわいそう」といった後悔の気持ちと重複して感じた加害者が特に少なく，イギリスやオランダにおいては他の気持ちとの重複率もさほど高くない。こうしたことから，イギリスやオランダにおいては，「いじめた相手はいじめられても『当然』だ」というかなりはっきりとした意識をもっていじめている加害者が存在すると考えられる。

しかし，日本はこれら2か国とやや異なった傾向を示している。「当然」と感じた加害者のうち約2割が「やった」や「おもしろかった」という気持ちと重複して感じており，この重複率は他の2か国の3倍近いものである。

(4) 快楽型加害者

本調査・研究を共同で行ったオランダ人研究者は，「おもしろかった」と回答している加害者は，さきの「当然」と回答している加害者よりもいっそう非行の度合いが進んでいるとみなしているが（森田，1999a），いじめたことを

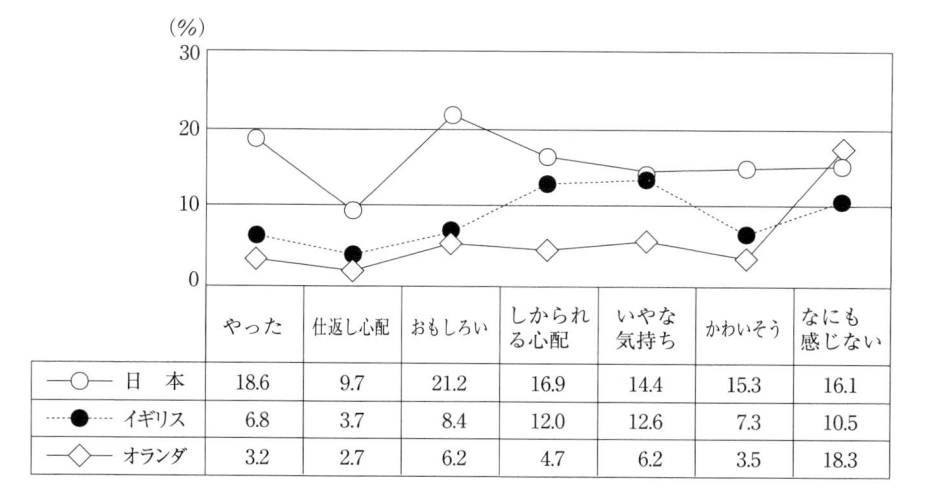

	やった	仕返し心配	おもしろい	しかられる心配	いやな気持ち	かわいそう	なにも感じない
日本	18.6	9.7	21.2	16.9	14.4	15.3	16.1
イギリス	6.8	3.7	8.4	12.0	12.6	7.3	10.5
オランダ	3.2	2.7	6.2	4.7	6.2	3.5	18.3

図10-4 「当然」と回答している子どもが他に感じている気持ち

「やった」や「おもしろかった」と感じ，そこから快楽を得ていると思われる加害者の割合がもっとも高いのは日本である。その割合は1割前後と他の気持ちと比較して特に高いとはいえないが（図10-1），オランダ人共同研究者の指摘を検証する意味からもいじめから快楽を得るという加害者がどのようないじめを行っているのかについては，特に注意を払って分析する必要があるであろう。

　(5) 無感情型加害者

　「なにも感じない」と回答した加害者が特に多いのはオランダである。オランダの加害者は「しかられることが心配」，「いやな気持ち」，「かわいそう」といった気持ちの割合も日本やイギリスに比べひじょうに低い。そうしたことから，オランダの加害者は総じて自らのいじめ行為に対する歯止めとなる感情をもつことが少ないように思われる。この点について，オランダ人共同研究者は，オランダ人加害者は他の子どもに比べ，犯罪を含む非行・問題行動に関与する率が高く，反社会的傾向が見られると報告している（森田総監修，1998，pp. 196-207）。

　しかし，このような無感情型加害者はオランダにだけ存在するのではなく，日本にもイギリスにも加害者全体の2割程度存在する（図10-1）。これらの加害者がどのような手口のいじめを行ったのであろうか。その点については3でさらに考察することとする。

2　いじめた時の気持ちと年齢

　いじめた時どのように感じたのかは年齢とともに変化するものであろうか。「しかられることが心配」（図10-5）という制裁をおそれる気持ちについて見ると，3か国とも学年があがるにつれて直線的な減少傾向を示している。小学校5年生では各国とも2割前後いたものが，中学校3年生ではその半数以下にまで減少している。特に，オランダにおいては減少傾向が強く見られ，今回調査を行ったうち最年長である日本の中学校2年生にあたる学年では，最年少である小学校5年時の5分の1以下にまでその割合が下がっている。

　これに対して，「おもしろかった」（図10-6）という気持ちは，3か国とも学年があがるにつれて明らかに増加傾向を示している。特に，日本，オラン

第10章　いじめた時の気持ち　181

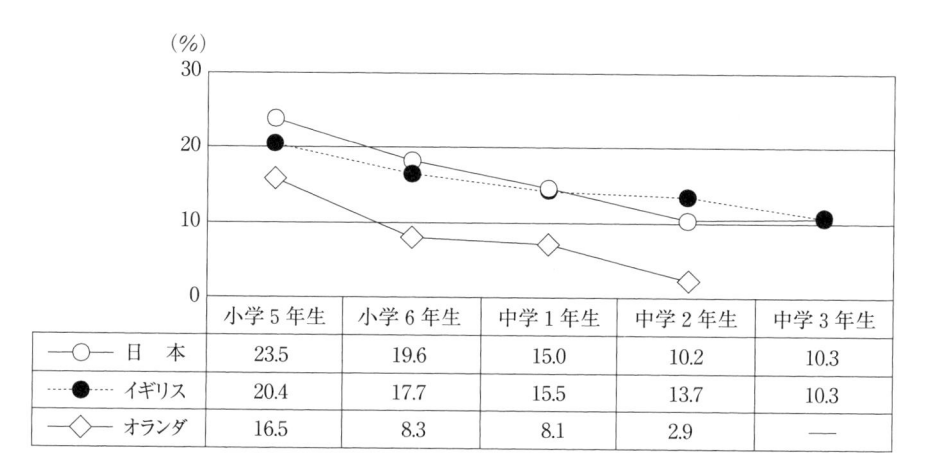

	小学5年生	小学6年生	中学1年生	中学2年生	中学3年生
─○─　日　本	23.5	19.6	15.0	10.2	10.3
……●……　イギリス	20.4	17.7	15.5	13.7	10.3
─◇─　オランダ	16.5	8.3	8.1	2.9	―

図10－5　「しかられることが心配」と回答している子どもの学年による推移

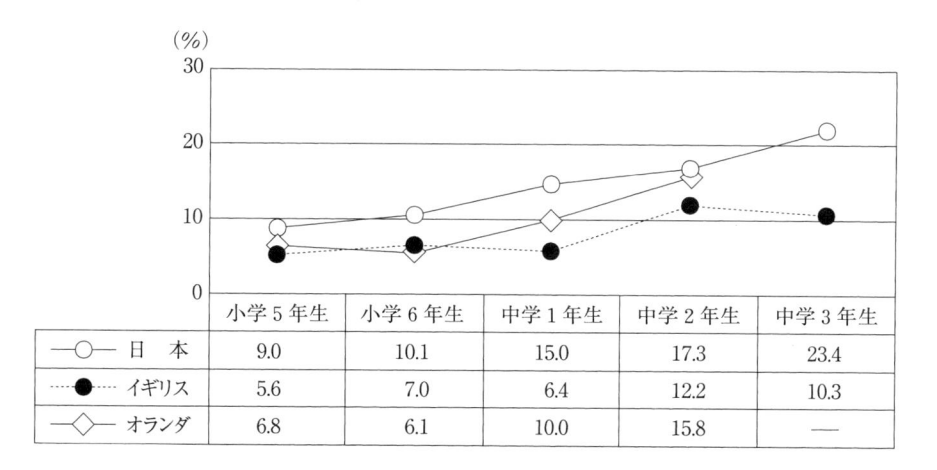

	小学5年生	小学6年生	中学1年生	中学2年生	中学3年生
─○─　日　本	9.0	10.1	15.0	17.3	23.4
……●……　イギリス	5.6	7.0	6.4	12.2	10.3
─◇─　オランダ	6.8	6.1	10.0	15.8	―

図10－6　「おもしろかった」と回答している子どもの学年による推移

ダでは，調査を行った最年長時で最年少時の2倍以上の割合にのぼっている。
　また，「なにも感じない」では（図10－7），3か国中もっとも割合が高かったオランダが常に3割前後で推移しており，日本とイギリスでは学年とともに増加傾向がみられる。

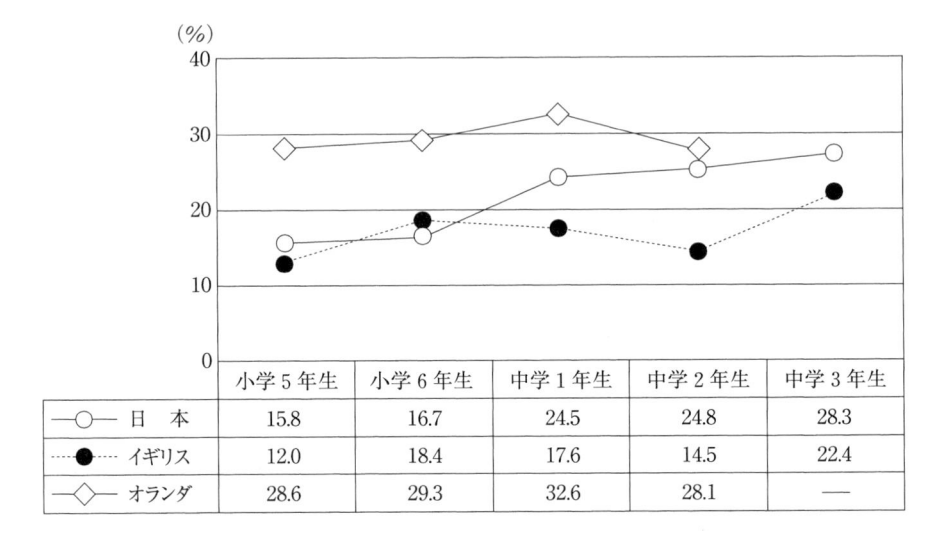

	小学5年生	小学6年生	中学1年生	中学2年生	中学3年生
日　本	15.8	16.7	24.5	24.8	28.3
イギリス	12.0	18.4	17.6	14.5	22.4
オランダ	28.6	29.3	32.6	28.1	―

図10-7　「なにも感じない」と回答している子どもの学年による推移

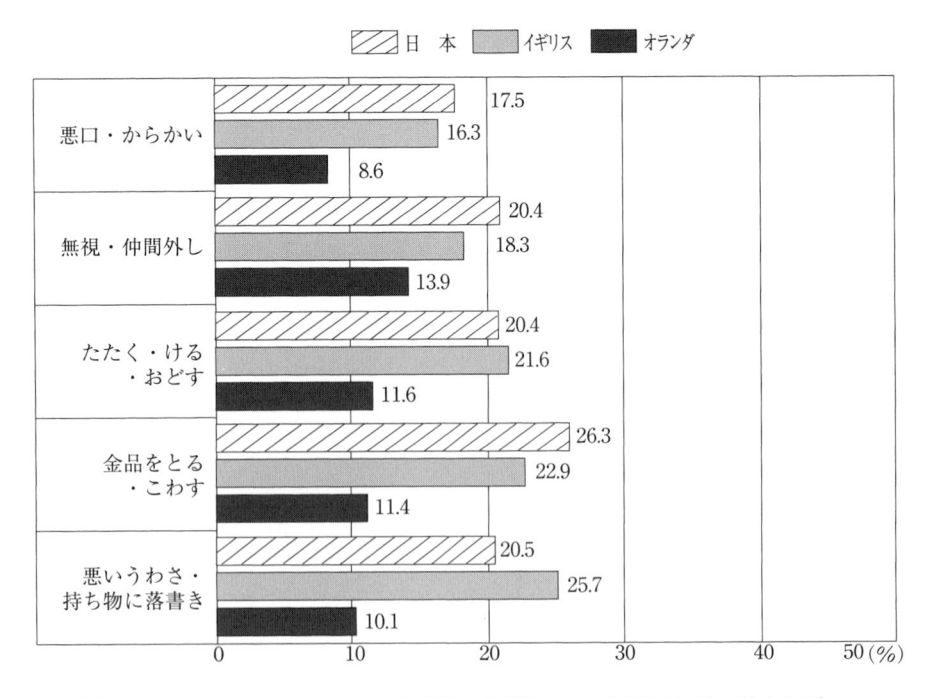

手口	日本	イギリス	オランダ
悪口・からかい	17.5	16.3	8.6
無視・仲間外し	20.4	18.3	13.9
たたく・ける・おどす	20.4	21.6	11.6
金品をとる・こわす	26.3	22.9	11.4
悪いうわさ・持ち物に落書き	20.5	25.7	10.1

図10-8　「しかられることが心配」と回答している子どもがいじめた手口

3　いじめた時の気持ちと手口

いじめた時の気持ちといじめた手口とはどのような関係があるのであろうか。「たたく・ける・おどす」や「金品をとる・こわす」といった犯罪性が高いとみなされる手口ほど，加害者の心理的負担は大きいのであろうか。

まず，「しかられることが心配」(図10-8)と回答している子どもがどのような手口でいじめたと回答しているのかを見てみよう。日本では「金品をとる・こわす」，イギリスでは「悪いうわさ・持ち物に落書き」の手口で若干割合が高いが，手口によって感じた気持ちが大きく異なるとは言い難い。

では，「当然」についてはどうであろうか。加害者側の論理に立てば，「悪口・からかい」，「無視・仲間外し」といった手口については，相手が悪いからだと行為を正当化し，罪悪感を合理化することが容易であり，「たたく・ける・おどす」や「金品をとる・こわす」といった手口は正当化・合理化することがむずかしいように思われる。しかし実際は，図10-9のような結果であ

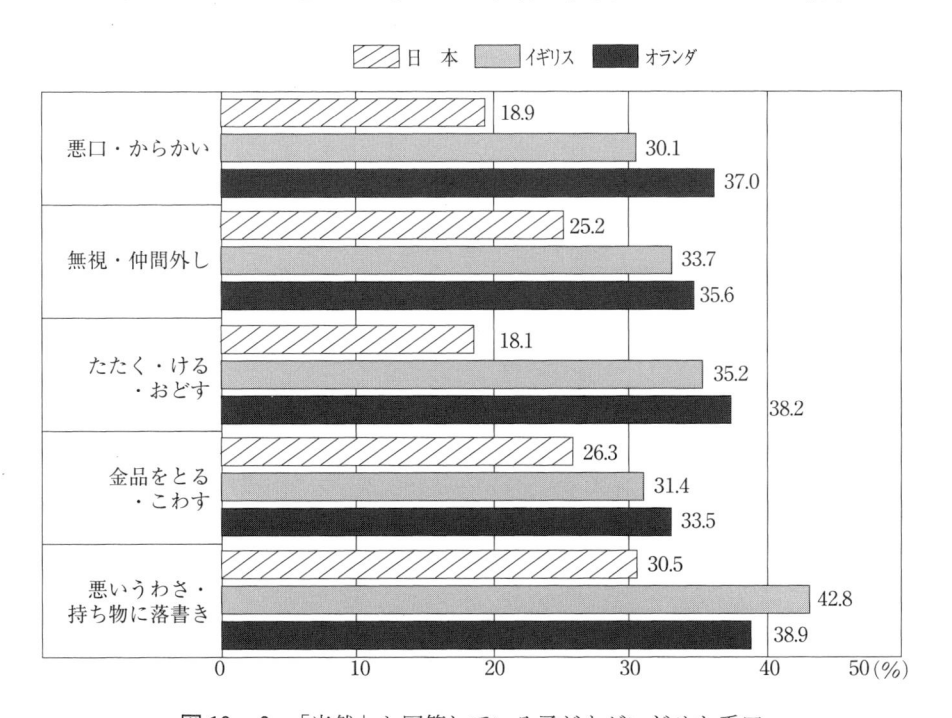

手口	日本	イギリス	オランダ
悪口・からかい	18.9	30.1	37.0
無視・仲間外し	25.2	33.7	35.6
たたく・ける・おどす	18.1	35.2	38.2
金品をとる・こわす	26.3	31.4	33.5
悪いうわさ・持ち物に落書き	30.5	42.8	38.9

図10-9　「当然」と回答している子どもがいじめた手口

る。イギリスとオランダにおいてはすべての手口でほとんど割合に大差がなく，日本においては，「当然」だと回答した加害者のうちの約2割が「金品をとる・こわす」や「たたく・ける・おどす」といった行為を行っている。

さらに，「なにも感じない」（図10－10）では，3か国とも「悪口・からかい」，「無視・仲間外し」といった手口よりも「たたく・ける・おどす」や「金品をとる・こわす」といった手口のほうがむしろ高いという結果がでている。

では，他の国に比較して日本が特異な傾向を示していた「おもしろかった」という気持ちを感じた加害者はどのような手口でいじめたのであろうか。図10－11に示されているように，イギリスとオランダでは，手口による差異はほとんど見られない。しかし，日本は，「金品をとる・こわす」で3割を超えており，一部の加害者にとってこれらの犯罪性が高い行為が快楽を得るスリルのある遊びとなっていると考えられる。

以上のように，各国ともいじめの加害者がどのように感じたのかは，いじめ

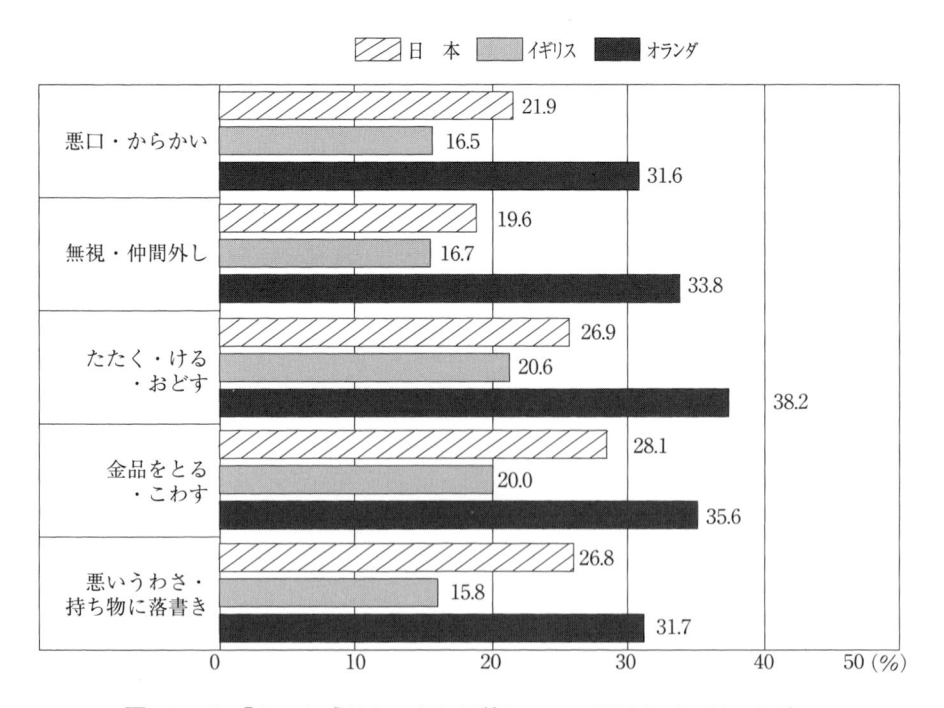

図10－10 「なにも感じない」と回答している子どもがいじめた手口

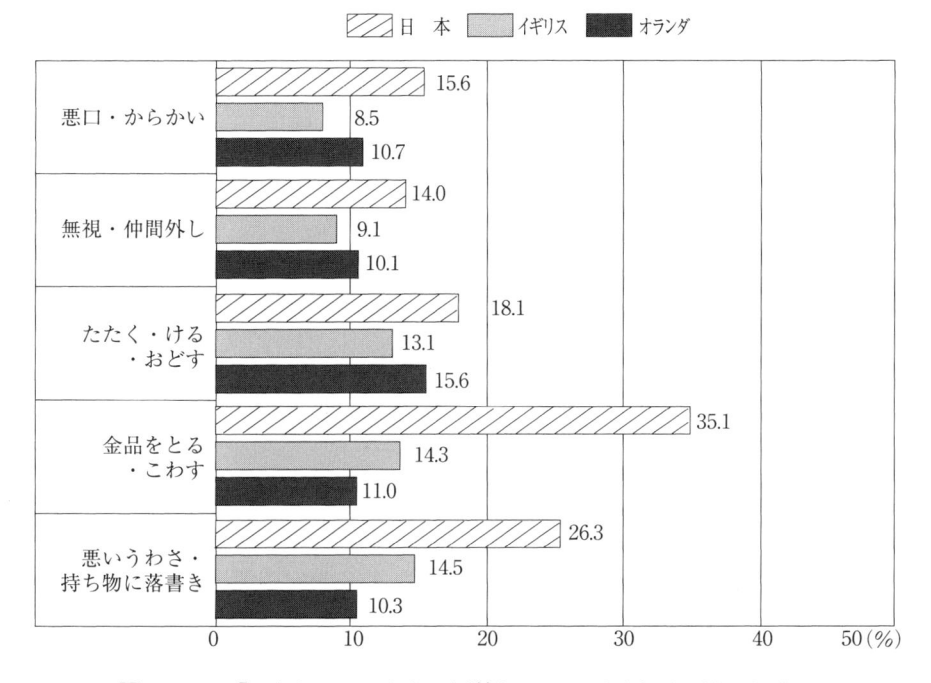

図10-11 「おもしろかった」と回答している子どもがいじめた手口

手口	日本	イギリス	オランダ
悪口・からかい	15.6	8.5	10.7
無視・仲間外し	14.0	9.1	10.1
たたく・ける・おどす	18.1	13.1	15.6
金品をとる・こわす	35.1	14.3	11.0
悪いうわさ・持ち物に落書き	26.3	14.5	10.3

た手口によって異なるのではなく，加害者がもつ社会規範や道徳・倫理観によって感じる気持ちが異なると考えられる。

2節　教師の指導

　加害者に対して，いじめたことで教師から話があったかを日本，イギリス，オランダ，ノルウェー各国別に示したものが図10-12である。イギリスが他の3か国よりも1割近くも高い割合を示している。さらに，これをいじめの手口別にみると（図10-13），イギリスは「悪口・からかい」や「無視・仲間外し」といった教師の目には触れにくいと思われる手口でも割合は高い。特に，「悪いうわさ・持ち物に落書き」を行った加害者では，約5割が教師から指導されている。

　以上のように，加害者の回答からはイギリスでは教師がよく対応しているこ

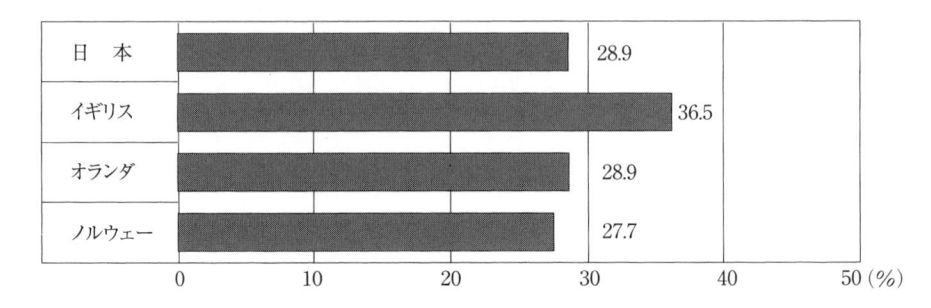

```
日 本      28.9
イギリス    36.5
オランダ    28.9
ノルウェー   27.7
```

図 10-12　教師はいじめたことについて自分に話した

凡例：日 本　イギリス　オランダ

悪口・からかい
- 日本: 29.2
- イギリス: 36.1
- オランダ: 29.2

無視・仲間外し
- 日本: 29.7
- イギリス: 35.7
- オランダ: 27.9

たたく・ける・おどす
- 日本: 33.0
- イギリス: 44.6
- オランダ: 36.7

金品をとる・こわす
- 日本: 33.9
- イギリス: 37.5
- オランダ: 27.4

悪いうわさ・持ち物に落書き
- 日本: 35.1
- イギリス: 47.2
- オランダ: 28.7

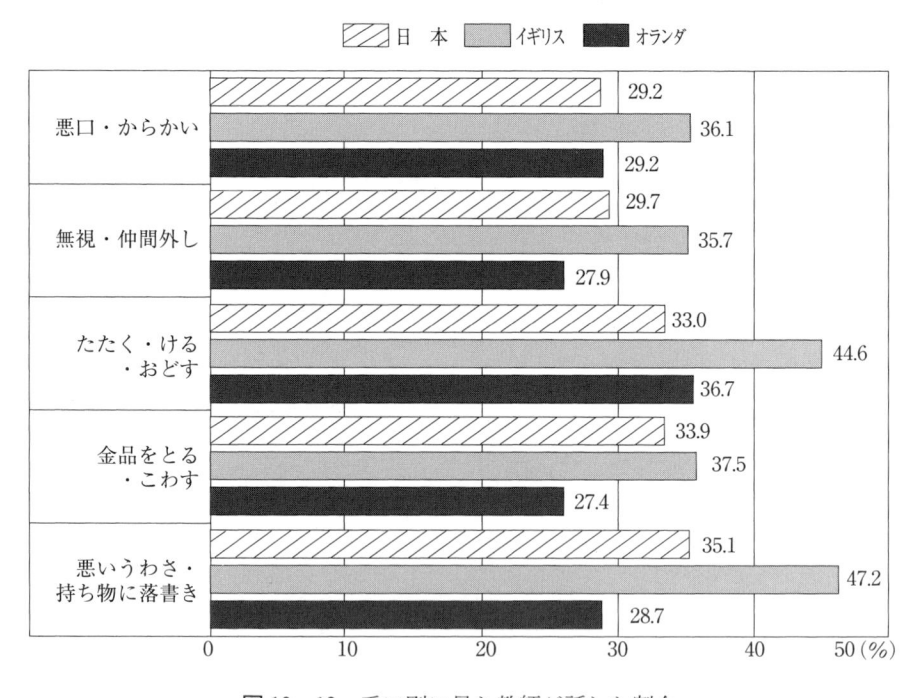

図 10-13　手口別に見た教師が話した割合

とがうかがえるが，イギリスにおいていじめへの全国的な取り組みが始まったのは約10年前であり，学校における規律についてのエルトン報告（1989）でいじめの問題性が言及されたことによる。その後のイギリスの先進的な取り組みについては，「シェフィールドいじめ克服プログラム」などすでに数多くが

日本においても紹介されているとおりであり，継続的な調査研究が現在も進められている。また，教育行政レベルでは，4年ごとに行われる学校基準局（Office of Standards in Education）による視察においていじめへの対策が視察対象項目のひとつとして取り上げられている。イギリス人共同研究者は，こうした調査・研究成果から，いじめ対策を成功させるためには，少なくとも1人の教職員をいじめ対策コーディネーターに就け，学校管理層がこの教職員に対する明確な支持の姿勢を示すことが必要であると指摘している（森田総監修，1998，pp.337-350）。

3節　保護者による指導

　加害者に対して，いじめたことについて保護者から話があったかを日本，イギリス，オランダ，ノルウェー各国別に示したものが図10-14である。学年による推移は各国ともほぼ同じ割合であり，年齢があがるにつれて同様に減少傾向が見られた（図10-15）。ただし，イギリスでは中学3年生で増加している。

　保護者がいじめについて子どもと話した割合が各国とも2割前後とかなり低いのはなぜであろうか。もっとも大きな理由は，保護者が自分の子どもがいじめていることに気づいていないということであろう。いじめの多くは学校での出来事であり，さらに，子どもはいじめたことを保護者に知られないように行動するため，保護者が気づきにくいことは容易に想像できる。また，教師がい

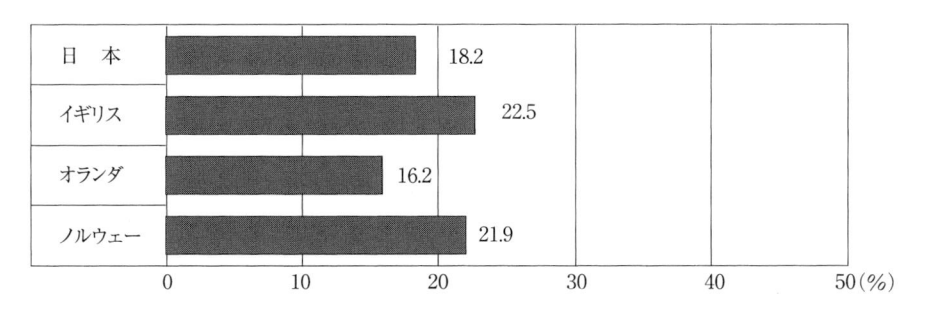

国	割合(%)
日本	18.2
イギリス	22.5
オランダ	16.2
ノルウェー	21.9

図10-14　保護者はいじめたことについて自分と話した

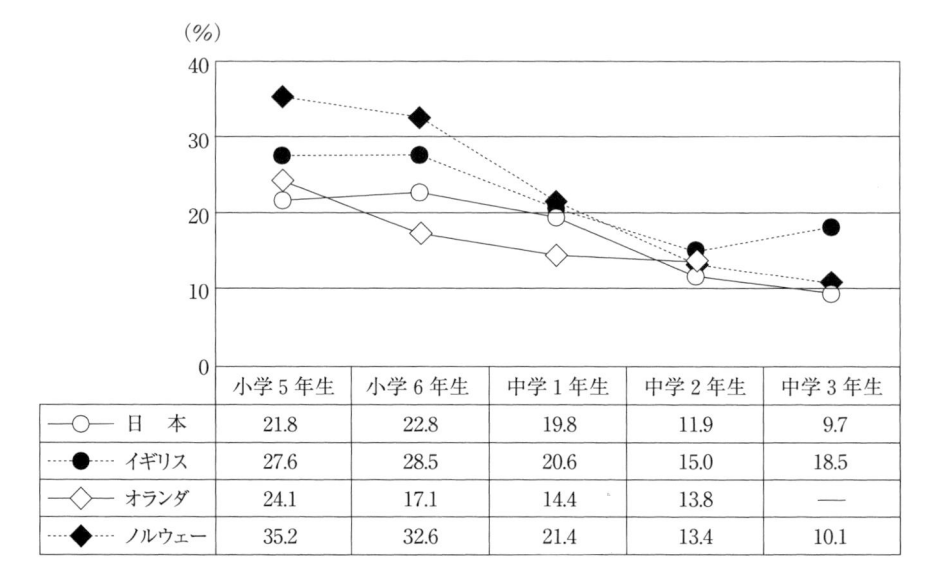

	小学5年生	小学6年生	中学1年生	中学2年生	中学3年生
─○─ 日　本	21.8	22.8	19.8	11.9	9.7
⋯●⋯ イギリス	27.6	28.5	20.6	15.0	18.5
─◇─ オランダ	24.1	17.1	14.4	13.8	─
⋯◆⋯ ノルウェー	35.2	32.6	21.4	13.4	10.1

図10−15　「保護者はいじめたことについて自分に話した」と回答した子どもの学年による推移

じめに気づいていても，さまざまな事情から保護者に連絡しないという場合もあるであろう。

　このように保護者が気づいていないという状況は各国で共通して見られることであるが，学校が保護者に対してどのように対応するのかは国によって違いがある。

　たとえば，オランダでは，小学校と中等学校で一般に対応が異なる。小学校では通常いじめ被害者，加害者ともにその旨を関係保護者に知らせるが，中等学校では通常報告しない。いじめが深刻で改善しそうにない場合においてのみ保護者に連絡することとなっている。また，イギリスでは，学校がいじめに対して適切な処罰を含む明確な規則にもとづいた対応をとることを教育省が勧めているといった背景もあり，学校は一般に加害者，被害者双方の保護者と連絡を密にとるよう心がけている。

4節　いじめた子どもへの対応

　以上のことから，いじめ加害者の気持ちは，後悔，正当化，快楽・無感情と大別することができ，快楽や無感情でいじめを行う加害者ほど問題は深刻であると思われる。規範意識があるものは後悔を感じ，規範意識が低い，あるいは，ないか，なくしてしまった加害者は快楽や無感情でいじめるといえよう。

1　後悔型加害者への対応

　まず，日本やイギリスの加害者の多くがそうであるところの後悔型加害者について考えてみよう。彼らの多くはいじめを楽しんだり，正当化したりしていない。いじめたことを後ろめたく感じている。ではなぜ彼らはいじめてしまったのであろうか。彼らをいじめ行為に向かわしめたものは何なのであろうか。

　日本では，加害者の多くが日常的に「むかついて」いることがわれわれの調査からわかっている。加害者の7割から8割が，教師や保護者に対して「むかつく」ことが「よくある」あるいは「ときどきある」と回答している。さらに，注目すべきは，同程度の割合でクラスメートに対しても「むかつく」と回答していることである。これらの数値は，いじめにかかわったことのない子どもに比べ非常に高いものである（森田，1999 b）。

　斎藤によると，子どもたちにとって「むかつく」は，非常に使用範囲が広いことばであり，「瞬間的に湧き上がり，対象や理由はあいまいである」ことが多いといわれている（斎藤，1998）。いじめている子どもたちは，自分でも原因や理由が特定できないことで常に「むかついて」おり，こうした「むかつき」のひとつのはけ口がいじめであると考えられる。つまり，「誰を」，「なぜ」いじめるのかについて加害者には確固たる動機や理由があるわけではない。加害者は自分の気持ちのはけ口としていじめているだけであるといえよう。

　こうしたことを合わせて考えると，「なんとなくむかついていたのでついいじめてしまったが後悔している」という加害者像が浮かび上がってくる。いじめを防止するためには，彼らを「むかつかせ」，いじめに向かわしめているストレスを軽減することが必要であることはいうまでもないが，そのためには学

校や家庭の環境を改善するだけでなく，彼ら自身がストレスと前向きに取り組む姿勢を養うことが必要である。

特に，現代の子どもは，人との関係において起こる摩擦や衝突についてそれをひたすら避けようとする傾向が見られるが，そうした姿勢では集団の中ではストレスは増加するばかりである。人との摩擦や衝突とどのように取り組んで解決するのか，また，自分か相手の一方的な要求の押しつけにならないように，どこで折り合いをつけるのか，その方法を身につけるためにトレーニングを積む必要がある。

2　快楽型加害者・無感情型加害者への対応

つぎに，快楽型加害者と無感情型加害者について考えてみる。これらの加害者は「たたく・ける・おどす」や「金品をとる・こわす」といった犯罪性の高い手口によっていじめを行っていることもめずらしくなく，さらに年齢とともに加害者全体で占める割合が増加していることがわかった。こうしたことから，これらの加害者に対するオランダ人共同研究者の「非行の度合いが進んでいる」といった指摘や「犯罪を含む非行・問題行動に関与する率が高く，反社会的傾向がみられる」といった指摘は日本やイギリスにおいても当てはまる可能性が高いのではないかと考えられる。

特に，快楽型加害者については加害者全体で占める割合は低いものの，日本では「金品をとる・こわす」という犯罪性の高いいじめ行為を「おもしろかった」と感じた加害者の割合が他国に比較して高く，事態は深刻である。

被害者の自殺など悲惨な結末に至ってしまったいじめにおいて，さほど罪の意識を感じることなく加害者が被害者に多額の金品を強要していたというケースも少なくない。そこには，日本の子どもたちの「ものやお金への価値観の希薄さ」と「おもしろければなにをしてもよい」という快楽主義が見てとれる。ものがあふれている消費社会は，ものやお金の価値を減少させるばかりではなく，ものやお金を生み出す人間そのものの価値までも減少させてしまっているのである。

子どもたちの中には，ものごとの善悪の間に拡大されつつあるグレーゾーンの中で，まわりの大人が気づかないまま，規範意識や価値観を身につけること

なく育っていく者が確実に存在する。これらの子どもは少数であっても他の子どもたちの規範意識に与える影響は大きい。周囲の大人が逸脱行為に対しては絶対に許せないことであるという厳格な態度でこれに接するべきである。

3　学校としてのいじめ対応

では，学校としてこれらの子どもにどのように対応するべきであろうか。いじめをはじめとする学校の学習環境や安全を脅かす逸脱行為から学校の安全を守るためには，逸脱行為に対して学校のとるべき役割・対応とともに，学校がとる処罰をも含めた明確なガイドラインをつくり，教師・児童・生徒・保護者などすべてに周知することが必要であろう。そこには加害者本人へのカウンセリングや改善プログラムへの参加などの加害者支援の体制が必ず含まれるべきである。また，学校は加害者の保護者についても，保護者としての責任をどのように果たしていくべきであるのかをともに考え，支援する態勢づくりを行うことが不可欠である。そうした施設・機関を学校外にも整備することも望まれるところである。

さらに学校は，いじめなど学校で発生した逸脱行為についての情報をできる限り関係保護者にオープンにし，保護者とともに取り組む姿勢がもとめられる。だが，関係保護者に対してどの程度の行為で知らせるべきか，また，どの程度の内容まで知らせるべきか，さらには，直接その関係していない児童・生徒や保護者とはどこまで情報を共有するべきかなど，子どもの心情への配慮やプライバシーとも関わり，ひじょうに判断がむずかしいところである。しかし，学校丸抱えの教育も情報のコントロールももはや不可能であり，そうした姿勢ではもはや問題が解決されない以上，状況や事情をできるかぎりオープンにするべきであろう。そうすることが，学校での出来事は学校や教師だけの責任という姿勢を改め，保護者の自覚を高めることにつながり，さらには保護者に学校を構成するメンバーであるという意識を育てることにつながるであろう。

参考文献

森田洋司（総監修）　1998　『世界のいじめ──各国の現状と取り組み』金子書房．
森田洋司（研究代表者）　1999 a　「いじめ／校内暴力に関する国際比較調査」平成

8－10年度科学研究費補助金（国際学術研究）研究成果報告書．p.61．

森田洋司（研究代表者）　1999 b　「児童生徒のいじめの生成メカニズムとその対応に関する総合的調査研究」平成8－10年度科学研究費補助金（国際学術研究）研究成果報告書．pp.64-66,93．

森田洋司ほか編著　1999　『日本のいじめ──予防・対応に生かすデータ集』金子書房．

斎藤孝　1998　『「むかつく」構造』世織書房．

終章 国際比較調査研究の意義と今後の課題

滝　　　充
Taki Mitsuru

はじめに

　1996年6月，国立教育研究所（当時）は日本のいじめ問題の解決に役立てようと，『いじめ問題国際シンポジウム』を文部省（当時）とともに開催した。その時シンポジストに迎えたのが，「国際いじめ問題研究会」の中心メンバーであった。日本からは森田洋司をコーディネーターとして迎え，イギリスからスミス（Smith, P.），オランダからユンガー・タス（Junger-Tas, J.），ノルウェーからオルヴェウス（Olweus, D.）を招き，さらにオーストラリアのスリー（Slee, P）を加え，世界5か国のいじめの状況とそれに対する各国の対策を紹介してもらった。シンポジウムを終えての各方面からの評価は，「いじめが日本だけのものではなく，先進国に共通する課題である」ことへの驚きが中心であったと記憶している。それまでいじめは日本社会特有の問題であるかのように論じられることも少なくなかっただけに，シンポジウムの波紋は大きかった。

　シンポジウムを終え，「国際いじめ問題研究会」は本書のもととなった国際比較研究に本格的に着手した。国内メンバーの会議はもとより，海外メンバーを交えての数回の会議，海外との幾度ものメールのやりとりを経て，翌1997年には対応する内容をできる限り同じ表現で尋ねた「共通の調査票」を完成させ，4か国それぞれに調査が実施された。そして，1998年には各国のデータを持ち寄って会議を開き，数字の解釈やその背景要因等について議論をかわしながら分析を進めた。構想時から考えるなら6年あまりの歳月を経て，日本の読者が手に取れる形でまとめることができ，関係者一同，ほっとしている。

ところで，本書はあくまでも調査データに依拠した論述を中心としている。そのため，本文中では触れにくい，しかしこれからのいじめ研究を考えていくうえで，また学校現場において対策を講じていくうえで，ぜひとも触れておきたい内容もある。以下では，そうした内容を取り上げ，あとがきにかえたい。

1 「共通の調査票」を用いた，初めての実証的比較研究

比較研究の意義や必要性については，森田が「はじめに」で触れているが，ここでは裏話も交えつつ，今回の研究が何を可能にしたのか，世界のいじめ研究の進展にどのように寄与したのかを，より具体的に書いておきたい。

言うまでもないことであるが，いじめの問題が先進国に共通した克服課題であるからといって，それが各国で同じ様相を呈しているとは限らない。それぞれの国の社会制度や文化に差がある以上，そうした事象の出現のしかたにも差があるのは当然のことだからである。たとえば，貧困という共通の問題があっても，それがどういった人々に一番大きくのしかかるのか，どのような形で顕在化するのかは，国によって異なる。いじめの問題もそれと同じで，誰が加害者になりやすく被害者になりやすいのか，どういった要因がそこに関わるのか等に違いがでることは当然予想されうる。それゆえ，いじめという共通の課題の存在が確認された次なるステップは，そうした事象のどこが同じでどこが違うのか，またその違いは何ゆえに生じてくるのか等を探っていく作業になる。そうすることで，問題発生のメカニズムに迫ることや，その解決法や予防法の検討へと進むことができるからである。

従来のいじめ研究が，各国の研究者によって個々に把握されたいじめの実態と，そこから導かれた仮説に基づく個々の調査結果によってのみなされてきたことを考えるなら，「共通の調査票」を用いた調査が各国で実施されたことの意義は計り知れない。シンポジウム開催当時，欧米ではオルヴェウスが開発した調査票を用いて自国のいじめ状況を把握する試みがなされていた。しかし，その調査票は不十分なもので，日本の研究水準を満たすものではなかった。

たとえば，オルヴェウスの著作には，「いじめられたと報告している生徒は年齢が低く，かつ弱い立場にある生徒であった」「いじめの相当部分は年上の生徒によって行われている」「男子の場合，中学1年の生徒の比率がはっきり

低いが，これはおそらく，これらの生徒には下級生がおらず，したがって，いじめをする相手が上級生ほどには多くいなかったからであろう」（オルヴェウス，1993，傍点は原文のまま）というくだりがある。彼が傍点をふってまで強調しようとしたのは，いじめの多くは年長者から年少者に対してなされる，という点である。これは，日本における数回の講演の際にも必ず言及し，実証的調査に基づく結果であるから日本にも相通ずるものと主張した点である。

　しかし，いじめについて多少なりとも見聞きしたことのある日本人ならば，この主張に少なからぬ疑問を抱くことであろう。私たちは，日本のいじめが主として学級のような集団内でなされることに気づいていたし，日本で実施された調査結果はそれを裏付けてきた。ノルウェーの調査結果がどうであれ，日本も同じはずとの主張を単純に受け入れることなどできない。そこで，なぜそうした主張になるのかを検討してみると，驚くなかれ，彼の主張はデータから直接に導かれたものではなかったのである。すなわち，彼の主張の論拠は上に引用したとおりで，加害者と被害者の学年別分布に偏りがあることから導かれた推測に過ぎなかった。そもそも彼の調査票では，その点を検証することは不可能だったのである。

　一般に，実証的な調査研究に携わる研究者というものは，データによる裏付けなしに重大な指摘を行うことは慎む。とりわけ，データの収集が可能な範囲の内容に関しては，データによる検証を怠って推測を述べ続けることは控える。推測（仮説）を検証するためにこそ調査研究は実施されるとさえ言えるからである。しかも，年長者から年少者へのいじめが多いかどうか確かめるには，調査票にいじめの相手の学年を問うような質問を一つ加えるだけのことである。にもかかわらず，ヨーロッパ標準とも言える彼の調査票にそうした項目は含まれてはいなかった。欧米各国での実施の際に付け加えられることはなかったし，彼自身による何度かの調査票の改良の際にも同様であった。彼は検証しないままの推測を，実証的な調査に基づく結果と称して主張し続けていたのである。

　「共通の調査票」には，もちろん，その点を検証できる質問が含まれている。国際比較において重要な論点である以上，それは当然のことである。だが，それを「共通の調査票」に含めることに対しては，大きな抵抗があった。そうした項目を含める必要はない，含めなくとも結果は自明であると，オルヴェウス

は頑なに拒み続けたのである。確かに限られたスペースの調査票に，あれもこれもと質問を含めるわけにはいかない。だが，繰り返し主張する内容や異議がでている内容については，それを確かめ得るような質問を含めておくのが調査の常識である。最終的には，オランダはまったく日本と同じ形で，すなわち手口ごとに相手が同学年（同学級）か上か下かを問う形で調査を実施した。ノルウェーは手口ごとではなかったものの，また回答の選択肢をやや変えはしたものの，とりあえず相手の学年の異同がわかる形で実施した。だが，イギリスはそうした質問を一切含めなかった。

　海外の研究者の中には，自国の調査結果がそのまま全世界に通用するかのように思いこむ者も少なくない。とりわけ英語圏で通用すればすべての国や社会に通じるかのような思いこみは根強い。しかも，それを海外の研究だからと安直に信じる日本の研究者も後を絶たない。それゆえ，いじめに関する各国の主要な論点がデータで検証できるよう配慮された「共通の調査票」の開発と，それを用いての比較調査の実施とは，世界のいじめ研究が「実証的」な「比較研究」へと進むうえで欠くことのできない大きな一歩であった。

　もちろん，今回の「いじめ国際比較研究」で用いた共通のモノサシ（調査票）は，個々の国の実態により深く迫るうえで最善のものとは限らない。しかし，それなしには各国間の共通点も相違点も明確に論じることはできなかった。実証的研究の名のもとに英語圏を席巻していた推測の安易な一般化を阻止できたのは，その一つの成果に他ならない。それは同時に，いじめに関する実証的調査研究の精緻さにおいて一歩も二歩も先んじていた日本側の知見や手法を海外の研究者に納得せしめ，国際比較研究の意義を広く知らしめるものでもあった。

2　日本のいじめと海外のbullying

　私は，常々，日本のいじめと海外におけるbullyingを安易に対応させることに，ある種の違和感を覚えてきた。もちろん，それらが対応しないという意味ではない。あくまでも完全な対応ではないことに，内外の研究者があまりにも無知・無関心であることに対する，一種のいらだちと言ってもよい。

　日本人にとって「いじめ」という言葉は，決して「男らしい」響きではなか

ろう。どちらかと言えば,「卑怯な」という響きがあり,言葉は悪いが「女々しい」といった表現があてはまるものであろう。ところが,海外の文献を読んでいて目にするのは,「bullying は男の子だけの問題ではない」といった文章であったりする。あるいは,「いじめのようなボーイズ・プロブレム boys' problem が問題になっている」と言われることも多い。また,bullying についての小学校の授業の中には,子どもたちに「マッチョ macho（いわゆる筋肉隆々の男性像）」という語からイメージする絵を描かせ,それが決して「カッコいい」ことではないと教え込むことで bullying を減らそうとするものまである。

　簡単に言うなら,海外の bullying は日本の「いじめ」と比べた場合,より暴力的な色彩が強いように思われる。本文中でも少し触れたが,日本の「いじめ」は言葉のひびきというだけでなく,それが社会問題化した時期が校内暴力の沈静化直後ということもあってか,あからさまな暴力行為をそこに含めないことが多い。文部科学省が毎年末に発表してきたいわゆる『問題行動白書』においても,いじめとは別に「暴力行為」の項目が設定されてきた。それに対して,bullying は bull（雄牛）を語源とするせいもあってか,男（の子）の暴力といったニュアンスを暗にもつようである。また,bullying の語が定着するまで広く使われていた mobbing にしても,bully（暴漢）と同様,mob（暴徒）というイメージをひきずっているらしい。

　そもそも相手が弱者であっても腕力を誇示することを「男らしい」「カッコいい」と認める文化は,今の日本の普通の小学校や中学校では主流になりにくい。「不良グループ」や「暴走族」等の特殊な集団内でもない限り,暴力による男性性の誇示は日本では少数派である。何より若い男性のための「脱毛」やエステがテレビや雑誌広告に登場する国である。「汗くささ」に通じかねない「暴力的」な bullying は,日本のいじめとはかなり異なると考えざるを得まい。

　ところが,実際に海外の研究者に日本のいじめについて話をすると,決まって返ってくるのは「自分たちの bullying と同じ」という言葉なのである。「いじめは男女共通に起きる」「いじめで多いのは仲間はずしや陰口」「大人には見えにくい」といくら並べたてても,「その通り」「一緒だ」となってしまう。

　確かに,「悪口を言う」に対応するものとして call name があり,「仲間はず

し」に対して exclusion がある。そんな具合に対応させていくと，ほとんどの手口が双方に存在し，「各国のいじめは同じ」であるかのように思える。だが，もう少し詳細に話を聞いていくと，そこにはかなりの違いがあることもわかってくる。たとえば，call name が大声で差別的な言葉を口にする，罵るという行為を思い描かれることが多いのに対して，日本の場合にはそこまで単純な行為ではない。小学校低学年であればいざ知らず，小学校でも高学年以上の場合には，廊下ですれ違いざま小声で「死ねば！」「ぐず！」と言う，というものだったりする。日本では大声で悪口を言おうものなら，休み時間中も子どもの身近にいることの多い教師の耳に入り，下手をすればいじめていることがばれて叱られたりする可能性も高い。

　言語の違いによる問題とも言えそうだが，どんなに厳密に言い足してみたところで，文化的な先入観を伴う会話において，思いはなかなか正しく伝わらない。「いじめは女子だけでなく男子にも起きる」と私が伝えても，「bullying は男子だけではなく女子にも起きる」と考える海外の研究者には，同じことを主張していると受け止められてしまい，そのずれに気づいてもらえない。

　もちろん，海外の研究者のお粗末さも手伝ってはいよう。「学校内の攻撃的行動＝いじめ」といった雑な理解に基づいて，つまりけんかや恐喝もそこに含めてしまって平気で研究を行っている者も少なくない。80年代半ばに日本の研究者が，あえて「いじめ」という語を用いるべき事象を特定すべく，それまでにも見られたけんか等との違いを概念的にも実証的にも議論を尽くしたのとは大違いである。だが，それも無理のないことで，彼らが一般に用いる bullying の定義は，「力のアンバランスのもとで，長期にわたり，一人もしくは複数から継続的になされる攻撃的行動」というものである。その結果，ADHD児とおぼしき児童が休み時間の度に校庭を走り回って誰彼かまわず叩き回っているシーンを収めたビデオを見せられ，「この学校では bullying が深刻なのだ」と説明を受けるはめになる。先の定義はオルヴェウスが示した定義に依拠するものと考えてよいが，私たちにとって不幸なことに，日本の「いじめ」から「恐喝」に至るまでがこの定義に合致してしまう。

　そこで私は，本書でも示しているいくつかの図表を示しながら彼らに説明をする。日本では，男女ともに無視や仲間はずしが多く，中でも女子に目立つ。

加害者と被害者は同級生であることが多く，親しい間柄である場合も少なくない。いじめの場所は教室が中心で，校庭で起きることは少ない。イギリスやオランダ，ノルウェーと比べたとき，そうした特徴は歴然としている。そんなふうに話していくことで，彼らはやっといじめとbullyingの違いについて多少なりとも注意を払うようになる。そして，日本のいじめ研究の深さといじめ対策のきめ細かさに納得する。そして，実は彼らが直面しているbullyingの問題は，彼らが考えているほど単純なものではないらしいことに気づく。そして，彼らの考えている対策が，せいぜい部分的・短期的にしか効果がないのではと疑いはじめる。少なくとも，私の目にはそう映るが，それを可能にしたのは「いじめ国際比較研究」なのである。

ただ，この数年，海外の研究者が関心を高めているgirls' bullying（！）は，日本のいじめと似ているように思う。あからさまな攻撃よりも，友人関係を壊すような手口が中心であることからも，そのことは感じとれる。私などは，やっと彼らがそうしたbullyingについても気づくようになったことを評価する一方で，それは決してgirlsだけの問題ではないことに注意するよう付け加える。そして「目に見えにくいinvisible」行為に対する対策がいかに困難であるか，私たち日本人はいかに長くそれに取り組んできたかを披露する。自慢できることではないが，日本はこの手のbullyingの先進国なのである。

3　効果的ないじめ対策とは

私は，仕事柄，海外のいじめ対策について調べることが少なくない。それも，実際に現地に赴き，その真偽のほどを確かめるやり方をする。海外の取り組みは，どうしても数字が大げさに示されがちだからである。しかし，実際に見てみると，その多くは「目に見える」「暴力的色彩の強い」bullyingに対する，言い換えれば，日本でいう「校内暴力」に対する対策でしかない。また，日本のいじめにも有効そうなものは，既に日本でも取り組まれているような中身である。日本では見られない大がかりな取り組みがありはするものの（たとえば校舎や校庭の改築など），現実的な対策に限れば学ぶべきものは少ない。日本の実践にも深く関わってきた経験から言わせてもらえば，現時点でもっとも効果がある取り組みは，結局のところ，大人たちがいかに真剣に取り組む姿勢を

子どもに見せられるか，に帰着するように思う。

　たとえば，海外のいじめ対策で有名なものとして，1991年4月から1993年8月にかけてイギリス教育省（Department for Education, U.K.）の資金援助で実施され，後に同省が発行した『いじめ対策マニュアル』（*Bullying: Don't suffer in silence,* 1994）の元になったことで有名な，いわゆるシェフィールド・プロジェクトがある。スミスが研究代表者をつとめ，イギリスではもっとも定評があるいじめ研究である。ところが，1998年秋に実際にシェフィールドを訪れ，当時のプロジェクトに参加し，現在もなおシェフィールドでbullying研究に携わっているトンプソン（Thompson, D.）に話を聞くと，プロジェクト進行中はともかく，終了後には各学校はもとに戻ってしまったという。そして，プロジェクト参加校のうち，98年時点で取り組みを継続しているのは，わずか数校とのことであった。ここからも，いじめ防止で大切なことは，どんな取り組みをするかという内容よりも，いかに真剣に取り組み続けるかであるように思われる。

　私自身，ピース・パック（P.E.A.C.E. Pack）と呼ばれるオーストラリアのいじめ防止プログラムを日本の状況にあうよう修正を加え，ピース・メソッド（method＝手法）として整理したものを，生徒指導体制づくりや学校経営の手法として提案してきた。そして，いくつかの学校で実践してもらいながら，いじめ防止に効果があることを確かめてきた。ピース・メソッドに取り組むことでいじめを減らすことはできる。しかし，正直なところ，なぜその程度の取り組みでいじめが減るのかは，私にも驚きなのである。とりたてて目新しい取り組みを大げさにやっているわけではなく，むしろ1年以上にわたって続けられるようにとの思いから，従来からの取り組みを活かしつつ，それも必要最小限にとどめるように，と話しているくらいだからである。

　ピース・パックというのは，その名が示すように，Preparation（準備），Education（教育），Action Planning（行動計画），Coping（対処），Evaluation（評価）の5段階のステップをふんで実施される。同時に，対処の段階で用いるための資料等がパックになっていることから，ピース・パックと称している。ところが，私は，そうした対処の中身についてはオーストラリアのものよりも日本のもののほうが数段ましだと考えているので，5段階のステップと

いう原則だけ残し，1年以上にわたって意識的・計画的に子どもに働きかけていく点をピース・メソッドと称して提案してきた。すると，いじめは確かに減る。なぜこれで効果をあげうるのか。その一番の理由と私が考えているのは，日本の教職員はいじめに対してそれぞれにまじめに取り組んでいる一方で，教職員間の連携協力はまるでなっていない，という事実である。教職員個々人の違いを無理矢理に一つにまとめあげるのではなく，調査から得られた児童生徒の実態に基づいて共通の目標を設定し，具体的な活動場面でそれを実現するべく努力していくのがピース・メソッドの特徴である。一つの方向性を共有した後は，教師個々人の特性を活かしながら，意識的・計画的に活動に取り組んでもらえばよい。そうすることで，空回りしがちな個々の教職員の努力が嚙み合い，実を結び始める。そんなふうに私は考えている。

ただし，そうした「体制づくり」だけでは，その効果にも限界がある。無駄になっていたエネルギーが実を結ぶようになれば，それ以上に改善されていくことはない。今の子どもたちの変化や社会の変化を考えるなら，より積極的な働きかけも求められよう。そこで私が注目しているのは，今の子どもたちの社会性の未熟さや未発達がもたらす対人関係ストレスである。友人関係や対教師関係がもたらすストレスは，いじめのみならず不登校や暴力行為とも関わりが深いことが国立教育政策研究所の調査から明らかになっている。そこには地域や家庭の教育力の低下が関わっていると思われるが，学校の働きかけで対人関係のストレスを軽減させられるなら，長い目で見たいじめ防止にもなろう。

そもそも社会性の育成というのは，日本の学校教育の中心的な課題である。それだけに，日本の学校には子どもの社会性を育てるのに役立ちそうな様々な取り組みの伝統や歴史がある。しかし，昔ながらのやり方や一部の教師に依存した活動だけでは，今の子どもには通用しなくなっているのが現状であろう。そこで提案しているのが，基礎的な社会的スキルの体験的トレーニングとそれに続くお世話活動の実施を意識的・計画的に組み合わせることにより，子どもが育つ学校づくりを進めていく「日本のピア・サポート・プログラム」である。

「トレーニングで社会性を育てるプログラム」と誤解されがちだが，社会性が育つのはあくまでもお世話活動を通した他者との直接的な関わり合いを通してである。ただ，そうした関わり合いさえあれば自然に社会性が育つというわ

けではない。そこで，伝統的になされてきたお世話活動が子どもの「自己有用感」にうまく結びついていくよう，異年齢の子どもたちとの交流活動や，地域での職業体験，奉仕体験活動等の関わり合いの機会を上手に設定していく。簡単に言うと，お世話活動に先だってトレーニングを行い，動機づけ下地づくりをする。そして，意識的・計画的にお世話活動を体験させ，他者との関わり合いが自己有用感へと実を結ぶように全教職員が支えに回る。お世話活動の事前事後の指導をきちんと行うことで，子ども同士の影響力も活かす。そんな具合に全教職員でプログラムを組み立てるのである。

ここでねらっているのは，かつての地域や近隣関係の子ども集団における育ちの再現，かつての学校における学びの再現である。日本の学校の伝統を活かしつつ，そこに体験的なスキル・トレーニングという新しい要素を若干加えることで，子ども同士が社会性を育てあえる場を学校内に作り出す。そうすることで学校の雰囲気が変われば，最終的にはいじめ等も減少していくはずである。

ちなみに，「ピア・サポート」という言葉を用いて子どもに相談活動をさせる試みもあるが，上に紹介した「日本のピア・サポート・プログラム」とは意図も手法も異なる活動なので注意していただきたい。これは従来「ピア・カウンセリング」と称していた活動で，子どもに相談役（ピア・カウンセラー）をさせていじめを減らすとのふれこみで90年代初めのイギリスでもてはやされた。しかし，イギリスでもさほど広がらず，最近では「相談活動に基づくピア・サポート」と改称している。日本でもいくつかの学校で試みられているが，日本の場合，海外の中等学校のように17，18歳の子どもが11〜13歳程度の子どもの相談にのるという形をとれないため，最初から実施には無理がある。また，ピア・カウンセラーの子どもがいじめにあう可能性も否定できないし，ピア・カウンセラーの訓練と称してサイコドラマ等を小学生や中学生に実施する例もあるなど，危険な面が多い。名称を変えても中身はなんら変わらず，カウンセリングにこだわり続けている。指導者のスタンド・プレー的な面も目立ち，学校全体で取り組まなければいじめは減らせないという点からも，私はお勧めしていない。

以上，3点ほど述べてきたが，学校内でいじめが起きている限り，教職員は

それに対してなにがしかの行動をとることを求められる。本書から明らかになった日本のいじめの特徴をふまえながら，真剣に取り組んでもらえればと思う。

監修者・著者一覧

◆監修者

森田　洋司（もりた　ようじ）

大阪樟蔭女子大学学長，大阪市立大学名誉教授

1941年，愛知県名古屋市生まれ。1970年，大阪市立大学大学院博士課程中退。愛知県立大学文学部助教授，大阪市立大学大学院文学研究科教授を経て，現職。文学博士。専門は社会学，社会病理学。主著に，『「不登校現象」の社会学』（学文社），『新訂版 いじめ——教室の病い』（金子書房），『教室からみた不登校』（編著・東洋館出版社），『青少年社会学』（高文堂出版）など。

◆著　者（執筆順）

森田　洋司（もりた　ようじ）　監修者
添田　晴雄（そえだ　はるお）　大阪市立大学大学院文学研究科助教授
滝　　充（たき　みつる）　国立教育政策研究所生徒指導研究センター総括研究官
星野　周弘（ほしの　かねひろ）　帝京大学文学部教授
竹村　一夫（たけむら　かずお）　大阪樟蔭女子大学人間科学部助教授
松浦　善満（まつうら　よしみつ）　和歌山大学教育学部教授
秦　　政春（はた　まさはる）　元大阪大学大学院人間科学研究科教授
米里　誠司（よねざと　せいじ）　科学警察研究所犯罪行動科学部犯罪予防研究室主任研究官
竹川　郁雄（たけかわ　いくお）　愛媛大学法文学部教授
添田久美子（そえだ　くみこ）　愛知教育大学教育学部助教授

いじめの国際比較研究
――日本・イギリス・オランダ・ノルウェーの調査分析

2001年10月25日　初版第1刷発行　　　　　　　　　　　〔検印省略〕
2014年2月14日　初版第4刷発行

監修者　　森　田　洋　司
発行者　　金　子　紀　子
発行所　　㈱　金　子　書　房
〒112-0012 東京都文京区大塚3－3－7
電　話　03（3941）0111〔代〕
FAX　03（3941）0163
振　替　00180-9-103376
URL http://www.kanekoshobo.co.jp

印刷　藤原印刷　製本　三水舎

© 2001 Yohji Morita et. al.
Printed in Japan
ISBN 978-4-7608-2133-4　C3037